中公新書 2330

伊高浩昭著

チェ・ゲバラ

旅、キューバ革命、ボリビア

中央公論新社刊

まえがき

本書は、アルゼンチン生まれの革命家エルネスト・チェ・ゲバラ（一九二八〜六七）の生涯を描いたものである。大学医学部を卒業し医師資格を取得したチェ・ゲバラは「手術するメスを銃に替え、肉体の患部でなく社会の病根を断つため」と、二八歳のとき、キューバでの革命戦争に異邦人ながら参戦し、三〇歳で英雄になった。「チェ」という風変わりな短い愛称で呼ばれ、ゲリラ戦士の戦闘服を纏《まと》った精悍《せいかん》な風貌《ふうぼう》のゲバラは国際政治の主人公の一人となり、世界的に有名な人物になった。

もとは、ラグビーやサッカーで体を鍛え、チェスやタンゴや読書を好み、娘たちを愛する普通の青年だったが、広大な国内、南米大陸、中米地峡、そしてメキシコを旅するうちに人生が変わってしまった。旅や放浪は若者の生き方に大きな影響を及ぼすものだが、まさにチェは、旅と放浪を糧《かて》として自己形成し、キューバ革命を経て二〇世紀後半のラテンアメリカと世界の在り方を一変させようと志す革命家になったのだ。

貧困に苦しむ人々や虐《しいた》げられた人々を救い、新しい社会や国を創る「革命という正義」に身を投じたチェは、革命家であることを「人間最高の姿」と誇りにしていた。悲観も楽観もせず、ひたすら社会正義実現のために邁進《まいしん》するチェ自身のような「新しい人間」を二一世紀に向けて生み出していきたいと願っていた。しかし実戦を重視する革命家は、戦場に身を置くことを絶えず迫られる。チェはキューバでの経済建設の任務を終えると、アフリカのコンゴで戦い、次いで南米中心部のボリビアに遠征し、アンデス山中でのゲリラ戦に敗れて最期を遂げた。それから半世紀が経《た》とうとしている。

世界に五ヶ国しかない社会主義国の一つである現代キューバの礎《いしずえ》を築いた革命の立役者の一人に、チェ・ゲバラという平凡にして非凡なる、類《たぐ》い稀《まれ》なさすらい人《びと》がいた。本書には、「神話化され偶像視されたチェ・ゲバラ」ではない、生まれてから死ぬまでのチェの生身の人生が盛り込まれている。不正や理不尽に立ち向かったチェの生き方は、悪が社会にはびこる現代ゆえに眩《まぶ》しいかもしれない。若い世代の読者には旅でさすらう意味やチェの生き方に思いを馳《は》せつつ、年配の読者には激動の二〇世紀第三・四半期を顧みつつ、ページをめくり進んでほしい。

目次

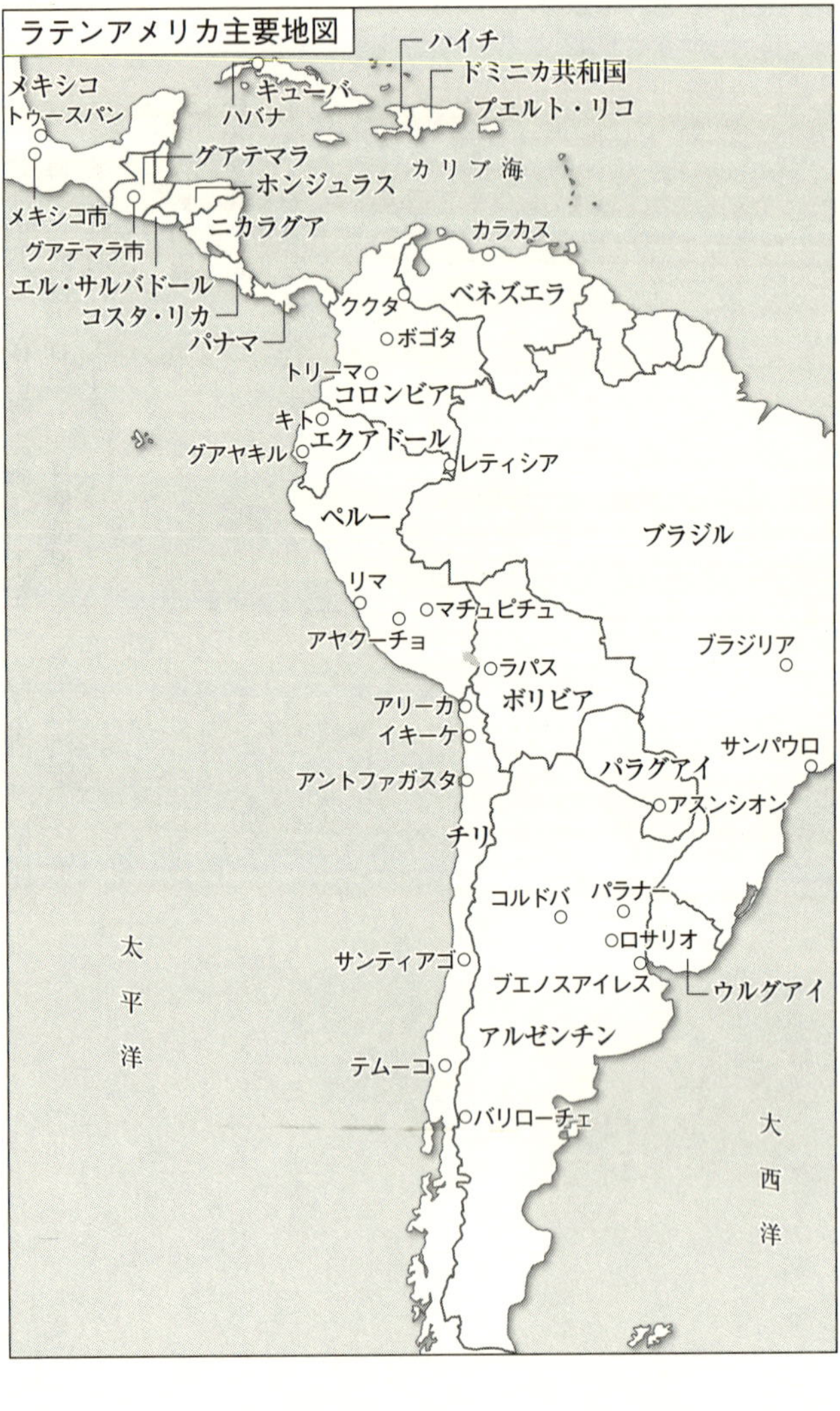

ラテンアメリカ主要地図

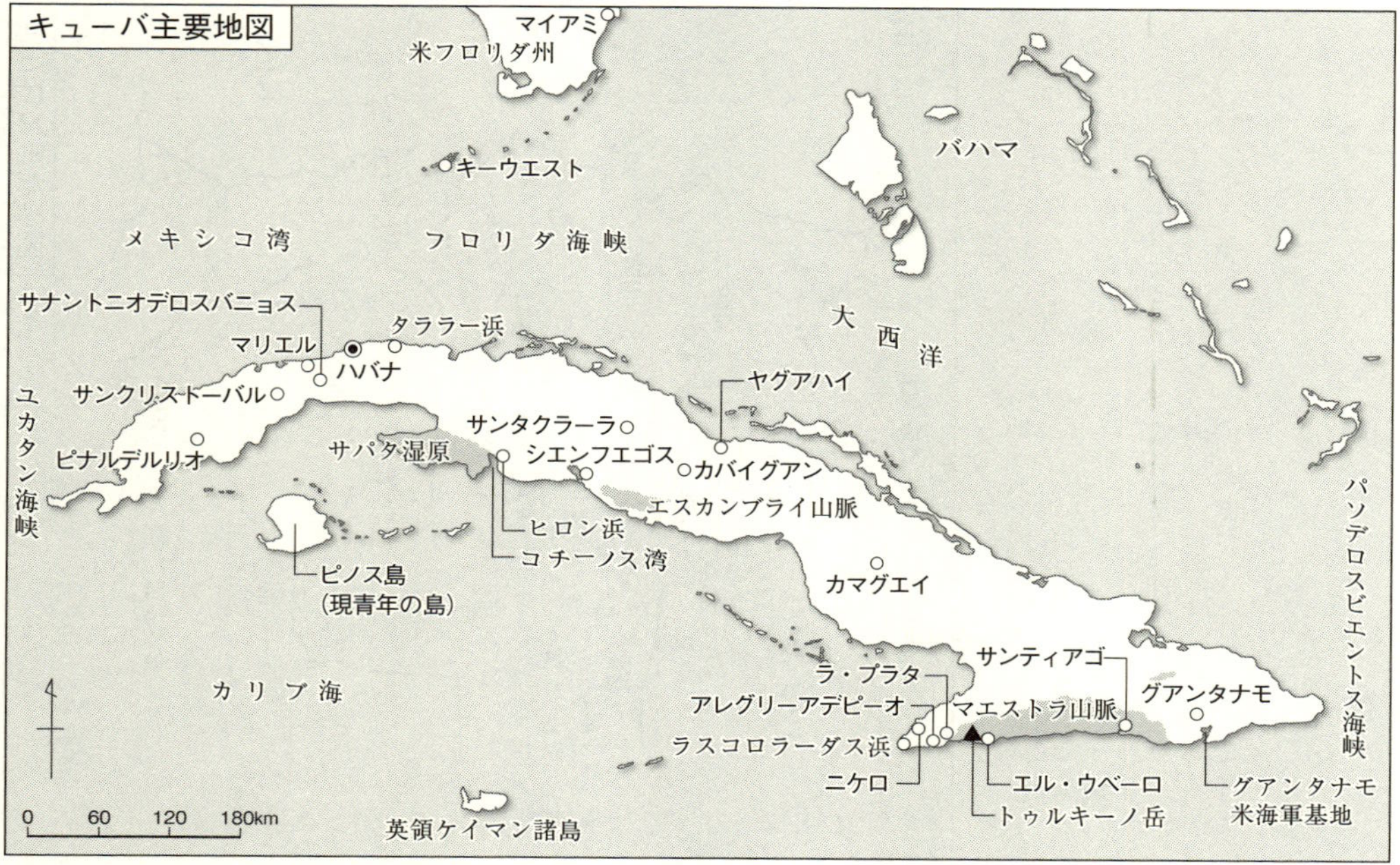
キューバ主要地図
マイアミ
米フロリダ州
キーウエスト
バハマ
メキシコ湾
フロリダ海峡
大西洋
サナントニオデロスバニョス
マリエル
タララー浜
ハバナ
サンクリストーバル
ユカタン海峡
ピナルデルリオ
サパタ湿原
サンタクラーラ
シエンフエゴス
カバイグアン
ヤグアハイ
エスカンブライ山脈
ヒロン浜
コチーノス湾
ピノス島
(現青年の島)
カマグエイ
パソデロスビエントス海峡
カリブ海
サンティアゴ
ラ・プラタ
アレグリーアデピーオ
マエストラ山脈
グアンタナモ
ラスコロラーダス浜
ニケロ
エル・ウベーロ
トゥルキーノ岳
グアンタナモ
米海軍基地
英領ケイマン諸島
0
60
120
180km

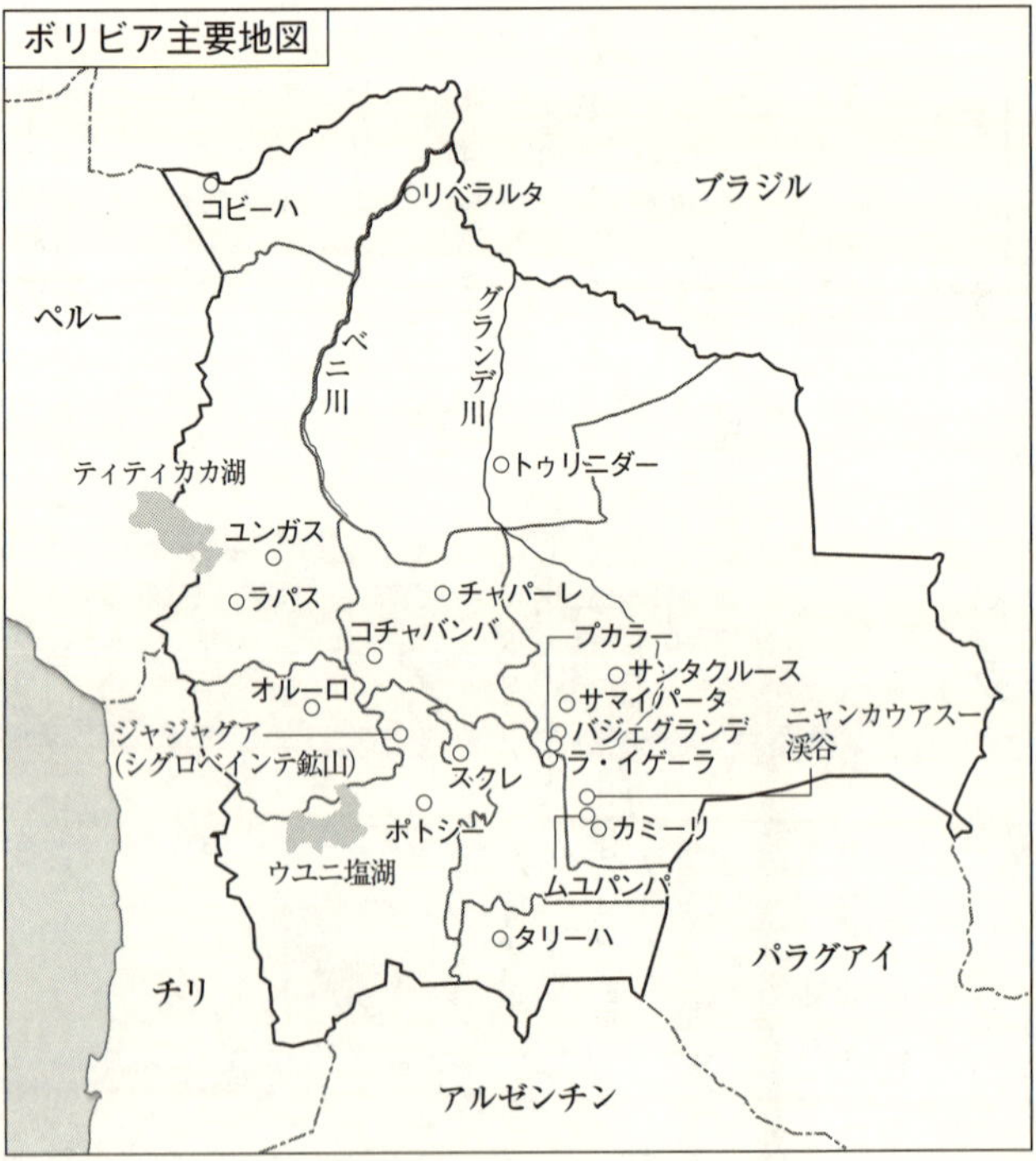
ボリビア主要地図
コビーハ
リベラルタ
ブラジル
ペルー
ベニ川
グランデ川
トゥリニダー
ティティカカ湖
ユンガス
ラパス
チャパーレ
コチャバンバ
プカラー
サンタクルース
オルーロ
サマイパータ
ジャジャグア
(シグロベインテ鉱山)
バジェグランデ
ニャンカウアスー
渓谷
ラ・イゲーラ
スクレ
ポトシー
カミーリ
ウユニ塩湖
ムユパンパ
タリーハ
パラグアイ
チリ
アルゼンチン

第1章

目覚めへの旅

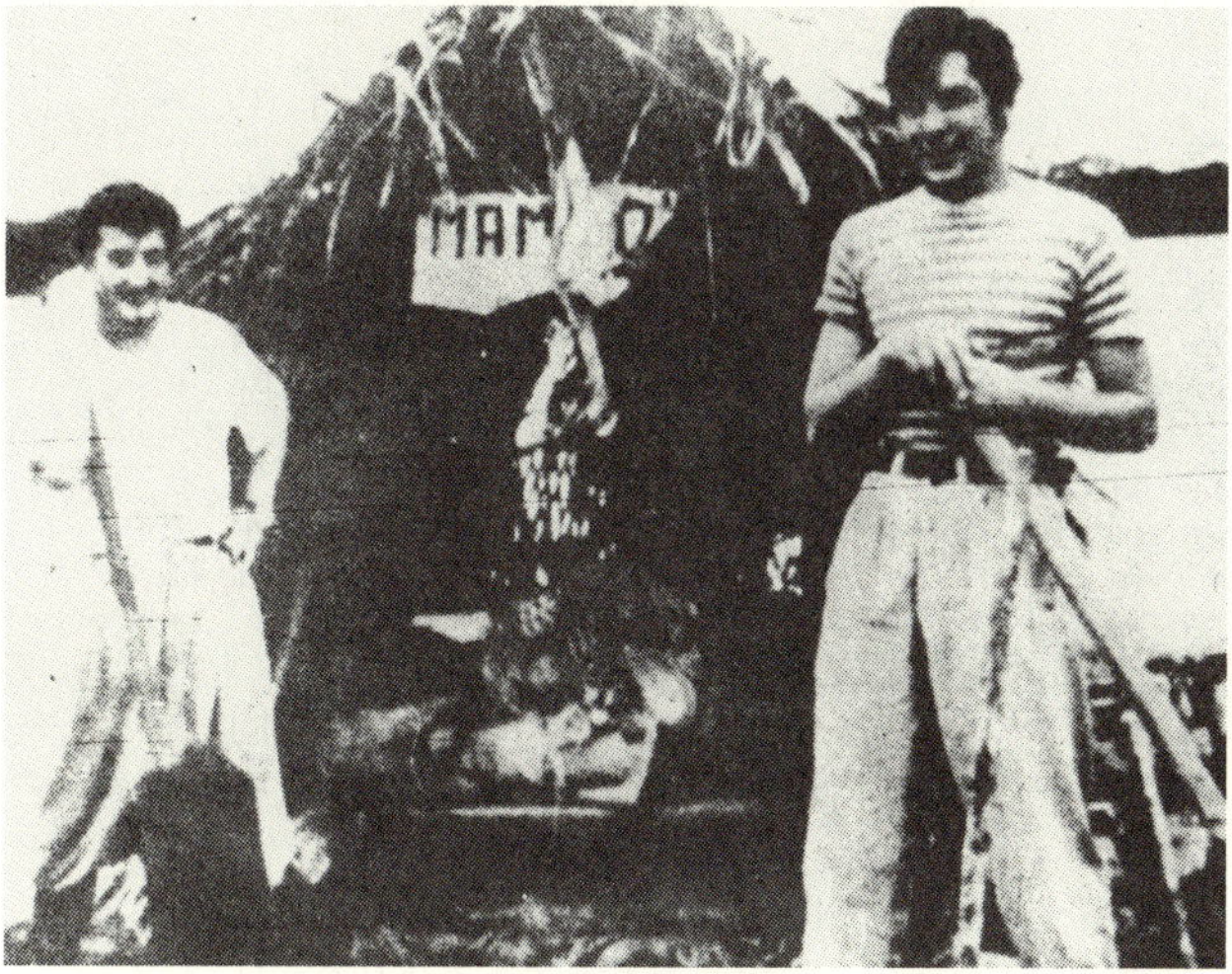

ペルーのハンセン病棟の患者たちがつくってくれた
筏「マンボ・タンゴ号」に乗ってコロンビアを目指す
エルネスト（右）とアルベルト
（1952年6月，Rex Features/アフロ）

エルネスト誕生

「革命家エル・チェ」ことエルネスト・ゲバラ＝デラセルナは一九二八年六月一四日、アルゼンチン中東部はサンタフェ州ロサリオ市の病院で生まれた。同市の出生登録簿にそう記載されており、本人もこの日を誕生日としていた。父はエルネスト・ゲバラ＝リンチ（一九〇一〜八七）、母はセリア・デラセルナ＝デラジョサ（一九〇六〜六五）。夫妻の最初の子だった。だが実際の誕生日は一ヶ月早い五月一四日というのが定説だ。

母は婚前に身ごもったのだ。母セリアは当時としては先進的な女権拡張主義者で、自由奔放に振る舞うのを身上としていたが、首都ブエノスアイレス近郊の大農場主の家系で上流階級に属していたため、醜聞《しゅうぶん》を極力避けたかった。これに対し、夫エルネストは建設業者だったが、経営の才能には恵まれず、斜陽の中流階級だった。二七年一二月に結婚した夫妻は人目を避け新しい生活を始めるために首都を離れ、中東部のミシオネス州パラナー河畔の、セリアが相続していたマテ草農場に移った。パラナー川は大西洋に注ぐ大河ラ・プラタ川の上流であり、農場の対岸にはパラグアイの原野が拡《ひろ》がっていた。

セリアは臨月になると出産のため夫とともに船でパラナー川を下り、ブエノスアイレスに向かった。ところが産気づき、途中のロサリオで下船、長男エルネストを産んだ。面倒を見た医師は物わかりがよく、誕生日を一ヶ月遅らせることができたとされる。

父方姓ゲバラはスペイン北部バスク地方の姓で、「ゲバーラ」と発音する、だが日本での伝統的表記にならい、本書でも「ゲバラ」と書く。母セリアは農場、家畜、債券収入を相続していた。上流家庭の子女らしくカトリック修道女によって育てられフランス語も習得したが、カトリックの修身教育への反動もあって、自由主義者になった。

エルネストは人生最初の一年半をマテ草農場で過ごした。マテ茶を終生愛飲し続けたことを思えば、乳幼児時代の原体験が嗜好《しこう》を育《はぐく》んだのかもしれない。

内なる敵

母セリアが長女セリアを身ごもった一九二九年、世界経済恐慌がニューヨークのウォール街で始まり、アルゼンチンをも見舞った。経済恐慌は支配構造を揺るがし、翌三〇年、陸軍将校団がクーデターで軍政を樹立する。この政変は、軍部による最初の政権奪取だった。以後八〇年代まで半世紀にわたり軍部は国政を揺さぶることになる。この将校団には、後に大統領となる三〇代半ばのファン＝ドミンゴ・ペロン（一八九五～一九七四）がいた。

一家は二九年、ブエノスアイレスに戻るが、翌年長女セリアが生まれると、パラナー河畔の親戚《しんせき》の邸宅を借りて暮らすことになる。ここで重大な異変が起きる。三〇年五月、川遊びをしていた二歳のエルネストに喘息《ぜんそく》の兆候が現れたのだ。医師から河畔が喘息によくないと言われた一家は三二年、また首都へ移る。その年、二男ロベルトが生まれる。

だがエルネストの喘息は治まらず、一家は三三年、中部の大都市コルドバ郊外のアルタグラシアに移る。喘息は肉体に巣くう内なる敵として死ぬまで革命家を苦しめることになる。

エルネストは、主治医の息子カルロス・フェレール、愛称カリーカという友を得た。喘息との闘いを絶えず強いられていたエルネストは肉体をいたわらず、逆に痛めつけるかのようにラグビーやサッカーに熱中したり田園を駆け巡ったりし、極端な激しさを求める傾向があった。カリーカはそう観察していた。

幼時から我が身が健康でないのを悟らされたエルネストは、前途に敢然と立ち向かい、運命を選びつつ、危険の限界まで挑戦し、活路を開いていく。そんな決断の人になる素地はアルタグラシアで培われた。エルネストは読書を通じ、オーストリアの詩人リルケの「死は人生の暗い面にすぎない」という言葉が気に入っていた。暗示にかけられて、死を恐れなくなるのだ。それは後年ゲリラ戦士になったとき、天分として甦《よみがえ》ることになる。

エルネストは一九三五年、国立の小学校に入学するが一学年は全休だった。二、三学年は通学し、四、五、六学年は体調に応じて通学した。母は補習を指導、教育課程を超えてフランス語まで教えた。学校成績は歴史が優秀、自然科学、地理、算数、読解、作文はまずまずだった。絵画と音楽には無関心。歌は音痴で駄目、ダンスも苦手だった。それでも思春期になると風貌と言葉で娘たちを口説き、必要とあればタンゴを踊り歌った。

平等を重んじる父と自由を尊ぶ母は、誰彼の区別なく対等な人間として対応していた。司祭や教会を偽善性ゆえに嫌い、搾取する富裕層の仲間だと見なし、子供には信仰でなく、人間らしく生きるようしつけた。父方の祖母からは野外活動や自然愛を学んだ。

スペインで三六年、内戦が勃発《ぼっぱつ》した。フランコ将軍率いる反乱軍に押されていた共和政府側の亡命者はアルタグラシアにも到達した。父は、妻セリアの姉カルメンの夫カジェターノ・コルドバとともに亡命者を支援した。コルドバは内戦のスペインに行き、帰国後、『人民支配下のスペイン』を著した。この義理の伯父が少年エルネストに影響を及ぼしたとする見方がある。エルネストは早熟であり、あながち否定できないだろう。実際、エルネストはラジオや新聞で、大西洋のはるか彼方の国での戦いの推移を見守っていた。奇《く》しくもキューバ東部では、少年フィデル・カストロがやはりラジオと新聞でスペイン内戦を追っていた。二人の多感な少年は、青年になってからメキシコ市で歴史的邂逅《かいこう》を果たすことになる。

親友アルベルト

一家がアルタグラシアで住んだ家は現在、エルネスト・チェ・ゲバラ博物館になっている。正面の石壁には、少年エルネストの人形が腰掛けている。書棚には、小学生時代に愛読したエミリオ・サルガリ（イタリアの作家）やジューヌ・ヴェルヌ（フランスの作家）の本が並ぶ。エルネストは小学校高学年になると父母の蔵書の多くを読み、父に「一二歳にして一八歳くらいの教養がある」と言わしめた。

服装には無頓着《むとんちゃく》で、貧しい身なりをし、野球帽をかぶっていた。エルネストには当時、「エル・チャンチョ」（豚）という渾名《あだな》があった。豚のように音を立ててむさぼり食うため、そんな渾名がつけられたようだ。確かに大食いだったが、それは本人にしてみれば、喘息の発作で絶食を迫られるときに備えるためだった。

アルタグラシアには中等学校（大学予科）がなく、エルネストは、一九四二年にコルドバ市の国立の中等学校に入学した。一家が翌年同市に引っ越すまで、往復七〇キロメートルを鉄道で通った。エルネストはときおり葡萄《ぶどう》園でアルバイトをしたが、体を鍛えるためだった。

エルネストは同級生の兄で六歳上のアルベルト・グラナード（一九二二〜二〇一一）と親友になる。国立コルドバ大学卒の理学修士で、専門はハンセン病だった。アルベルトは、激烈なラグビーをするエルネストに「フリブンド（激烈な）デラセルナ（エルネストの母方姓）」を縮めた「フーセル」という渾名をつけた。だが後年、二人が南米旅行をするときには、エルネストを「ペラオ」と呼んだ。「大胆な男」とか「冒険家」という意味だ。

エルネストは、コルドバ時代に友人の手引きで家事手伝いの女性と関係し、童貞を捨てた。当時の上流家庭の息子はしばしば、このような形で性の洗礼を受けていた。

エルネストの読書の幅は拡がり、ボードレール、マラルメ、ヴェルレーヌ、デュマ、ゾラなどフランスの詩人や作家をフランス語で、米国の作家フォークナーやスタインベックはスペイン語訳で読んだ。スペインの詩人フェデリコ・ガルシア＝ロルカやチリの詩人パブロ・

ネルーダ（後のノーベル文学賞受賞者）を愛誦《あいしょう》した。

第二次世界大戦の戦争特需で潤うアルゼンチンでは、三〇年の政変に参加し将軍に昇進していたペロンが副大統領として実権を握っていた。ペロンは反共・反米主義者で、イタリアのムソリーニ政権の協同翼賛体制《コオペラティビズモ》に惹《ひ》かれ、南米を資本主義でも社会主義でもない「第三の立場」にすべきだと唱えていた。大戦後、政権に就いたペロンは、朝鮮戦争特需による新たな資金を加え、潤沢な国庫資金で工業製品を国産化する政策を推進、民族資本と労働者層を育て、その生活を向上させるとともに、伝統的支配産業だった農産物生産部門の上に工業を置いた。労働階層の生活と福利を第一にしたのだ。だが外貨を稼ぐのは牛肉、羊肉、小麦など農産品だけだった。結局は、農産物輸出で稼いだ外貨で工業部門を維持するしかなかった。農業支配勢力を敵に回せば外貨が減り、政策が行き詰まるのは目に見えていた。

東西冷戦が始まり、米国はマッカーシズムに象徴される過度の反共主義に陥っていた。反共主義者のペロンも民主や自由を尊ぶ市民を弾圧し、全大学教授の七割を御用学者と交代させた。コルドバ大学にいたエルネストの親友アルベルト・グラナードも逮捕された。アルベルトはペロン主義を「民族主義の仮面をかぶったファシズム」と捉《とら》えていたが、エルネストは反米政策を鮮明に打ち出していた点でペロンを評価していた。チェ・ゲバラの軸足の一つは「反・米帝国主義」だったが、それはペロン時代に萌芽《ほうが》しつつあったのだ。

医師を志す

母セリアはその後、二女アナ＝マリーア、三男ファン＝マルティンを産み、エルネストは五人きょうだいになる。父エルネストは一九四七年にマテ草農場を手放した。ゲバラ家はもはや名実共に有産層とは見なされなくなっていた。夫妻は翌年、夫の浮気や経済面での苦境が原因で離婚する。だが二人は、その後も「家庭内別居」の形で長らく同じ家に住んだ。

エルネストは四六年に中等学校を卒業、コルドバ大学工学部に願書を出したが考え直し、翌年、国立ブエノスアイレス大学医学部に入学する。乳癌《にゅうがん》の手術を受けた母や、脳梗塞《こうそく》で長らく病床にいた祖母を身近に見ていたのと、持病の喘息から医師を志したのだった。

エルネストが大学の図書館で一日一〇時間も読書に没頭することは珍しくなかった。イプセン（ノルウェーの劇作家）、パスカル（フランスの哲学者・科学者）、サルトル（フランスの哲学者）、ネルー（インド首相）と対象は拡がっていた。エルネストは国際政治や植民地解放問題にも関心をもち、インド民族運動の指導者ガンディーの非暴力抵抗主義を支持していた。

チェスやラグビーにも興じていた。心臓発作を招くと医師から忠告されてもラグビーをやめず、いつも友人が吸入器を手に待機していた。服装には大学生になっても無頓着で、シャツを週一回しか着替えないことから「週一《セマネーラ》」と揶揄《やゆ》されていた。そのシャツはナイロン製で、着たまま風呂に入って洗うこともあった。左右の靴や靴下が異なっても、気にせず履いていた。

医学部では、ティータこと、ベルタ＝リディア・インファンテというコルドバ出身の女子学生と親友になった。彼女は学内の共産主義青年同盟に加入していた。エルネストを「物怖《ものお》じしない。内気さ、高慢さ、大胆さが混在している。深い知性と理解欲があり、根底に愛する能力が隠されている」と分析していた。しかし二人が恋に落ちることはなかった。

チェ・ゲバラは後年、当時を振り返り、「医学生のころは個人的に成功し有名になりたいと思っていた。懸命に働き、人類のためになりたいと考えていた」と述懐する。

大学三年目の一九五〇年元日、エルネストは初めての大旅行に出る。原付自転車でアルゼンチンの中部から北部にかけて四七〇〇キロメートルを二ヶ月で走破した。僻地《へきち》の先住民の生活も垣間見た。行く先々で観察した物事をノートにびっしり書き留めた。

この旅の後、久しぶりに訪れたコルドバで、チチーナの愛称をもつ大富豪の娘マリーアデルカルメン・フェレイラと会い、恋に落ちる。没落して中産層に成り下がった家の長男で医学生のエルネストは、チチーナと旅行したいと申し出るが、彼女の両親が許さなかった。

エルネストは翌五一年、国営石油会社ＹＰＦと契約し、看護師として船上勤務するためタンカーに乗り、初めて外国旅行をする機会を得た。タンカーは、アルゼンチン南部パタゴニアの港からカリブ海に至る航路を往復した。エルネストはこの航路を四回往復して下船した。南米大陸大西洋岸とカリブ海の地理的感覚を得たのが収穫だった。

その年、エルネストは持病の喘息を意識し、ブエノスアイレスのアレルギー研究所でアレルギーについて研究した。親友アルベルト・グラナードの影響もあってハンセン病も研究していた。当時の逸話に、エルネストが伝染病患者の死体から内臓を素手でつかみ出し感染して倒れるという出来事があった。向こう見ずな性向は、このようなところにも現れていた。

南米大旅行

エルネストとアルベルトは南米踏破を約束していた。一九五一年一二月末、二人はコルドバのグラナード家を英ノートン社の一九三九年製大型バイクで出発、五二年の始まりをブエノスアイレスのゲバラ家で過ごしてから南下、エルネストの恋人チチーナが家族と夏期休暇を過ごしていたラ・プラタ河口の保養地に一週間滞在した。エルネストは土産に買っていた子犬をチチーナに贈って別れた。子犬には「再び戻ってくる」という意味の動詞にしてタンゴの名曲の名でもある「ボルベール」と名付けていた。

アンデス山脈の保養地バリローチェからチリに入国し、まず詩人ネルーダの故郷であるテムーコ市を訪れた。一帯には先住民マプーチェが数多く住んでいる。エルネストは「先住民のチリ」を見て、「我々とまったく異なる。まさに米大陸らしい」と日記に書いた。

頼みの大型バイクは故障続きで、やむなく三月初め首都サンティアゴで売却処分、旅は徒歩とヒッチハイクになる。これによって二人の青年には、最貧の南米人の姿が鮮明に見えてきた。祖国アルゼンチンの先住民を含む最貧層への同情は徐々に発展し、やがてエルネストは彼らと自分の運命を結びつけて考えるようになる。エルネストは道中、喘息に苦しむ極貧の老女を診察した。死にゆく患者にわずかな薬を与えることしかできず、彼女の運命を悲しみ哀れんだ。本物の貧困の過酷さ、不公平さをエルネストは理解した。

二人はイースター島行きを諦《あきら》めて進路を北にとり、アントファガスタに行った。一帯の広大な地域は、一八七九年に始まる「太平洋戦争」でチリが勝つまではボリビア領だった。内陸部はアタカマ砂漠の拡がる大平原で、硝石《しょうせき》産業がもたらした往時の栄華の町は幽霊街と化して点在し、蜃気楼《しんきろう》となって地平線に浮かび上がっていた。

二人は砂漠の道で鉱山労働者夫婦に出会う。共産党員であるがゆえに鉱山を追われたうえ三ヶ月投獄され、その後も仕事に就けず、飢えと渇きで立ち往生していたのだ。二人は、なけなしの毛布を夫婦にかけてやった。エルネストは、「戦いに向けて体を鍛えよう。最後の日に、巨大な労働者の勝利の叫びを耳にするために」と記す。

アタカマ砂漠の一角に、三〜五キロメートル離れた対岸が霞《かす》むほど巨大な世界最大級の露天掘り銅山チュキカマータがある。硝石に替わってチリ経済の命綱となった銅産業を象徴する最大の鉱山である。見学した二人は、酷使され惨めな生活を強いられていた労働者の貧しさと、快適に暮らす米国人資本家やチリ人共同経営者の豊かさの激しい対比に驚愕《きょうがく》した。

雨がほとんど降らない荒野の所々に、干涸《ひから》びたミイラの一部が地表に飛び出している。エルネストは荒涼とした砂漠を進みながら、煉獄《れんごく》から逃れられない貧しい人々を思い、自分の在り方を変化させる化学反応が体内で起きつつあるのを感じていた。

北部のイキーケ市で二人は道路工事人夫の宿舎に泊めてもらった。寝る前に労働者らと放《ほう》屁《ひ》比べをしたが、二人は音の大きさと臭さで歯が立たなかった。チリには三八日間滞在したが、助けてくれた人々は、すべて先住民か混血だった。チリの寛大さは庶民の中にあった。

インディオの姿

二人は三月下旬、北端のアリーカ市からペルー南端のタクナ市に入る。アンデス高地に行くことにし、先住民らとトラックを待った。「物憂げなインディオは、劣っているため戦いに敗れたのだから隷属《れいぞく》するしかないと五世紀にわたって教え込まれてきた。彼らは心の痛みを酒とコカ葉という二つの薬で癒《い》やしている。無礼な扱いや蔑《さげす》まれることに慣れきっており、我々が暗闇《くらやみ》でうっかり足を踏ん付けても文句を言わなかった」。エルネストは記す。

プーノ、ティティカカ湖、フリアカ、クスコ、そしてマチュピチュへ。この空中遺跡に数日滞在した。喘息の発作に苛《さいな》まれながらもインカ文明に圧倒されたエルネストは、秘めたる考古学者の資質を刺激され、遺跡を熱心に観察し細かく記録する。

復活祭を過ごしたある町の有力者が馬を二頭調達してくれた。馬上の二人がふと気がつくと、先住民の女と少年が徒歩で付いてくる。気になって訊《たず》ねると、馬は彼らのもので、有力者に召し上げられていたことがわかった。二人は恥じ、直ちに馬を返した。

アヤクーチョ市を歩く。スペイン軍の敗北とスペイン植民地の独立を決定づけた一八二四年の歴史的な「アヤクーチョの戦い」の古戦場である。この街を後にした二人はアンデス山脈の断崖《だんがい》絶壁の道をトラックで下り、熱帯雨林を抜けて辿《たど》り着いたある集落の酒場で男たちと酒を飲み、大声でタンゴを歌った。音痴のエルネストも、こういうときは遠慮せず友情に応えるのだ。高地にはリャマ、アルパカの群。幸運ならば、その肉にありつける。

ハンセン病棟

五月一日、ペルーの首都リマに到着し、ハンセン病の専門家ウーゴ・ペシェ博士を訪ねた。博士は、ペルー共産党を結党したホセ＝カルロス・マリアテギ（一八九四～一九三〇）を尊敬する党員で、マヌエル・オドゥリーア将軍の軍政から迫害される時期があった。博士は先住民の生理学も研究、先住民の状況と自身の体験を著書『沈黙の緯度（風土、地域、限界）』にまとめた。エルネストは著書の感想を求められ、「マルクス主義者の科学者がインディオの心理をこのように悲観的、否定的に書くとは信じがたい」と批判した。お世辞抜きのあまりの率直さに、博士は恐れ入るばかりだった。リマ滞在は半月余り、エルネストは南米最古のサンマルコス大学も見学した。その間、博士の下で働いていた看護婦といい仲になった。

博士の紹介でアマゾニア（アマゾン川流域地方）に行くため二人はリマを離れる。セロデパスコ鉱山を見学した後、乗っていたトラックが断崖から落ちそうになった。二人はその夜、命拾いしたのを祝ってペルー人らとピスコ（葡萄を原料とする蒸留酒）を三本空にした。

林業の集散地プカルパに至る。木材はアマゾン川上流のウカヤリ川伝いに運ばれる。町の酒場と売春宿は、木材景気で連夜大繁盛だった。エルネストは、ペルーアマゾニアの中心地イキートス市に向から船で賭《か》けトランプをしたり、船内で稼ぐ売春婦と懇《ねんご》ろになったりしつつ、蚊の襲来に耐えた。ペシェ博士のつてで同市の黄熱病予防研究所に泊まった二人は、目的地のハンセン病患者療養所を目指し、さらに川を下る。

目的地のサンパブロ病院には六月八日到着し、川中の島に隔離されたハンセン病棟に渡る。一〇日ほどの滞在だったが、二人は親身になって患者に対応、素手で患部を診察するなどして、たちまち患者の心をつかんだ。ある夜、フィエスタ（パーティー）で、マンボを踊った後、二人は乞《こ》われてタンゴを踊った。このような場合、アルゼンチン人の義務なのだ。

エルネストは六月一四日、二四歳の誕生日を迎え、その記念に幅二キロメートル弱のアマゾン川を斜めに流されつつ五キロメートルも泳いで渡った。祝宴を開いてもらい、ユカ（キャッサバ）でつくるマサトを飲んだ。女たちがかみ砕き唾液《だえき》とともに壺《つぼ》に吐き出すユカが発酵し酒になる。二人はさんざん飲んでからその生産現場を目撃し、顔を見合わせた。

エルネストは祝宴で謝辞を述べ、「アメリカ大陸の国境線は虚構だ。ラテンアメリカ人は単一の混血人だ。だから狭い地方主義に凝り固まってはならない。ペルーと統合アメリカ（将来統合されるべきラテンアメリカ）に乾杯」と挨拶《あいさつ》した。「大きな祖国ラテンアメリカ、小さな祖国ベネズエラ」を理想とした南米北西部の解放者シモン・ボリーバル（一七八三〜一八三〇）の統合思想をエルネストは、旅の経験を通じて学びつつあった。だが「単一の混血人」という捉え方は理想主義的でありすぎた。後年、そのことを悟らされるのである。

患者たちは別れを惜しみながら筏《いかだ》をつくってくれた。二人はラテンアメリカの熱帯と温帯の連帯を象徴させ、筏に「マンボ・タンゴ号」と命名した。患者らは二人の来訪を終生忘れなかった。エルネストがこのハンセン病棟を再び訪れることはなかったが、アルベルトは二〇〇三年、映画『モーターサイクルダイアリーズ』の撮影で訪れることになる。

二人は六月二〇日、この筏で川下のコロンビアアマゾニアの要衝レティシア市に向かう。その対岸はペルー領、川下はブラジル領である。アマゾン川は流れが恐ろしく速い。筏はレティシアの船着き場をかすめ、ブラジルの水域に入ってしまった。二人は筏を捨て、小舟でレティシアに運んでもらったが、入管でパスポートに「筏で入国」と書き込まれた。

コロンビアは四年前の一九四八年に起きたボゴタソ（ボゴタ大騒乱事件）を経て、ラウレアーノ・ゴメス大統領の独裁時代だった。弾圧されゲリラとなった共産党員や農民は密林や山岳地帯に立てこもっていた。二人はレティシアの守備隊将校から酒をおごられ、対ゲリラ戦の話を聴いた。ボゴタソの現場にはハバナ大学の学生だったフィデル・カストロがたまたま居合わせ、騒乱に遭遇した。この事実をエルネストは知る由もなかった。

二人は軍の輸送機で七月初めボゴタに着く。武装警官の多さに嫌な感じがしていたエルネストは早速、警官にいちゃもんをつけられ上等のナイフを押収されてしまった。エルネストはアルゼンチン領事を巻き込み検察で証言し、ナイフ奪回に成功する。だが警官に逆恨みされ、危険を察知してボゴタを離れ、バスで北東部の国境の都市ククタに行く。

マイアミ滞在

七月半ば、国境のタチーラ川の橋を渡りベネズエラのサンクリストーバル市に入る。同市からバスでアンデスの標高四七〇〇メートルの峠を越えて東方に進み、石油成金の大都会カラカスに着く。二人は都市の新しさ、自動車の洪水、貧富格差に目を見張った。

アルベルトは、ペシェ博士のつてでカラカスの外港ラ・グアイラに近いハンセン病院で働くことになった。一方、帰国し学業を全うすることにしたエルネストは競走馬取扱業者を訪ねた。この業界のブエノスアイレスでの税関代理人がエルネストの父方の叔父だった。業者は、米国査証さえあれば馬を運ぶ貨物機で米国経由で帰国させてやると言った。そこで、紹介されたUPI（後のUPI）通信記者に付き添われ米国大使館に行き、査証を取得した。

その夜、送別会でUP記者は酔い、「アルゼンチンが英国の植民地を経て米国のようになればよかった」と言った。アルベルトは、「インドのようになって何百年も英国に支配され、人民は栄養失調で読み書きできないようになっていたかもしれない」と混ぜ返した。するとエルネストは、「北米人の富裕層になるより、読み書きできないインド人になりたいね」と皮肉を放った。これが始まりで、エルネストはUP記者をこてんぱんに論難した。

エルネストはアルベルトに見送られ、馬の臭いが漂う貨物機で飛び立った。マイアミに着いた一九五二年七月二六日、アルゼンチンではペロン大統領の夫人エバが癌で死去した。そして、まさに一年後のこの日、フィデル・カストロがキューバでモンカーダ兵営を襲撃し、革命の狼煙《のろし》を上げるのだ。当時のエルネストにはまったく無縁なことだったが、運命は黙っておらず三年後、エルネストをメキシコ市でフィデルに引き合わせることになる。

幸か不幸か、貨物機の故障でエルネストはマイアミに二〇日間も滞在することができた。白人でスペイン語を話すエルネストは、米植民地プエルト・リコの若者と見られ差別された。進行中の朝鮮戦争を議論すると、米国人は戦闘的になった。マッカーシズムの全盛期で、国中が反共主義一色だった。大学時代の親友ティータは後年、「エルネストはマイアミ滞在を、人生で最も辛く厳しい日々だったと言っていた」と語る。七ヶ月続いた二人の旅は終わった。それは目覚めへの旅だった。二人にとって過去と断絶する「帰らざる旅」となる。

再会と別離

エルネストの政治的関心は、それまでなかったほど膨らんでいた。何よりも自分たちの世界、ラテンアメリカを発見したのが収穫だった。アルゼンチン人意識とラテンアメリカ人意識が脳裡《り》に併存するようになっていた。

大学医学部を卒業するには一二単位足りなかった。エルネストは猛勉強し一九五三年に卒業、医師免許を取得した。二五歳、少し回り道しただけの、まずは順調な人生だった。その年コルドバでチチーナに再会したが、その後会うことはなかった。エルネストは医師の道は約束されていたが、人生の進路は未定で、新たな放浪の旅への誘惑が心を占めていた。その旅の先に何が待っているのか、誰もわからなかった。

話を進めれば、カラカスで別れた二人が再会できたのは一九六〇年七月一八日、キューバの首都ハバナの国立銀行総裁室でだった。別離から丸八年経っていた。アルベルトは六一年ハバナに移り、国立ハバナ大学医学部の教授となって、キューバとアルゼンチンの大学交流、研究交流に努めた。チェ・ゲバラは六五年にキューバを去る際、アルベルトに会わずに、砂糖産業についての自著を贈った。「再び放浪する運命となった。夢は果てしない。少なくとも銃弾に遮《さえぎ》られない限りは……定住したジプシーよ、火薬の臭いが消えるとき、君に会えるのを期待する」。なんと予言的な献辞だったことだろう。

アルベルトは七八年、『チェとの南米旅行』を著した。九四年に大学を退職、二〇〇二〜〇三年に著書が映画化された際、制作顧問を務めた。映画の最後に、エルネストを乗せマイアミに向かう貨物機を見送った往時を回想する年老いたアルベルト本人の、永遠の彼方を見詰めるような感無量の表情が映し出される。アルベルトはハバナで二〇一一年三月五日、八八年の生涯を終えた。遺骨はキューバ、アルゼンチン、ベネズエラの三国で散骨された。

第2章

運命の出会い

メキシコでのイルダとエルネスト
（イルダ・ガデア著『チェ・ゲバラと歩んだ人生』から）

ボリビア革命の残滓

エルネストは医師稼業に入らず一九五三年七月七日、家族に見送られブエノスアイレスのレティーロ駅を出発した。新しい相棒は、転地療養先アルタグラシア以来の友人カリーカ（カルロス・フェレール）である。親友アルベルト・グラナードのいるベネズエラの首都カラカスを目指す。エルネストには、石油景気に沸く彼《か》の地で幸運をつかみたい思惑があった。

列車は二日後、ボリビア国境に着く。女たちの山高帽が視界に拡がる。この着帽は一九二〇年代に鉄道建設に従事した英国人労働者が残した習慣だが、それが先住民の女性に伝わり定着したのが面白い。二人はボリビア鉄道の列車に乗り換え、標高四〇〇〇メートルのアンデス大高原《アルティプラーノ》を走り、二日後、政治首都ラパス（憲法上の首都はスクレ）に着いた。

ボリビアでは五二年四月、鉱山労働者主体の人民軍が数日の戦闘で戦士二〇〇〇人を失いながら政府軍を撃破する革命が起きた。新政権は、ボリビア経済を支えていた錫《すず》産業を国有化し、さらに農地改革に着手しようとしていた。だが少数富裕支配層とつながる米国は部分的な経済封鎖を発動、錫価格を暴落させた。打撃を受けた政府の変革路線は弱まりつつあった。

エルネストとカリーカはラパスで、ボリビア中央労連（COB《コブ》）が組織した政府支援の松明《たいまつ》行進を目撃した。労働者の群は疲れ切っているように見えた。「行進する労働者に精彩がないのは、革命の末路を悟っているからではないか」。エルネストの分析は冴えていた。「革命は貧しい先住民に意味があったのか。太陽に焼かれ風雨に晒《さら》され憔悴《しょうすい》し、金属のように輝く鋭い目をもちながら黙し、何を考えているのか見当もつかない先住民の群。コカの葉を噛《か》む彼らから革命の情熱は感じられない」。エルネストはそう観察した。

リカルド・ロホ

ボリビア政府は農地改革の実施日をその年（五三年）八月二日と定め、その日を「農地改革の日」と「先住民の日」に指定した。エルネストは、先住民出身の先住民問題担当相に会った。その庁舎では、先住民が蚤《のみ》と虱《しらみ》を退治するためとしてDDTを振りかけられていた。戦後日本で占領軍がやったのと同じ手法だ。エルネストは辞去する際、解放者シモン・ボリーバルの像を見ながら、「この革命は、孤立したインディオの心を揺さぶることができなければ失敗する」と考えた。エルネストのこの思考も暗示的だ。一四年後、チェ・ゲバラはボリビアで先住民の心を揺さぶることなく革命戦争に失敗するのである。

エルネストは、ペロン政権のアルゼンチンから亡命していた金満家の邸宅に若い論客と見なされ招かれていたが、そこでベネズエラ大使館員と知り合い、査証をもらうことができた。

同じ邸宅で、二九歳のアルゼンチン人弁護士リカルド・ロホにも会った。ペロン派に対抗する「急進市民同盟」の党員で、五年後に大統領となるアルトゥーロ・フロンディシーの友人だった。ペロン政権に投獄されたが脱獄し、アルベンス変革政権のグアテマラに亡命していたが、その後チリの首都サンティアゴに移動し、フィデル・カストロらのモンカーダ兵営襲撃事件を知った。そこからラパスに飛び、エルネストに出会ったのだ。これは重要な出会いだった。ロホはグアテマラ体験をエルネストに語った。

ロホが、モンカーダ兵営襲撃事件をも話題にしたのは疑いない。エルネストの運命はロホとの出会いを経て、北方に針路をとるようになる。当時カラカスでエルネストの到着を待っていた親友アルベルト・グラナードは後年、「エルネストはロホに何かを吹き込まれたためカラカスに来ず、中米を北上した」と語っている。

後にロホは、「当時のエルネストの印象はさほど強くなかった。政治には無頓着で、あまりしゃべらず聞き手に回っていた。だが突然、警句やひどく辛辣《しんらつ》な言葉を発した」と書く。

南部のカタビ鉱山をエルネストは見学する。革命時は激しい戦闘の地で、鉱夫の部隊はダイナマイトで軍隊と戦った。この鉱山行きも因縁めいており、以下を付記しないわけにはいかない。一四年後の一九六七年六月二四日はキリスト教の祝日「聖ヨハネ《サンファン》の日」で、その日の明け方、バリエントス軍政はカタビ鉱山と近隣のシグロベインテ（二〇世紀）鉱山に軍隊を派遣し、聖なる日の前夜祭を楽しみ寝入っていた労働者居住区を襲い虐殺した。当時、チェ・ゲバラはボリビアでゲリラ戦を展開していた。軍政はゲバラの部隊と、ボリビア革命で戦闘能力を発揮した鉱山労働者が結びつくのを恐れていたのだ。

次いでエルネストとカリーカは、ティティカカ湖畔のコパカバーナの丘の頂上にあるコパカバーナの聖母を祀《まつ》る教会を訪れ、司祭が先住民に「天国の居場所」を売るのを目撃する。中世欧州の免罪符の商売と変わりない。エルネストはますます神父が嫌いになった。

商都グアヤキル

一ヶ月半のボリビア滞在は終わった。トラックでティティカカ湖畔を走り、国境を通過しペルーに入った。ペルーは依然、オドゥリーア政権の強権支配下にあり、ペルーの革新政党だったアメリカ革命人民同盟（APRA《アプラ》）の創設者にして指導者のビクトル＝ラウール・アヤ＝デラトーレ（一八九五〜一九七九）はリマのコロンビア大使館に亡命し、出国を許されないまま何年も幽閉されていた。二年後にメキシコでエルネストが結婚することになるペルー人女性イルダ・ガデアは、APRAの左翼活動家だった。

エルネストとカリーカはプーノ、クスコ、マチュピチュを経てリマに至り、ペシェ博士に会った後、ペルー北端から九月下旬、エクアドールに入った。商都グアヤキルは、太平洋に注ぐ大河グアヤス川の河口から数十キロメートル上流の、マングローブと沼地に囲まれた湿地帯にある。二人はボリビアで知り合ったリカルド・ロホと安宿で合流し、旅行で来ていたアルゼンチン人の大学生三人とも同宿となる。みな金がなく、空腹だった。エルネストは町の広場で服を売った。エルネストに残された上着のポケットは、喘息用の噴霧器もバナナも一緒くたに詰め込まれ、大きく膨らんでいた。

六人は暇つぶしに、汚れてこわばっていたパンツを床に立て、立っている時間の長さを競い合った。下着にも頓着しないエルネストはパンツを二ヶ月間、洗わず履きっぱなしだった。かちかちで悪臭を放っていたこのパンツが優勝した。この小さな「梁山泊《りょうざんぱく》」跡には今日、若き日のチェ・ゲバラが滞在した史実を伝える記念碑がある。

若者たちは無聊《ぶりょう》を託《かこ》ち続けているわけにはいかず、カリーカはエクアドールの首都キトからカラカスに飛び、コルドバで知り合っていたアルベルトのつてで働くことになる。グアヤキルでカリーカと別れたエルネストは、陸路でコロンビアの首都ボゴタを再訪しようと考えていた。だが数ヶ月前の政変で政情は不穏であり、エクアドール国境からボゴタに至る経路にあるトリーマ渓谷では農村ゲリラ（後のコロンビア革命軍＝FARC《ファルク》）が活動していた。危険だからと査証がもらえず、エルネストはコロンビア入国を断念する。

そこでロホの説得を容《い》れ、変革進行中のグアテマラ行きを決意する。パナマからグアテマラまで、米国人作家O・ヘンリー（一八六二〜一九一〇）が一九〇四年に「バナナ共和国《リパブリック》」と呼んだ中米諸国が並んでおり、米国による支配状況も見ることができる。

中米への近道は、グアヤキルからパナマ市に渡る海路である。ロホは、チリの政治家サルバドール・アジェンデから、グアヤキル在住の友人に宛てた紹介状を携行していた。その人物の計らいで米国の国策会社ユナイテッドフルーツ社（UFC）の用船に乗ることができ、まずロホが、次いでエルネストが出港し、パナマ市のバルボア港に向かった。

中米縦断

エルネストは日記や手紙の「書き魔」だったが、随筆や論文を書くのも好きで、パナマ市で知り合った雑誌二誌の編集者に、アルベルト・グラナードとの旅行記と二回訪れたマチュピチュの訪問記を書いて渡し、両誌にそれぞれの記事が掲載された。エルネストはパナマ太平洋岸のUFCバナナ積み出し基地から再び用船で北上、コスタ・リカに向かう。その船内で黒人娘と愛を交わした。エルネストはコスタ・リカ国内をトラックで移動中、荷台から振り落とされ左腕を強打、一時、左腕はうまく動かなかった。

エルネストはコスタ・リカの首都サンホセから故国の叔母に送った手紙に、「UFCの領土を通過した。いまは亡きスターリンの像に、この資本主義の蛸《たこ》（UFC）が一掃されるまで休息しないと誓う」と書いた。ソ連共産党書記長スターリンはその年三月に死んでいた。エルネストがUFCの船に米国の影を意識しながら乗っていたことが窺《うかが》える。

コスタ・リカは当時、ホセ・フィゲレス大統領の時代で、新憲法は国軍を廃止し、国防予算は教育、文化、社会福祉に回されていた。銀行は国有化され、黒人移民の子に国籍が与えられ、女性参政権が確立した。国軍廃止で不要になった武器は武器庫に収められていたが、フィゲレスはキューバ革命の戦闘が勝敗の分岐点に差しかかっていた一九五八年、フィデルのゲリラ部隊に武器庫の武器を大量に贈ることになる。左翼政権のグアテマラと穏健なコスタ・リカには、ラテンアメリカ諸国から多くの亡命者が集まっていた。

エルネストは、「カリブ地域賢人会《レヒオン・デ・カリーベ》」の面々に会った。穏健改革派指導者のクラブ組織で、キューバで創設され、解放者シモン・ボリーバルの「大ラテンアメリカ祖国」思想に立ち、カリブ沿岸諸国の統一を理想としていた。ドミニカ共和国の独裁者ラファエル・トゥルヒーヨ打倒のためフィデル・カストロが学生時代に参加した軍事訓練の背後には、この組織があった。

一九五二年にキューバでフルヘンシオ・バティスタのクーデターが起きると、ドミニカ共和国の政治家フアン・ボッシュ、ベネズエラの政治家ロムロ・ベタンクールとラウール・レオーニは亡命地をハバナからサンホセに移した。一つ屋根の下に住んでいた三人を訪ねたエルネストはボッシュと馬が合ったが、ベタンクールとはしっくりいかず、レオーニには会わなかった。この三人とも後に大統領になる。エルネストはエクアドールの文筆家ホルヘ・イカサにも会い、著書『ワシプンゴ』を贈られた。

英気を養ったエルネストは、「グアテマラに行き、真の革命家になって立ち上がろう」と日記に書く。ソモサ独裁時代のニカラグアに入り、リカルド・ロホとばったり会う。エルネストはニカラグアの首都マナグアでロホと別れ、ホンジュラス南端とエル・サルバドールを車で走り抜け、グアテマラに辿り着く。一九五三年一二月二四日のことだった。

イルダ・ガデア

グアテマラでは一九四四年にウビコ独裁政権が崩壊し、最初の進歩主義政権が登場する。そのフアン＝ホセ・アレーバロ大統領は労働者のストライキ権を確立、農場の強制労働を排除し労賃を定めた。後継の陸軍大佐ハコボ・アルベンス大統領は五二年六月、農地改革に着手する。五四年まで続いた変革の一〇年間は「グアテマラの春」と呼ばれた。アルベンス政権を支えたグアテマラ労働党（PGT《ペヘテ》）は共産党に等しかった。

農地改革は、スペイン植民地時代から四三〇年経っていたグアテマラ社会を根底から揺さぶる荒技だった。少数者の白人およびラディーノ（混血人種）は、絶対多数派ながら団結できないマヤ人を分断支配し、マヤ人の民族意識の衰退や諦観《ていかん》を悪用し、国富の多くを握り続けていた。アルベンスは、事実上の農奴制と先住民労働者の貸借を禁止し、大地主一〇五九人の所有地を農地改革の対象にした。

米国策会社UFCはバナナや砂糖黍《きび》の農場一六万ヘクタールを所有していた。UFCは所有地を接収されると、米政府を動かし陰謀を企てた。時のジョン・ダレス国務長官はUFCの顧問弁護士、実弟アレン・ダレスは中央情報局（CIA）の長官だった。これほど強力で恐るべき兄弟はなかった。エルネストが到着したころ、陰謀がすでに渦巻いていた。

グアテマラ市に戻っていたリカルド・ロホは、エルネストをペルー人亡命者イルダ・ガデア（一九二一〜七四）に引き合わせた。エルネストより七歳年上のイルダは、祖父母が華人と先住民の混血女性で、東洋人に似た風貌をしていた。前述したようにアメリカ革命人民同盟（APRA）の左翼活動家で、青年部指導者だった。オドゥリーア政権に迫害され、一九四八年グアテマラに亡命、アルベンス政権が設立した生産振興庁で働いていた。

イルダは、エルネストの印象を綴《つづ》る。「身長は一七六〜一七八センチメートルぐらい。青白く髪は栗色で、目は大きく、表情は豊か。目鼻立ちは普通だが、全体的に美男子。見た目の虚弱さとは裏腹に男性的だ。いつも落ち着いているように見える。知的で、常に何かを観察している。やや思い上がった感じがしたが、後で、喘息の発作のため息をする際、胸を大きく膨らませないといけないのを知った。当初、多くのラテンアメリカ人同様、私もアルゼンチン人は信用していなかった」。イルダはエルネストの身長を少し高く見ていた。

エルネストはイルダに案内された亡命者の集いで、ニコ・ロペスらキューバ人亡命者に会った。彼らは五三年七月のモンカーダ兵営襲撃に参加した「モンカディスタ」だった。エルネストは、「キューバ人たちが壮大な話をきっぱりした口調で真面目に語り合うのを聞くと、自分が小さく見える」と日記に書く。ニコは、エルネストが「ねえ、君《オイエ・チェ》」と話しかけるときに乱発するラ・プラタ方言の「チェ」を最初に面白がったキューバ人だった。

エルネストとイルダは相互の知的好奇心に敬意を払いつつ、ロシアの古典や思想書を読み議論した。イルダは著書『チェ・ゲバラと歩んだ人生』に、エルネストから一九五四年三月を過ぎたころ求婚されたと記している。

グアテマラ労働党は、就職口を探していたエルネストに統計庁の職を与えるのと引き換えに入党を求めた。エルネストは反共主義者ではなかったが、姑息《こそく》な入党勧誘に怒り拒絶する。エルネストはマルクス主義者と見られるのを嫌い、共産党員になるのを良しとしなかった。しかし労働党青年部の行事にはイルダとともに参加していた。

このころ「ラテンアメリカは思っていた以上に重要だ。私の冒険の舞台になるはずだ。私は、自分がいかなる人とも異なるアメリカ人（米大陸人）だと感じる」と書いている。エルネストには、アルゼンチンを離れてからは熱意や善意をいくら示しても余所《よそ》者扱いされるという意識が根づいていた。その意識は終生消えなかった。

グアテマラ侵攻

アルベンス大統領は一九五四年一月末、グアテマラ侵攻計画が進行中と言明する。米軍仕立ての傀儡《かいらい》軍の司令は、グアテマラ軍を追放された元大佐カルロス・カスティージョ＝アルマスだった。侵略に後ろめたさを感じていた米国は、ベネズエラの首都カラカスで三月開かれた第一〇回米州諸国機構（OEA《オエア》、英語ではOAS）外相会議をグアテマラ侵略の名分づくりに利用、会議はダレス国務長官の主唱で「米州における共産主義に反対」するカラカス宣言を採択した。

エルネストは四月、グアテマラの状況を「グアテマラのジレンマ」と題した文章に綴る。キューバで前年起きたモンカーダ兵営襲撃事件に触れ、「暴力には暴力で応えるべきときが来た。死が避けられなければ、その死はサンディーノ（二〇世紀前半、米占領軍を撃破し追放したニカラグアの英雄）のような死でなければならない」と訴えた。

米軍機から撒《ま》かれたビラは侵攻が間近なことを示していた。「米帝国主義による侵略の目撃者になる」と覚悟したエルネストは風雲急を告げる状況の下で、労働党青年部の自衛活動に参加した。救急医療班での奉仕を申し出たのだが、午前二時〜六時の夜警を任された。

イルダは、この自衛活動参加をもってエルネストが党員となったと受け止めた。だが実際は、チェ・ゲバラになってからフィデルに従ってキューバ共産党（PCC《ペセセ》）の結党過程に脇から参加するまではいかなる党活動にも関与していなかった。しかもPCC発足時、チェはアフリカにおり、その後はボリビアに去ったことから、実質的な党活動はしていない。チェはどのような政治思想や固定観念からも自由でありたいと努め、フィデルだけに忠誠を誓っていた。あえて言えば、少数の革命家集団が革命の起爆剤になるという、キューバ革命の成功例に基づく「中核前衛主義《フォキズモ》」だけがイデオロギーに似た固定観念だった。

エルネストは、二年前のボリビア鉱山労働者革命の知識を踏まえ、人民を武装させるか民兵部隊を結成するか、どちらかを選ぶべきだと訴えた。この主張はアレーバロ前大統領を通じてアルベンス大統領の耳にも届いた。アレーバロはアルゼンチン亡命期にペロンと懇意になり、そのよしみでアルゼンチン人のエルネストを自邸に招いていた。だが職業軍人のアルベンスには人民武装という発想がなかった。

CIA仕立ての八〇〇人の侵攻部隊は六月一八日、ホンジュラスからグアテマラに侵入した。グアテマラ人二〇〇人以外の六〇〇人は外国人で、ドミニカ共和国、ホンジュラス、ニカラグアで募集されたが、朝鮮戦争に参加したキューバ人兵士やコロンビア人兵士も含まれていた。侵攻部隊は米軍機の援護爆撃を受け、首都を目指して進軍した。

アルベンスは侵攻部隊が首都に迫ると二六日辞任し、メキシコ大使館に亡命した。グアテマラはたちまち殺戮《さつりく》の巷《ちまた》と化した。農地改革は無効とされ、大地主が復権した。

エルネストは、CIA作成の暗殺対象者名簿に自分が載っていると聞き、アルゼンチン大使館に身を置く。ペロン大統領はすぐに空軍機を派遣しアルゼンチン人救出に着手したが、チェは搭乗を断り、メキシコへの安導（安全出国の保障）を選んだ。

九ヶ月間のグアテマラ体験は、エルネストの人生の転換点となった。激しい戦闘、暴力こそが敵を倒し、ラテンアメリカを解放する唯一の手段だと認識したのである。「人民の武装」と「反革命になりうる人物の早期粛清《しゅくせい》」という革命体制防衛上の重要な教訓を得た。

エルネストは二六歳、「ラテンアメリカ諸国が米国の覇権に抵抗すると、米国は必ず侵略する」との結論に達していた。エルネストは、「広大なラテンアメリカの当てのない旅路は、思った以上に私を変えた。グアテマラで革命家になり始めた」と後に記す。

メキシコ生活

エルネストは一九五四年九月二一日、グアテマラからメキシコに入った。北上する列車内でグアテマラ人学生フリオ＝ロベルト・カセレスと気が合い、オアハーカ市で下車し、ミトゥラ遺跡を訪ねた。エルネストは片脚が不自由なフリオに、そのことを意味する「パトーホ」という渾名をつけた。メキシコ市に着いた二人は中心街の安宿に入る。エルネストは日記に「この賄賂《わいろ》の国は、巨大な動物のような無関心で私を迎えた」と書く。

エルネストは間もなく、メキシコ市の総合病院アレルギー研究所で働くことになる、そこでの研究を基に書いた「未消化食品における抗原を使用して皮膚を治療する研究」という論文は五五年五月、『イベロアメリカ・アレルギー学誌』に掲載された。研究所は薄給で、エルネストは貧しさゆえに多忙だったが、医師としての研究は疎《おろそ》かにしていなかったのだ。

そのころイルダ・ガデアは逮捕されメキシコ国境に近い刑務所入れられていたが、メキシコへの追放処分となり、密入国補助人に助けられて国境の川を泳ぎ渡った。国境の移民局で政治亡命を許可されたイルダは一〇月、メキシコ国際空港でエルネストとの再会を果たした。同志愛とも恋愛ともつかない関係がメキシコ市で復活した。有能なイルダはやはり薄給ながら、世界保健機関（WHO）の地域事務所で職を得た。

同じ一〇月のある日、男が医師を求めて総合病院に駆け込んで来た。なんと、グアテマラ市で会っていたキューバ人ニコ・ロペスだった。エルネストはキューバ人とも以前のように付き合うようになった。二人の偶然の再会は重要極まりなかった。ニコがエルネストをラウール・カストロに紹介し、ラウールが兄フィデルに紹介することになるからだ。

エルネストは、パトーホと人物写真を撮って売るなどアルバイトに励み病院の薄給を補っていたが、一九五四年の大晦日《おおみそか》は米州諸国機構（ＯＥＡ）代表部の夜間の守衛として過ごした。明けた五五年二月の父への手紙で、メキシコ市で翌月開かれる汎米《はんべい》競技大会にニクソン米副大統領が来ることに触れ、「メキシコは完全に米国の手に握られています。アルゼンチンはラテンアメリカのオアシスであり、ペロンを支援せねばなりません」と書いた。エルネストは、ペロンが創設したラティーナ通信社のメキシコ通信員に競技大会の写真撮影で協力することになっていた。

イルダの著書によれば、彼女とエルネストは、五五年五月のある週末、メキシコ市南方のクエルナバカで結ばれた。イルダの発案で、エルネスト、イルダ、パトーホは三人で共同生活することになる。

エルネストはそのころ母への手紙に、「僕は本質的に〈タンゲロ〉だと感じています。つまり幾分アルゼンチン人的ということです」と書いている。タンゲロとは「タンゴ的」、「タンゴ風」、「タンゴを職業とする人」を意味し、堅気でなく幾らか「風変わりな」意味合いを含んでいる。東洋風のペルー人イルダと同棲《どうせい》したこととと関係があるのかどうかわからない。

だが服装に無頓着な点でエルネストは、粋《いき》な〈タンゲロ〉ではなかった。

グアテマラ市でイルダをエルネストに引き合わせたリカルド・ロホがやって来た。二人はロホを憲法広場（ソカロ）でのメイデー行進見物に連れていった。メキシコ政権を握る制度的革命党（PRI《プリ》）の協同翼賛主義《コオペラティビズモ》の下で、労働者も農民も公務員も労連を通じて党の基盤に組み込まれていた。憲法広場に面した大統領政庁《パラシオ・ナシオナル》のバルコニーで手を振るルイス・コルティネス大統領と、隊列を組み絶え間なく行進する「働く人々」は一体化していた。エルネストは、「葬送行進のようだ。メキシコ革命は実際死んでいる。誰も気づかないまま長期間死んだままになっている」と喝破《かっぱ》する。

一九一〇年に「土地と自由《ティエラ・イ・リベルター》」を願い独裁者追放を目指して始まったメキシコ革命は一七年に憲法を制定して終わり、その後の変遷を経てPRIの名の通り「制度化」され、形骸《けいがい》化していた。エルネストは、その堕落の理由を知りたがっていた。

イルダは憲法広場で、アルベンス政権を担っていたグアテマラ労働党の書記長だったフォルトゥニーを目敏《めざと》く見つけた。エルネストが、なぜあのときグアテマラ政府は戦わなかったかと訊《き》くと、「いったん権力を捨ててから戦うのがいいと考えたからだ」と空虚な答えが返ってきた。エルネストは、「アルベンスがメキシコに亡命せず地方に陣取って支持者たちとともに戦えば、違った結果になっていたはずだ」と反論するのも空しかった。

ラウール・カストロ

キューバでは一九五二年三月にクーデターで政権に就いたフルヘンシオ・バティスタが、五四年八月に政令を発し、米フロリダ半島突端のキーウエスト海軍基地からパナマ運河までの航路を短縮するため、キューバ島を中央部で分断し運河を建設する米政府案を受け入れた。フロリダ海峡に面したカルデナスからカリブ海側のコチーノス湾まで真っ直ぐに南下する総延長九五キロメートル、幅四〇メートル、深さ一五メートルの運河で、両側三〇〇メートルずつの運河地帯から住民を排除し、九九年間無税で開発するという信じがたい計画だった。

キューバは一九〇三年、名ばかりの独立（〇二年）と引き換えに、米国からグアンタナモ湾中心部を恒久的に奪われた。これをはるかに上回る屈辱に、バティスタは食いついたのだ。大学生連盟（FEU《フェウ》）が「主権と領土の一体性を守ろう」と立ち上がり、反対運動の先鞭《せんべん》を切った。さすがにこの政令は総スカンを食らい、取り下げられた。

キューバ人の多くは怒った。青年弁護士フィデル・カストロらが五三年七月二六日、サンティアゴ市内にある陸軍モンカーダ兵営を襲撃して逮捕され、裁判を経て投獄されると、フィデルらの釈放を求める世論が沸騰する。かくして恩赦法が五五年五月に成立、カストロ兄弟らモンカディスタ（モンカーダ兵営襲撃参加者）は同月一五日解放された。フィデルはハバナで、兵営襲撃の日付に因《ちな》む「七月二六日運動」（M‐26‐7）を組織する。

フィデルの弟ラウールは六月下旬メキシコ市に着いて間もなく、ニコ・ロペスに案内され訪ねたアジトで、二七歳になったばかりのエルネストに会った。アジトは、メキシコ市中心街の革命記念碑に近いエムパラン通りのマリーア＝アントニア・ゴンサレスのアパートだった。マリーア＝アントニアはキューバ人で、若い同胞たちの革命の夢に賛同していた。

エルネストは、キューバの人民社会党（PSP、共産党）青年部にいたことのあるラウールにマルクス主義の素養を感じ、親しくなった。アジトからさほど遠くない通りに墨《ぼく》ソ（メキシコ・ソ連）文化交流研究所とその書店があり、スペイン語に訳されたソ連の書籍を売っていた。この研究所でエルネストは本を読み、ロシア語を学び始める。

フィデル・カストロ

フィデル・カストロは一九五五年七月八日、メキシコ市に到着した。エルネストがラウールの紹介でフィデルに会ったのは七月第二週のことで正確な日付は不明だが、ラテンアメリカ史と世界革命史に刻まれることになるキューバ革命の覇者同士の歴史的出会いだった。フィデルはバティスタ打倒の革命構想を提起し、二人は夜通し語り続けた。夜が明けたころ意気投合していたというのだが、会話の精確な記録は残されていない。

フィデルは、エルネストにとって申し分のない知性の持ち主だった。エルネストが驚いたのは、フィデルが革命構想によってキューバを呑《の》み込もうとしていることだった。エルネストは、広大な祖国アルゼンチンを呑み込もうなどと思い至ったことはなかった。生まれ育った国の版図《はんと》の大きさは人生観や世界観を条件付ける。だがフィデルは小さな島国の生まれながら、ラテンアメリカ全体が祖国であるかのような構想力を備えていた。

フィデルは自国の偉人ホセ・マルティ（一八五三〜九五）の言葉を使って語った。「キューバ独立はラテンアメリカ全体の独立にとって決定的に重要だ。なぜなら米軍がキューバを橋頭堡《きょうとうほ》にしてラテンアメリカを侵略する恐れがあるからだ」。エルネストは納得した。

「フィデルと一晩中語り合い、明け方には従軍医師になることが決まっていた。ラテンアメリカ、とくにグアテマラを歩いた後だけに、暴政を倒す革命に駆り立てられた。だが私を動かしたもっと強烈な要因はフィデルという人物だった。私は彼の楽観主義を分けてもらった」。エルネストはそう記した。

エルネストは、キューバ革命が成就したら自分は祖国アルゼンチン解放のため戦いたいとフィデルに伝え、了解を得た。フィデルの楽観主義がエルネストに伝染していたのだ。

呼び掛けの言葉「チェ」を乱発したエルネストは、キューバ人仲間の間で「エル・チェ」と呼ばれるようになる。ここからは、日本の習慣に沿って冠詞「エル」を外し「チェ」とエルネストを呼ぶことにしよう。しかし、なんと短く破天荒《はてんこう》な渾名だろう！

父親になる

フィデル以下の革命の志士たちとチェは、モンカーダ兵営襲撃二周年の一九五五年七月二六日、チャプルテペク公園入り口にある英雄青年碑に花輪を捧《ささ》げた。米墨《べいぼく》戦争さなかの一八四七年九月、メキシコ市に進軍した米軍をチャプルテペク城で食い止めようと戦い死んだ士官候補生六人を讃《たた》え記念する巨大な石碑である。メキシコは戦争に敗れ、国土の北半分を米国に奪われた。それから半世紀後、キューバは米国の傀儡国家となり、グアンタナモ湾を奪われた。フィデルらは英雄青年を思いつつ、心の中で共通の敵、米国と闘っていたのだろう。

青天の霹靂《へきれき》だった。チェは八月初め、イルダから妊娠を告げられたのだ。イルダへの愛の強さを確信できないまま結婚しなければならなくなった。両親と同じ結婚方式だった。総合病院の同僚医師が自分の故郷テポツォトゥランの役所で書類を整えてくれた。二人は同地で挙式し、結婚届に署名した。ラウールが立ち会った。メキシコ市でその夜、アルゼンチン式の炙《あぶ》り肉料理の豪勢な披露宴が催され、目立つのを避けるため結婚式に行かなかったフィデルも参加した。弁護士のメルバ・エルナンデスも宴《うたげ》に加わった。メルバは、アイデエ・サンタマリーアと二人しかいない女性モンカディスタの一人だった。

九月半ばアルゼンチンで軍事クーデターが起き、ペロン大統領が追放された。富裕層出身で左翼ないし進歩主義者だったチェの両親は反ペロンの立場をとっていた。だがチェは、ラテンアメリカの指導者としては例外的に貧者救済に尽力したペロンの功績を評価していた。ペロンは米国の差し金により、親米軍部から打倒されたのだ。チェは母親への手紙に、「ペロン政権崩壊は打撃です。アルゼンチンは〈敵は北方にいる〉と主張する人々のチャンピオンでした」と書いた。同じ手紙で、イルダとの結婚を伝えた。

イルダは著書に、「自分がメキシコに追放されなかったら、チェとの再会も結婚もなかったはずだ」と綴る。だが何度も求婚された結果、受け入れて同棲し、結婚に至ったと記す。

しかしチェの友人らの見方は異なる。チェは青年時代、ブエノスアイレスの自宅で家事を担っていた先住民女性サビーナと肉体関係をもっていた。当時を知る友人は、エルネストは先住民の血が流れているイルダにサビーナの面影を見ていたのではないかと指摘する。

だが、ボリビア以後のエルネストの旅路を知りイルダを紹介したリカルド・ロホは、「チェはイルダを急速に愛するようになっていった」と著書に記す。エルネストにとってイルダは忠実な仲間、厳しい時期をともに過ごした親友、知的同志だった。若いエルネストが性愛の相手を必要としていたことは事実であり、女性を孕《はら》ませた責任をとったことも確かだ。だからといって、そこに愛がなかったということにはならないだろう。

二人は一一月、新婚旅行でメキシコ東部ユカタン半島のマヤ遺跡に行った。チェは高く大きな神殿すべてに登り、写真を撮った。身重のイルダは下で待っていた。その年の聖夜《クリスマスイヴ》はマリーア＝アントニアのアパートでキューバ料理の宴となった。フィデルは料理を手伝いながら、農地改革、外資国有化と、革命後の政策について熱弁を振るった。

一九五六年二月一五日、長女イルダ＝ベアトゥリス・ゲバラ＝ガデアが生まれた。母親と区別するためイルディータと呼ばれた。ベアトゥリスは、チェの叔母の名前からとられた。

「夫婦関係悪化の歯止めになる。この娘の母親と生活することはできない。彼女は多くの面で素晴らしい女性であり、ほとんど病的なほど私を愛しているが、私はアルゼンチンに行き戦う義務を果たさねばならない」。父親になったチェの心境は複雑だった。

両親への手紙には、次のように書いた。「私には人生を引き継いでくれる娘ができ、人生の円環を閉じることができるようになりました。今後は自分の死を挫折《ざせつ》とは考えません。ただ独り痛ましく未完の歌とともに墓に行くだけです」

逮捕された志士たち

フィデルは一九五六年一月、ゲリラ戦の訓練を開始した。スペイン内戦を共和国の側で戦った大佐アルベルト・バヨ（一八九二〜一九六七）が教官だった。キューバ生まれで、内戦後はメキシコに亡命していた。独眼の軍人で、『ゲリラへの一五〇の質問』という著書を五五年にメキシコ市で出していた。これをフィデルは読んでいた。

チェは三月に病院勤務を辞め、軍事訓練に専念する。訓練場はメキシコ市南東四〇キロメートルにある五四平方キロメートルのサンタローサ農場で、メキシコ革命の英雄パンチョ・ビーヤの友人だった人物から借り受けていた。バヨが六四歳と高齢だったため、夜間の行軍演習はチェが指揮した。山岳地帯の行軍と体力づくりのため、万年雪を冠した標高五四五二メートルのポポカテペトゥル火山に登ったが、チェは喘息で脱落し、登頂できなかった。チェは自由時間にバヨとチェスに興じ、チェの強さにバヨは舌を巻いた。バヨは後にキューバ革命軍の将軍になり、ゲリラを訓練した。『キューバ革命への私の貢献』という著書もある。

そのころキューバの秘密警察はフィデルらの動向をつかみ、メキシコ政府に取締まりを依頼した。その結果メキシコ市内で六月、フィデル、ラミーロ・バルデス、ウニベルソ・サンチェスが逮捕された。マリーア＝アントニア宅のアジトも家宅捜査を受けた。

フィデルは、無用な流血を避けようと、警察を訓練場に案内し同志を投降させた。チェも捕まり、計二四人がメキシコ市中心部の警察拘置所に拘禁された。チェは、墨ソ文化交流研究所の会員証を押収された際、「医師として（パヴロフの）条件反射を学びにソ連に行くためロシア語を学んでいる」と供述した。尋問には、警察の「共産主義の専門家」とされる人物が加わっていたが、チェは論争し打ち負かした。チェは、イルダが差し入れた経済学や数学の本を読み、チェスは同時に何人も相手にして楽しんだ。そのころ母セリアへの手紙に、「私は穏健派ではありません。武器を手に敵を倒します」と書いている。

七月初め同志の多くは釈放されたが、フィデル、チェ、カリスト・ガルシアは引き続き拘禁された。ここで元メキシコ大統領ラサロ・カルデナス（一八九五〜一九七〇）が動く。メキシコ革命を戦い将軍となったカルデナスは、フィデルら若いキューバ人革命家に、自身の革命時代の青春を重ね合わせていた。七月下旬、フィデルが三四日間の拘禁の後、拘置所を出た。チェが別れ際に「君らが革命戦争に出発したら、置いておかれたとしても構わない」

と言うと、フィデルは断固否定し、「一緒に行くのだ」と告げた。

フィデルはカルデナスに会い、チェとカリストは八月半ば釈放される。思想的指導者と疑われていたチェの拘禁は最長の五七日間だった。釈放された二人は五日以内に出国するよう迫られた。チェは妻子、カリストとともに三ヶ月半、隠れ住むことになる。

このころ、フィデルらの革命運動である「七月二六日運動」の幹部カルロス・フランキがメキシコ市に来た。フランキは初対面のチェを巧みに描写した。「やや自己陶酔型で、中背、筋肉は逞《たくま》しい。パイプを口にし、マテ茶を好んでいた。スポーツマンと喘息患者、スターリンとボードレール、詩人とマルクス主義者の間を往来していた」

グランマ出航

キューバには、ハバナ大学学生会を中心とし、バティスタ独裁打倒を志す「革命幹部会」(DR《デエレ》)があり、ホセ＝アントニオ・エチェベリーアが指導者だった。フィデルはメキシコ市で九月初めエチェベリーアと話し合い、「七月二六日運動」とDRが連携して戦う「メキシコ憲章」に調印した。

フィデルは九月半ば、同志たちに集合命令をかけた。密告者もいて、悠長に構えてはいられなくなったのだ。フィデルは武器商人を通じメキシコ湾岸のトゥースパン港で、一九四三年製、全長一一・五メートルのクルーザー「グランマ」を米国人から四万ドルで買い取った。

チェはイルダに、負傷者に応急手当てを施す手引き書をタイプで打つよう求めた。イルダとの別れは決定的になっていた。チェはブエノスアイレスの友人ティータに手紙を書く。「結婚生活はほぼ完全に破綻しており、来月には決定的になる。破綻にはいささか苦さが残る。彼女は忠実な同志だし、その革命的行為には非の打ち所がない。だが精神面の食い違いは大きい。私はアナーキー精神をもって生き、地平線を拡げたい」

一一月半ば、同志ペドロ・ミレーが逮捕された。事態は一刻の猶予をも許さなくなっていた。チェは隠れ家で娘イルディータを抱き上げ、「僕の小さなマオ（毛沢東《もうたくとう》）」と語りかけた。東洋系の血の流れる生後九ヶ月の少女は細目で、チェは敬愛していた中国革命の最高指導者にあやかっていたのだ。「君が大きくなったら、この大陸中、もしくは世界中が大きな敵、米帝国主義と戦っていることだろう。君も戦わなければならないよ。僕はそこにいないかもしれない。でも、戦いの雄叫《おたけ》びが大陸を覆い尽くすだろう」。チェは後日、「青年期のイルダ＝ベアトゥリスへ」と題した一編の詩を娘に贈った。

出発が迫ってきた。ある日エルネストはイルダを抱きしめ、それまで見せたことのないような優しい目で彼女を見つめ、「私は死ぬかもしれない。でも革命は間違いなく勝利する。あらゆる事態への準備はできている」と、別れの言葉を伝えた。

トゥースパン港はトゥースパン川の川港で、河口に近い。一一月二三日現地に向かったチェは、人生の分岐点に立っているのを意識していた。二八年間の過去は背後に深く沈み、得体の知れない恐怖と未知の世界に刻一刻進みゆく戦慄《せんりつ》と興奮に包まれていた。大切な喘息の薬と船酔い止めの薬を隠れ家に置き忘れてきたことなど念頭になかった。

チェは大きな旅を経て人生目標に辿り着いた。旅は若者を変身させる。個人主義的なアルゼンチン人医師エルネストは、愛他的なラテンアメリカ人革命家チェに変身した。言い換えれば、人間の病気を治す医師から、社会の病根を断ち切る革命家へと転じたのだ。グアテマラで得た教訓と、メキシコでのフィデル・カストロとの邂逅が決定的だった。出会い結婚し一児を儲《もう》けたイルダ・ガデアは、思想や知的な面で触媒《しょくばい》の役割を果たした。

フィデル以下八二人の志士を乗せたグランマ号は一九五六年一一月二五日午前二時出航し、メキシコ湾の闇の中に消えていった。

第3章

キューバ革命戦争

マエストラ山脈のゲリラたち．中央左側がフィデル・カストロ，
手前で膝をついているのがラウール・カストロ，
左から2人目がチェ・ゲバラ（1957年6月7日，アフロ）

上陸作戦

革命の戦士が鈴なりになったグランマ号はユカタン半島沖でカリブ海に入り、キューバ島東部を目指して進んでいた。五日間で目的地に到達する予定だったが、定員二四人の三・五倍の八二人を乗せ重すぎて遅く、波による浸水で沈む恐れさえあった。フィデルは食糧や弾薬を含む積荷の一部を海中に投棄するよう命じた。ほぼ全員が船酔いし、ところ構わず吐いていた。従軍医師チェは船内で「衛生班長」に任命されたが、任務は汚物を海に捨て清掃することだった。海上の湿気により喘息の発作が始まっていた。チェは船酔い止めの薬を忘れてきたことに気づいていたが、発作が喘息の薬も忘れてきたのを気づかせてくれた。同志ファウスティーノ・ペレスが少しばかり携行していたアドレナリンの注射が役立った。

フィデルは船内でゲリラ部隊の指揮系統を確認した。階級はフィデルが首席少佐で最高司令。その下にラウール、フアン・アルメイダら大尉が数人いた。フィデルは、軍曹から将軍に成り上がり独裁政権の主になったバティスタや、クーデターで民主政権を倒し米国になびくラテンアメリカ諸国の将軍たちの、あまりに多すぎる悪しき実例を踏まえて、少佐を最高位にしたのだ。将軍位はもちろんのこと、大佐も准大佐（中佐）もなかった。

少佐（コマンダンテ）には、少佐という階級のほかに「司令」、「司令官」の意味がある。「コマンダンテ・エン・ヘフェ」のフィデルは「首席少佐」にして「首席司令」（最高司令）

だった。後にチェらが次々に少佐に昇格していき、一人しかいない「首席少佐」の意味が出てくる。ゲリラ部隊の指揮者は官職でないため「司令官」とせず、あえて「司令」と書く。革命後、反乱軍が革命軍（国軍）となるとき、「司令」は「司令官」となるだろう。

グランマ号は迂回《うかい》しすぎてジャマイカ南部の緯度まで下がってしまい、英植民地ケイマン島方面に北上した。キューバ東部の中心地サンティアゴ一帯では、「七月二六日運動」の都市地下活動の最高指導者フランク・パイース指揮下で活動部隊三〇〇人が一一月三〇日蜂起《ほうき》し、警察本部、税関、港湾局などを襲撃した。だがグランマ号到着日とずれが生じて襲撃は失敗し、弾圧が拡がっていた。果たしてグランマ号は、目的地点のニケロより南のラスコロラーダス浜の二キロメートル手前、マングローブが生い茂る遠浅の砂洲《さす》に乗り上げた。予定より二日遅れた一二月二日の明け方だった。この日は後年、革命軍の創設記念日になる。チェは「上陸でなく座礁《ざしょう》だった」と書き記した。

反乱軍誕生

ゲリラは荷物を頭に載せ浅瀬を徒歩で進んだが、敵機が襲来、猛攻を仕掛けてきた。マングローブの茂みに守られたゲリラは昼間海岸の林に隠れ、夜間に東方のマエストラ山脈に向けて行軍した。実は政府軍は、ゲリラ部隊が不利な地形に達するのを待ち構えていたのだ。

ゲリラ部隊は上陸四日目の一二月五日、アレグリーアデピーオで待ち伏せ攻撃に遭う。空からは機関銃掃射と爆撃、陸には機関銃の弾幕が張られ、志士たちは次々に倒れた。負傷者は拷問され殺された。犠牲者は四〇人を超え、チェとグアテマラ市で会いメキシコ市でチェをラウールに引き合わせた、あのニコ・ロペスも散ってしまった。捕虜となりながら殺されず生き延びた者は後日、裁判にかけられることになる。

逃げおおせた者は隠れるのに必死だった。身を隠す砂糖黍畑は焼き討ちに遭い、草の茂みは掃射された。チェは逃げるとき、携行していた医療箱と弾薬箱のうち医療箱を捨て弾薬箱を選んだ。チェが従軍医師を辞めたわけではないが、戦士の道に重きを置いたのだ。食糧は尽き、砂糖黍をかじり、蟹《かに》を捕まえ生で食べ、雨水を飲んだ。みな、下痢に苦しむ。

チェの抱えていた弾薬箱に敵の機関銃弾が当たり、跳弾がチェの首をかすめた。チェは出血し致命傷だと思い死を覚悟したが、大したことはなく、命拾いした。

チェ、アルメイダ、ラミーロ、ラファエル・チャオ、レイナルド・ベニーテスの五人で小部隊を編成する。チャオはスペイン内戦の経験者で、行軍を指揮した。生死の間の均衡は死の方向に何度傾斜したことだろう。そのたびにチェも同志たちも生へと向き直った。幸運にも、カミーロ・シエンフエゴスらグランマ号の同志三人に巡り会い、小部隊は八人になった。

同じころ九死に一生を得ていたフィデルは、近隣の町に伝令を出し、サンティアゴ市で潜伏していたフランク・パイースと連絡がとれた。一二月一二日グアヒーロ（貧農）のギジェルモ・ガルシアが現れ、フィデルをマエストラ山脈奥地の安全な場所に導いた。ギジェルモは「七月二六日運動」に賛同するまでは、富裕な農場主のために山中の貧農から家畜を買い集める仕事をしており、山脈の地形と道を知り尽くしていた。

フィデルは農民に、生き残った同志を探させた。ギジェルモがチェらを見つけたのは一二月二一日のことだ。フィデルと合流したチェは安堵《あんど》し、生まれて初めて葉巻を吸った。「蚊を寄せつけないため」だったが、葉巻はマテ茶と並ぶ嗜好品となる。チェは体内に巣くう喘息を懲らしめるかのように葉巻にのめり込んでいった。

生き延びて再結集した同志をフィデルは、「キリストの一二人の使徒」になぞらえて「一二人」と言ったが、実際は二一人だった。歴史に敬意を表し、名前を記録しておこう。フィデル、ラウール、チェ、アルメイダ、ラミーロ、カミーロ、チャオ、ベニーテス、パンチョ・ゴンサレス、ウニベルソ・サンチェス、ファウスティーノ・ペレス、シロ・レドンド、エフィエニオ・アメイヘイラス、レネ・ロドリゲス、アルマンド・ロドリゲス、ホセ・モラーン、ルイス・クレスポ、フリオ・ディアス、カリスト・ガルシア、カリスト・モラレス、カルロス・ベルムデス。これにギジェルモら農民が加わって、小さな反乱軍部隊ができた（ホセ・モラーンは一九五七年、農民から強奪する事件を起こし、反乱軍によって処刑された）。

フィデルは、「これで革命は勝利する」と言い切った。ラウールは後年、『ニューヨークタイムズ』紙の論説委員ハーバート・マシューズ（一九〇〇〜七七）に、「フィデルの最も重要な性格は敗北を認めないことだ」と語っている。

フォキズモ

グランマ上陸作戦の「失敗」はキューバ内外で華々しく伝えられた。新聞は、カストロ兄弟、チェ・ゲバラをはじめゲリラの多くは戦死したと報じていた。父エルネストは、アルゼンチンの軍政に安否の確認を要請する。当時のキューバ大使は海軍少将ラウール・リンチで、父の従兄弟《いとこ》だった。「チェは戦死者、負傷者、捕虜の中にいない」と大使は報告し、チェの生存の可能性が膨らんだ。父エルネストはメキシコ市のイルダに電話で情報を伝えた。

やがて大晦日が来た。その日ブエノスアイレスのゲバラ宅にチェからの短い伝言が届いた。「私は二を使ったが、まだ五つ残っている」とだけ記されていた。「猫には七つの命がある」という言い伝えを踏まえていた。一九五七年が明けた。リマに帰っていたイルダ母子はゲバラ家に招かれて一月初めブエノスアイレスに飛び、大歓迎された。

遠征隊は全滅は免れたものの壊滅状態だった。フィデルは上陸時に命を失った同志を殉教者とし、マエストラ山脈に辿り着いた同志を革命の起爆剤と位置づけた。これが後にフランスの若き知識人レジス・ドブレ(正確にはレジ・ドゥブレ)の著書によって「中核前衛《フォコ》」として知られることになる。革命が起こりうる風土で少数の精鋭が起爆剤となってゲリラ戦を始め、これを革命戦争に発展させ、勝利するという「中核前衛理論《フォキズモ》」をチェは信条とする。

フィデルは中核前衛《フォコ》の回りに、山岳地帯の貧農を配し、ゲリラ部隊を組織した。マエストラ山脈は地形から、国内で唯一、工夫すれば政府軍との戦闘に長期間耐えられる戦略的地域だった。フィデルはマエストラ山脈を要害であらしめるため、そこに住み暮らす農民を味方に引き入れなければならないと悟っていた。マエストラ山脈を戦域とする戦略上、農民は他の集団をもって替えがたい存在だった。

農民の中でもとりわけ貧しい「グアヒーロ」は、失業ないし半失業状態にあった。フィデルは彼らに農地改革を約束し、味方に組み込んだ。農民は土地持ちの小農になるのを夢見てフィデルら若い知識人と合体し、兵站《へいたん》（補給）と連絡を担い、革命戦力の基盤を築いた。

フィデルは、ラウール、チェ、アルメイダ、ラミーロらでゲリラ部隊の参謀本部を組織する。上陸直後に被った敗北から立ち直るには、政府軍を攻め勝利しなければならない。フィデルは、グランマ号の同志ファウスティーノ・ペレスに地下抵抗運動の構築および銃と弾薬の確保を命じ、ハバナに派遣した。

最初の勝利

フィデルは、山脈の谷間を流れるラ・プラタ川がカリブ海に注ぐ河口付近にあった政府軍駐屯地を最初の標的に選んだ。対岸のウルグアイが見えない、海のように巨大なアルゼンチンのラ・プラタ川を知るチェは、小川に等しいキューバのラ・プラタ川をさぞかわいらしいと思ったことだろう。駐屯地はフィデル以下、ゲリラ全員で襲撃した。チェは敵兵一人を撃ち倒し、生まれて初めて殺した相手の姿をしばし見詰めた。ゲリラ部隊は十数人の兵士を殺傷して駐屯地を制圧し、武器や無線機を奪った。

一九五七年一月二四日が初勝利の日付である。負傷した敵兵は、チェが手当てした。負傷兵には味方も敵も分け隔てなく医療手当てを施す。これがフィデルの方針であり、従軍医師の義務となった。チェは、この戦場医師の倫理を守り続けることになる。

「ゲリラ壊滅《かいめつ》」を宣伝していたバティスタ政権下の新聞と放送は、ラ・プラタ駐屯地陥落を一切伝えなかった。だが政府軍は山脈一帯に厳戒態勢を敷き、巡視隊を展開させた。さらに情報収集とフィデルら指導部の暗殺のため、農民をスパイとして送り込んだ。フィデルは、ゲリラの動きに連動して巡視隊が動くのを察知し、スパイの存在を確信する。フィデルは証拠をつかみ、その農民を捕らえて軍事裁判にかけた。

農民は白状し、死刑を言い渡された。フィデルは一同を見渡した。誰も死刑執行人になろうとしなかった。するとチェはおもむろに農民を森の中に連れていき、こめかみを撃って処刑した。味方の農民はチェを、その独特のアルゼンチン式スペイン語ゆえに「スペイン語をゆったりと話す人」と見ていたが、畏敬《いけい》と恐れの混ざった目で見るようになった。

チェはリマのイルダに手紙を書いた。「愛する妻へ――ここ、生命力に溢《あふ》れ、血を渇望するキューバの密林から、この軍神マルスの火のついた文章を書いている。首に負傷したのに生き延びられたのは猫のような幸運でしかない。我々に好ましい状況ができつつある。私の代わりに力強い抱擁と口づけをあの子にしてやってくれ。君に大きな抱擁を」

グランマ号出航前に友人ティータに書いた手紙の文面が嘘のようだ。生死の狭間に生きるゲリラになったチェは、生き続ける希望を込めて、最も近い肉親である妻と娘、とりわけ愛情が失われていたはずの妻に対し優しい言葉をかける気になったのではないか。

チェはマラリアに罹《かか》っていた。熱と下痢と脱水症にも苦しんでいた。そのうえ喘息があった。喘息の薬は、物資補給の際に一緒に届けてもらうしかなかった。

山地組と平地組

マエストラ山脈での革命戦争は始まったばかりだった。だが都市部では革命幹部会（DR）が一九五六年一〇月、バティスタ政権の諜報《ちょうほう》機関の責任者を暗殺し、活動を開始していた。フィデル・カストロがモンカーダ兵営襲撃を革命の原点として組織した「七月二六日運動」の平地《ジャノ》組と呼ばれた都市地下組織も五七年二月、サンティアゴでフランク・パイースが「市民抵抗運動」を組織し、破壊活動に着手した。平地組はフィデル以下の山地《シエラ》組同様、一握りの存在だったが、やがては山地への資金、武器弾薬、薬品、食糧の補給、ゲリラ補充、東のサンティアゴから西のハバナに至る都市連絡網の構築、バティスタ政権、政府軍、警察、米国大使館の動向把握などで不可欠な存在になる。だが平地組と山地組を束ね、一般市民を惹き付けて革命を実現する指導者は、強烈なカリスマの塊フィデルを措《お》いていなかった。

山地組には、ゲリラ戦こそが革命の道であり、平地組がそれを支えるのは当然だと考える傾向があった。とりわけ異邦人チェ・ゲバラにそれが強かった。メキシコからいきなり東部の海岸に上陸しマエストラ山脈に籠城《ろうじょう》したチェは、サンティアゴもハバナも、いかなるキューバの都市も知らず、都市の役割を過小評価していた。モンカーダ兵営襲撃を決行したモンカディスタの多くが都市中産層の青年だったという認識が欠けていたのだ。

チェはゲリラを、山地農村だけでなく都市の前衛でもあると見なしていなかった。チェがキューバの都市部を知ったのは、革命戦争末期に平地での戦闘に乗り出してからだ。アルゼンチン人はラテンアメリカで最も傲慢《ごうまん》だと見なされており、チェにもその傾向があった。平地組を率いるフランク・パイースら中産層の大学出の白人青年男女はチェについて、フィデルに一定の影響力をもっていることと、平地組をあまり評価していないということぐらいしか知らなかった。チェは謎めいた、取っつきにくい人物だった。

平地組のフランク・パイース、その恋人ビルマ・エスピン、女性モンカディスタのアイデエ・サンタマリーア、その夫となるアルマンド・ハルト、フィデルの同伴者となるセリア・サンチェスらが、ファウスティーノ・ペレスとともに二月半ば、フィデルの呼び掛けに応じてマエストラ山脈にやって来た。「七月二六日運動」の立て直しのため、山地組と平地組の意思疎通と協力強化を図るのが狙《ねら》いだった。

フィデルは平地組と折り合いのよくないチェを、従軍医師という理由で会合から外した。

チェは後年、当時を振り返って、「かつて私はフィデルを富裕な左翼指導者だと見なしていた。そんな認識で戦いを始めた。正直なところ国の解放の域を出ず、革命に至ることはないと思っていた。もし右傾化したら去っていくつもりだった」と記す。メキシコで意気投合した二人だが、チェはフィデルの背後にいる平地組の面々を見て、フィデルも似たり寄ったりだと思い始めていたのだ。

フランクは会合で、フィデルには武装した部下が一八人しかいないことを知り、増援部隊を送る約束をして下山した。その部隊五〇人は三月到着するが、この援軍によって山地組は息を吹き返した。セリアは拠点をマエストラ山脈に移し、フィデルの側近中の側近となる。それはセリアが一九八〇年一月死去するまで続いた。

チェのマラリアの発作は二月に入ってから激しくなった。喘息は相変わらずだったが、チェは薬の詰まったリュックサックを紛失するという失態を演じていた。喘息が出ると、クラリン（スイートピー）の葉を乾燥させ巻いて吸った。これは効果があった。

チェは戦闘の合間に医師として働いた。貧農は早老で歯が抜け落ち、子供は腹部膨脹、寄生虫、くる病、ビタミン欠乏症に罹っていた。極貧の彼らが医師の診察を受けるのは初めてで、チェに感謝した。チェは歯医者《デンティスタ》を兼ねていたが、治療せずに歯を抜く抜歯医《サカムエラス》だった。麻酔剤はなく、抜歯には〈心理的麻酔〉を使った。つまり、痛いと叫び続け不平を言う患者には罵倒《ばとう》で応えていた。

ゲリラも農民もみな、体が臭かった。ハンモックは、その臭いで所有者がわかった。臭《しゅう》覚《かく》の鋭いアンデス先住民の男は、はるか彼方の風上にいて姿の見えない妻を風が運ぶ臭いで嗅《か》ぎ分ける。ハンモックの嗅ぎ分けぐらいなら常人でもできるのだ。

マシューズのスクープ

山地組の陣地には、米紙『ニューヨークタイムズ』の論説委員ハーバート・マシューズが滞在していた。バティスタ政権の宣伝でフィデルら指導部の死亡説が行き渡っていたため、フィデルはこれを報道で覆そうとしていた。フィデルの部下がハバナで、マエストラ山脈取材を希望する記者を探したが、キューバ人にはいなかった。

だが部下は、マシューズ夫妻が休暇でハバナに来るとの情報をつかみ、到着したマシューズにフィデルの意図を伝えた。マシューズはアビシニア戦争（第二次エティオピア戦争、一九三五〜三六）、スペイン内戦、第二次世界大戦など修羅場を何度もかいくぐっていた実力ある記者だった。歓喜して申し出に飛びつき、観光客を装って東部に向かったのだった。

マシューズは二月一七日、フィデルにインタビューし、数日後、照準器つきライフル銃を手にしたフィデルの写真とともに劇的な記事が紙面を大きく飾り、北米から南米まで米州全域に強い衝撃を与えた。フィデルは一躍英雄となり、革命運動の象徴となった。バティスタ政権がインタビューは事実でないと否定すると、『ニューヨークタイムズ』はすかさず、フィデルと並ぶマシューズの写真を掲載した。もはやフィデルら指導部が生存している事実は疑いようがなかった。バティスタは後に亡命先で刊行した著書に、「カストロは、伝説上の人物として登場し、恐怖の怪物として終わることになった」と記した。

マシューズは著書『フィデル・カストロ』で、チェについて語っている。「チェはフィデルよりもはるかに自分の周りを壁で囲み、ごく親しい人しか入っていけない人間だった。彼が好意的なときですら怒っているかのようだった。このように感情が皮の紐《ひも》でつながれている異常な人物で、どこか神秘的な雰囲気があった。宣教師のような革命への献身、政府に対してと同様、自分に対しても口とペンで失敗を扱《こ》き下ろす例外的に鋭い知性だった」。マシューズも、チェの意志の力は喘息を克服しようと闘って鍛えられたと見ていた。

革命幹部会（DR）は一九五七年三月一三日、バティスタを捕らえ裁判にかけるため大統領政庁を急襲した。だが仲間の学生の側に裏切りがあり襲撃は失敗、DR最高指導者ホセ＝アントニオ・エチェベリーアは殺され、ファウレ・チョモンら幹部は逃げ延びた。この事件を境に都市部での地下活動への弾圧が激化する。フィデルにとっては、バティスタが生き延び「独裁政権打倒」という革命の名分が維持されたことは「天佑《てんゆう》」だった。

四月下旬、米コロンビア放送（CBS）のロバート・テーバー記者とカメラマンがマエストラ山脈を訪れた。制作されたドキュメンタリーが五月に放映されると、フィデルはロマンに富んだゲリラ指導者として、髭面《ひげづら》の風貌とともに米国内でも知られるようになった。

エル・ウベーロの戦い

フィデルは平地組が送り込んだ五〇人の部隊が武器とともに到着すると、チェに連発式ライフル銃を与え、カリブ海岸にあった政府軍のエル・ウベーロ要塞《ようさい》への急襲計画を打ち明けた。チェはライフル銃を獲得したのが嬉しくてたまらず、日記に「こうして私は真正な戦士になった」と書く。一九五七年五月二八日、フィデル以下八〇人のゲリラ部隊は敵兵五三人のいた要塞を三方から包囲し、二時間四五分の長い戦闘で制圧した。セリア・サンチェスさえも銃を手に戦った総力戦の勝利だった。グランマ上陸からほぼ半年、その間に反乱軍が経験した最も血なまぐさい最大の戦闘だった。

ゲリラは六人が戦死し、重傷の一五人が戦闘不能になった。重傷者には肩と左脚に銃弾を受けた勇敢なファン・アルメイダが含まれていた。敵は戦死一四人、負傷一九人、捕虜一四人、脱走者六人だった。チェは敵味方に関わりなく負傷兵に応急手当てを施した。反乱軍は薬品、武器弾薬、食糧など戦利品をトラックに満載して引き揚げた。アルメイダら重傷者はハンモックで吊り下げ、険しい山間や渓谷の道なき道を足跡を消しながら進まねばならず、一キロメートル進むのに平均三時間かかった。チェは陣地に辿り着いてからは負傷者の介護と、部隊の再編成に努めた。ゲリラは一五〇人ないし二〇〇人に近づいていた。

チェは『革命戦争回顧録』に当時の様子を綴る。「エル・ウベーロ攻略は、防御態勢が極めて甘い敵軍に対する丸腰同然の男たちによる襲撃事件だった。この勝利は我々が成年に達したことを示した。我々の士気は爆発的に高まり、決定的勝利を目指す意志は一層強固になり、希望も大きく膨らんだ。医師としての仕事に復帰したことで、私は感情を大きく揺さぶられた。負傷したゲリラ二人を、手当てを施すと誓約した敵軍医師を信じて敵の元に残してきたのだ。我々には負傷者という重荷を死に物狂いで守り抜く責務があった」

「革命は大勢の平凡な人民の誠意ある努力を礎にして築かれる。人民を革命分子に変身させるため善良で崇高な精神を育成する。それが我々の使命だ。命あって革命の成就を目の当たりにしている者たちは、その途上で斃《たお》れた者たちを記憶に留め、未来建設に向けて刻苦勉励《こっくべんれい》する義務と責任を負っている。革命は人間を浄化し進歩させ発展させるが、それは経験のある農民が作物の品質を改良するのと同じだ」。チェは、後年打ち出す「新しい人間《オンブレ・ヌエボ》」という革命家の概念を描き始めていた。

少佐に昇進

フィデルは一九五七年七月一二日、マエストラ山脈から「山脈宣言」という最初の宣言を発表し、革命戦争勝利後の自由選挙実施、民主政権樹立、基本的人権の保障、農地改革実施を掲げた。ハバナ政界の穏健派や親米派の政治家が山脈にやって来て話し合い、宣言内容をまとめたのだ。フィデルは、この宣言が中産層を惹き付け、米政府を安心させるのを確信していた。深慮遠謀であり懐柔策だった。

フィデルは、数十人が隊列を縦に組んで行軍する縦隊《コルムナ》で反乱軍を編成しており、チェを大尉に任命し新しい縦隊の隊長にした。この縦隊は「第四縦隊」と呼ばれ計七五人、二五人ずつの分隊三個で構成され、同時に大尉になったラミーロ・バルデス、シロ・レドンド、チェがそれぞれの分隊を率いた。

チェは自分の分隊に、ペロンを崇拝するアルゼンチンのプロレタリア「シャツなし」を意味する「デスカミサードス」と名付けた。実は、新縦隊はフィデルが率いる第一縦隊に次ぐ第二縦隊なのだが、フィデルは政府軍を欺くため縦隊の数を多く見せようとしたのだ。

後日フィデルは、縦隊長チェを少佐《コマンダンテ》に昇進させた。セリアが、少佐の階級章の星印をチェに授けた。フィデルは腕時計を贈った。チェは嬉しくてたまらず、「虚栄だが、その日私は世界一幸福な男になった」と日記に書いた。

平地の革命闘争は一九五七年七月三〇日暗転する。平地組の最高指導者フランク・パイースがサンティアゴ市内で殺されたのだ。チェはその日、縦隊を率いてマエストラ山脈裾野《すその》で政府軍兵営の攻略戦を展開していた。チェは作戦のさなかに敵兵と遭遇し至近距離で小銃を撃とうとしたが弾が出ず、全速力で逃げた。チェは敵の乱射を道の角を曲がって逃れたが、このような大失態も日記に記した。チェが攻略に成功し陣地に戻ると、フランクの凶報が待ち受けていた。「キューバ革命に携わる最も純粋で栄光に満ちた命の一つが失われた」。チェはフランクの功績を特筆した。フランクの死は、「七月二六日運動」にとって後にも先にも最大の損失であり打撃だった。残された恋人ビルマ・エスピンはラウールの恋人になる。

九月五日、シエンフエゴス軍港で革命を支持する海軍部隊が反乱し、鎮圧され虐殺された。フィデルは、革命を成し遂げる勢力はマエストラ山脈の反乱軍以外にないとますます確信する。フィデルは大尉カミーロ・シエンフエゴスをチェの縦隊に送り込んだ。チェはカミーロを前衛分隊長にした。二人は大親友になる。

あるとき、待ち伏せしていたさなかに子犬がまとわりつき盛んに鳴いたため、チェは心を鬼にして子犬を絞め殺した。動物を思い遣《や》る気持と悲しみと後ろめたさが日記に刻まれている。分隊長シロ・レドンドが一一月末戦死した。チェは一二月、戦闘中に左脚を撃たれた。医師の資格をもつホセ＝ラモーン・マチャード（現共産党第二書記）が剃刀《かみそり》の刃で弾丸を摘出した。フィデルはチェに、「戦士にならず、指揮官であれ」と注意を喚起した。チェは了解しながらも、「喘息の薬は弾丸だけだとわかった」と嘯《うそぶ》いていた。

ハバナの穏健派政治家らは五七年一一月、「七月二六日運動」の名の下に革命後の政権を担おうと狙う「マイアミ協約」を発表した。フィデルは協約を一蹴し、新政権の大統領には、公正な判決で知られるマヌエル・ウルティーア判事がふさわしいと提言した。

工夫と発案の人

チェは、一九〇三年製の古い謄写版（印刷機）を入手し、紙一枚、裏表二ページの新聞『エル・クバーノリブレ』（自由なキューバ人）を発行した。一九五七年一一月のことで、発行は不定期だった。記者と編集者を兼ねるチェは、「エル・フランコティラドール」という筆名を使った。狙撃《そげき》兵、ゲリラ兵、自由な印刷工、フリーランサーなどの意味が含まれている。余暇には、『資本論』を読んでいた。

フィデルが司令部を置く野営地は五八年初め、マエストラ山脈中腹に拡がる高原に移された。工夫と発案の人チェは、高原陣地にさまざまな施設をつくった。寝場所、貯水槽、水力発電所、炊事場、パン焼き釜、食糧貯蔵所、鶏と豚の飼育場、洗濯場、便所、印刷所、葉巻工房、靴工房、銃器修理工房、診療所、学校、会議場と、どれも粗末な小屋に収まるような簡単な設備だった。学校は農民の戦士と児童への識字教育の場となった。

チェは一九五八年二月二四日、反乱放送《ラジオ・レベルデ》を開始した。部隊間、各地の仲間との連絡、赤十字との連絡に大いに役立った。放送はカラカスで録音され、ラテンアメリカ各地に流された。このころチェは、農民の娘ソイラ・ロドリゲスと恋仲になり、野営地の小屋で何ヶ月か同棲した。

高原陣地には、マエストラ山脈の裾野から急峻《きゅうしゅん》な坂道を登り、サントドミンゴ集落を経てさらに登り、最高峰トゥルキーノ岳（一九七四メートル）に向かう道と分かれる峠のような地点から山間の深い雑木林に入り、一時間半も歩けば到着できる。高原の奥地は、険しい断崖のある峡谷で遮られており、その崖《がけ》っ淵《ぷち》にフィデルの隠れ家があった。木製で、急襲された場合に備えて入り口、寝室、階段脇の壁にはからくりが施されていた。峡谷の空は樹木と山と断崖に遮られて狭く、しばしば霧がかかるため、空からの攻撃も難しかった。フィデルはここを司令部とし、セリア・サンチェスと起居をともにしていた。今日、この高原陣地跡は革命史跡に指定され、見学することができる。

この陣地にウルグアイの『マニャーナ』紙の特派員カルロス・グティエレスがやって来て、チェにインタビューした。グティエレスは、「チェには自分だけの領域があり、そこに跳ね橋を架けている」といみじくも描いた。グティエレスは帰国時にブエノスアイレスのゲバラ家に「チェは部下たちから偶像視されている」と消息を伝え、大歓迎された。

マセッティのインタビュー

チェにとって最も重要なジャーナリストの来訪は、ブエノスアイレスの『エル・ムンド』紙および同名のラジオ放送の契約記者ホルヘ＝リカルド・マセッティ（一九二九〜六四）だった。一年前のマシューズのルポルタージュ、近くはグティエレスの報道に刺激され、同国人チェとフィデルにインタビューしたいとの思いに駆られ、アルゼンチンに帰国していたチェのボリビア以来の友人リカルド・ロホに会い、チェへの紹介を頼んだ。

マセッティは、ハバナ経由で一九五八年三月マエストラ山脈の高原陣地に至り、ロホの手紙をチェに渡した。チェは早速マセッティに、ロホが親しい政治家アルトゥーロ・フロンディシーについて訊ねた。中産層の政党「急進市民同盟」の幹部フロンディシーは、その年二月のアルゼンチン大統領選挙で当選、五月一日就任することになっていた。マセッティは、チェが重武装し驢馬《ろば》に乗り、背中を丸くしてやって来た初対面の情景を描く。

「シャツのポケットから雑誌が二冊のぞいており、首からカメラを提《さ》げていた。ごつごつした顎《あご》には髭が生えかけていたが、顎髭と呼べるような立派なものではなかった。悠然として驢馬から下り、泥だらけの馬鹿でかい編み上げ靴で地面を踏んだ。私は彼の身長を一・七八メートルと見た。喘息もちだそうだが、それに参っている様子はなかった。チェは、アルゼンチン中産層の典型的な青年と映った。メキシコの喜劇俳優カンティンフラスが若返ったみたいだった。食事に誘われ食べ始めたが、互いにほとんど口を利かなかった」

だが同年配の二人はすぐに友人になり、後に革命の同志となる。マセッティはフィデルにもインタビューした。ラジオルポは、敵機の攻撃音まで録音されていて臨場感に溢れ大成功を収めた。マセッティは後述するゼネストの直後にハバナに戻り、「七月二六日運動」のハバナ代表ファウスティーノ・ペレスにインタビューし再び山脈に入った。出国しベネズエラの首都カラカスに飛び、革命後の政権構想に関するキューバ政党間の会議を取材した。マセッティはその年、キューバ取材記を著書『戦う者と泣く者』にまとめ、出版した。

グティエレスとマセッティの報道は、ラテンアメリカにおける「チェ神話」の始まりとなった。若いアルゼンチン人医師の武勲はラテンアメリカで語り種《ぐさ》になっていった。マセッティがゲバラ家にチェの声を届けると、父エルネストは、自宅を「七月二六日運動」のブエノスアイレス支部にした。マセッティのチェへのインタビューの一部を紹介しよう。

質疑応答

——（マセッティ）なぜキューバで戦っているのか。

（チェ）「私の祖国はラテンアメリカ全体だ。だいぶ前からそう思い、どの国であっても、その解放のために戦うという民主的努力を払わねばならないと考えてきた。武闘以外に解放手段がないから戦っている」

——内政干渉と受け止められまいか。

「一人の人間が理想のために命を捧げてキューバで戦うことは決して干渉ではない。ましてやラテンアメリカ統合を唱えたホセ・マルティの国ではね」

——フィデルは共産主義者か。

「フィデルは共産主義者ではない。民族主義の革命家だ」

——「七月二六日運動」とどのようにして関係したのか。

「その要員とグアテマラで知り合い、メキシコで再会した。まずラウールに紹介され、彼がフィデルに紹介してくれた」

――フィデルから遠征に招かれたのか。

「最初に会った日の夜、彼はすべてを私に打ち明けたうえで提案した。私は彼の思想に痛く感激し、従軍医師として参加することに同意した」

――あなたは少佐（司令）になった、現在はどんな立場か。

「革命では個人の隠された能力が発展する。反乱軍における私の立場は変化し、戦闘に関わるようになり、医師としてより戦士としての方が一層貢献できると思うようになった。その後、縦隊の指揮を任された」

――革命が勝利したらどうするのか。

「キューバとラテンアメリカの人民のためになすべき最小限のことは、土地を大土地所有者から解放することだ。キューバの砂糖黍単一栽培を多角化したい。砂糖と新たな産物の市場を探す。改革は一九四〇年の民主憲法の理想に沿って完全に民主的に実施する」

――農民が一致して革命の大義を支持しているのはなぜか。

「バティスタ軍と反乱軍の倫理の違いを理解したからだろう。我々は農民に農地改革を約束している。農民にとって〈七月二六日運動〉は大きな希望だ」

――あなたを「反乱軍に侵入した共産主義者」と非難する動きが拡がっているが。

「私は一九五四年、米メディアなどが共産主義政権と決め付けていたグアテマラのアルベンス政権の完全な擁護者だった。それが理由のようだ。私は共産党に関与したことは一度もない。人は信じるものを支持する。私が共産主義者ならば共産主義を支持する」

——今後も「七月二六日運動」を支援していくのか。

「支援していく。革命勝利後にはキューバ人民の求めに応じてなすべきことをなす。長く戦ってきた私は人民への責任、ある種の義務を負っている」

——アルゼンチン時代の話を少し聴かせてほしい。

「とるに足りないことだ。医学生だった。卒業してすぐに出国した。ペロンは新卒医師を隊列に組み入れようと呼び掛けていたが、同意できず、避けることにしたのだ。アメリカ大陸を長期間巡礼したかっただけだ。この放送を聴いている同胞にお別れする前に一つだけ言いたいのは、憲法や民主の大義を未だに実現させることができないでいるラテンアメリカの不幸な国々の人民のことに思いを馳せてほしいということだ。今度のメイデーには、ここカリブ海や中米の人民が恐ろしい独裁に苦しめられている状況を考えてほしい」

フィゲレスの贈り物

ファウスティーノ・ペレスが率いるハバナの突撃隊は、一九五八年一月二三日、自動車グランプリレース出場のため来ていたアルゼンチン人世界チャンピオン、ファン＝マヌエル・ファンジオを拉致《らち》した。このニュースは、キューバの革命勢力が健在なことを国際世論に知らしめた。ファンジオは間もなく解放され帰国した。ファンジオは八一年にメルセデスベンツのアルゼンチン子会社社長としてキューバを訪れ、拉致事件についてフィデルから直接謝罪された。

三月、マエストラ山脈の麓《ふもと》に貨物機が着陸した。コスタ・リカ大統領ホセ・フィゲレスから贈られた武器類を満載していた。運んだのは、「七月二六日運動」平地組として活動し同国に亡命していた教師出身のウベール・マトス（一九一八～二〇一四）だった。マトスは反共主義者だったが、独裁打倒ではカストロ兄弟と一致していた。貨物機を操縦したのは、バティスタ政権の空軍から革命側に寝返ったペドロ＝ルイス・ディアス＝ランスだった。

フィデルはマトスにさらに武器を運ぶよう求めたが、マトスは反乱軍で戦いたいと申し出、フィデルはこれを認めた。チェは一〇歳年上のマトスと知識人同士、話が弾んだ。マトスは著書『夜はいかにして訪れたか』《コモ・ジェゴ・ラ・ノチェ》でチェを描写する。

「チェはキューバを大まかに知っていた。労働者、公務員、農民の生活や、経済状況を細かく知りたがっていた。冒険好きな極左で、偉業達成に飢えていた。〈マルクスを十分に読んだが、私は共産党に入党する連中とは異なる。党指導部の倒錯と無縁だからだ〉と言っていた。〈ソ連的生き方に反対だ。全体主義社会は嫌いだ〉とも言った。ドストエフスキーやバルザックについても語り合った。私は、チェがどこまで誠実なのかわからなかった。我々はイデオロギーのフェンシングの友好試合をしているような感じだった」

総司令兼書記長フィデル

平地組はファウスティーノ・ペレスの指揮で一九五八年四月九日、ゼネストを打った。だが事前準備が不十分で失敗する。チェは、ゼネストが成功すれば、平地の穏健派が山地の革命家から革命を掠《かす》め取るのではないかと危惧《きぐ》していたが、杞憂《きゆう》に終わった。

マエストラ山脈の司令部で五月初め、「七月二六日運動」の幹部会合が開かれ、激論が交わされた。ファウスティーノら平地組はフィデルから、労組や左翼に隠然たる影響力のある人民社会党（PSP《ペエセペ》、共産党）とゼネストで連携しなかったことを責められた。チェはフィデルを支持し、「農村ゲリラが中心的闘争形態である」と主張した。この会合でフィデルは、反乱軍最高司令の地位に加え、平地組の地下戦力も束ねる総司令になった。さらに「七月二六日運動」の山地代表から書記長に昇格し、権威は盤石となった。

会合はPSPとの連携も決めた。PSPは、バティスタ独裁が反乱軍に倒されればPSPの命運が尽きると危惧し、バスに乗り遅れてはならないと連携に踏み切ったのだ。PSPは当時、フィデルが革命後に社会主義の方向にもや舵《かじ》を切るとは予測していなかった。武闘が勝利を重ねる過程で中核前衛《フオコ》を基盤とする新しい変革勢力が生まれつつあったことに迂闊《うかつ》にも気づかなかったのだ。

警察の弾圧はゼネスト失敗後、凄惨《せいさん》を極め、政府軍は山地に一大攻勢をかけようとしていた。山地組は平地組を従えたいま、政府軍の大攻勢という最大の試練を乗り切らなければならなかった。フィデルは補給網、司令部、前線陣地を固め、防衛線を構築した。

政府軍を支援していた米国務省は五八年に入ると、反乱軍の代理人が米国製武器を買い付け運搬するのを見逃すようになっていた。三月には政府軍への武器禁輸措置をとった。反乱軍を勝たせたうえで、親米の新政権を擁立する戦略を選んだのだ。だが一方で米軍は、グアンタナモ基地経由で政府軍にロケット弾をこっそり渡していた。ラウールは東部で米国人四四人を人質にし、そのロケット弾による空爆が続く間は解放しないと警告した。ロケット弾で集落が破壊され農民が殺されていくのに胸を痛めたフィデルは、同伴者セリアに、「この戦争が終わると、はるかに長く困難な闘いが始まるだろう。米国と戦わなければならない。そこに私の真の運命がある」と予言した。

奇蹟的勝利

政府軍は一万二〇〇〇人の兵力で高原陣地を遠巻きにし、その包囲網を徐々に縮めて反乱軍を殲滅《せんめつ》する戦略だった。迎え撃つ反乱軍はわずか三〇〇人。一対四〇の信じがたい兵力差で、革命戦争は勝敗を左右する重大局面を迎えたのだった。フィデルは司令部に来た『シカゴトゥリビューン』紙の記者に、「我々は産業の社会化や国有化を口にしていない。一九四〇年憲法の復活のため戦うと言ってきた。この憲法は自由企業・投資を保障している」と、米世論を意識して語った。そのころチェは、怪我《けが》した野鴨《のがも》の脚に添え木をしてやった。天下分け目の戦いを前にしても哀れみの情を失わなかった。

一九五八年五月二五日、政府軍は大攻勢を開始した。陸軍は裾野から海軍は海岸から攻撃し、空軍は爆撃と機銃掃射を見舞った。反乱軍が全滅の危機に瀕《ひん》したのは、グランマ号での上陸直後に次ぎ二度目である。最大の山場は、裾野から高原陣地方面に向かう坂道の途中にある要衝サントドミンゴの攻防戦だった。ウベール・マトスが何日も続いた激戦を六月末に制し、政府軍を撃退した。フィデルはマトスを少佐に昇格させ、新しい第九縦隊を任せた。

フィデルの命令で参謀となっていたチェは、政府軍から奪った小型無線機と暗号帳で政府軍の動きを把握する一方、偽情報を送り政府軍を混乱させた。チェはそのころ、戦線見回りのさなかに敵と遭遇、全速力で逃走し難を逃れた。これを一六歳の利発な黒人少年ハリー・ビジェガスが目撃した。ハリーはやがてチェの側近になる。

激戦は八月初めまで二ヶ月半続き、反乱軍が奇蹟的に勝った。政府軍は死傷兵、捕虜、脱走兵を合わせ二〇〇〇人を超える兵力を失った。反乱軍に戦車一両、迫撃砲一二門、三脚架付き機関銃一二門、軽機関銃二〇〇挺《ちょう》など合計六〇〇もの武器、膨大な量の弾薬、さまざまな装備を残した。捕虜四五〇人は赤十字に引き渡された。反乱軍はなんと戦士五〇人を失っただけで、新たに六〇〇人の兵力を補強することができた。

反乱軍は革命戦争で初めて優位に立った。フィデルとチェは反転攻勢に際し戦略を練り、平地での戦域拡大を決める。八月下旬、マトスが東部の中心地サンティアゴへ、チェが中部の要衝サンタクラーラへ、カミーロが西部のピナルデルリオに向け、それぞれ進軍を開始する。ラウールは、サンティアゴ市の背後にあるクリスタル山地に第二戦線を開き、アルメイダはマエストラ山脈の北側の裾野に第三戦線を構えた。フィデルは、自分の後継者ラウールと黒人革命家の代表アルメイダを温存しておきたかったのだ。

その間七月二〇日、ベネズエラの首都カラカスで「七月二六日運動」、革命幹部会（DR）および、人民社会党（PSP）を除く反政府政治勢力が一堂に会し、政権構想を定める「カラカス協定」に調印した。フィデルには「国軍司令官」の地位が約束されたが、フィデルら指導部にとって、この協定もたわいない紙切れにすぎなかった。

中部への行軍

チェは麾下《きか》の第八縦隊に戦死した部下シロ・レドンドの名をつけていた。副司令はラミーロ・バルデスだった。戦士になっていた愛人ソイラ・ロドリゲスが参加したいと求めたが、チェは許さなかった。縦隊はまずカマグエイ経由でエスカンブライ山脈に向かった。

行軍は厳しい。悪天候、沼地、飢餓、病気で、誰もが疲労困憊《こんぱい》した。脚の風土病《マサモーラ》が辛かった。チェは部下に厳しく、寝坊した部下のハンモックの紐を切ることもあった。チェは立ったまま眠って倒れ、馬上で眠ったまま馬とともに道に迷った。片脚が長靴、片脚が短靴だったが、頓着しなかった。川を何度か泳いで渡った。渡河は安全な場合は水浴や洗濯の好機となる。チェも誰もかも服はぼろ切れに等しく、ひどい臭いを発散させていた。川で水浴しても着替えはなく、また同じぼろ切れに包まれるのだった。

チェは行き当たった大農場を「民主化」し、農場主に労賃引き上げを認めさせ、「革命税」を支払わせた。農場主たちは応じたうえ、食事を提供した。チェは、米国人農場主からの食事提供は拒否した。ある農場ではチーズをむさぼり食い、全員がひどい便秘になった。折から、米大リーグワールドシリーズのラジオ中継があった。NYヤンキース対NYブルックリン・ドジャースの戦いだった。チェは「ヤンキー帝国主義」を意識し、ことさらドジャースを応援した。

フィデルは一〇月半ば、カミーロ・シエンフエゴスに西部への進軍を止めさせ、チェが目指す中部に展開させた。鰐《わに》の形をして東西に細長いキューバ島を、その中央部にチェとカミーロの部隊を展開させ、東西に分断する。それがフィデルの戦略だった。

チェの縦隊はキューバ一幅広いササ川を渡河し、エスカンブライ山脈に辿り着いた。地図上の直線距離は五五四キロメートル、実際踏破した距離は六〇〇キロメートルを優に超えていた。マエストラ山脈を下りてから四七日が経っていた。一日三食とすれば計一四〇回もの食事機会があったはずだが、食事ができたのは二〇回あったかないかだった。行軍の途中、暴風雨《ウラカン》に二度見舞われた。

チェは地元の「七月二六日運動」のゲリラ二〇〇人を指揮下に置いた。革命幹部会（DR）のファウレ・チョモンの部隊とも合流した。チェは空軍機がエスカンブライ山脈の山腹を爆撃するさなか、標高八〇〇メートルの山中に野営訓練学校をつくった。チェは、チョモンの部隊との共同作戦で近郊の政府軍兵営を襲撃したが、その戦闘のさなか、チェが構えたバズーカ砲は機能しなかった。チェは弾丸が飛び交う中、物に憑《つ》かれたように立ちつくしたが、弾は奇蹟的に当たらなかった。危険を過小評価するのがチェのアキレス腱《けん》だった。

アレイダとの出会い

バティスタはアイゼンハワー米政権からも辞任を迫られ、一九五八年一一月三日、勢力維持に最後の望みをかけて大統領選挙を打った。「七月二六日運動」はボイコットし、投票率は三〇％、唯一の候補アンデレス・リベロが当選した。この傀儡が権力をもつことはなかった。米政府は、満足のいく人物に暫定政権を担わせ、直ちにその暫定政権を承認し軍事援助を与えて、フィデルの政権掌握を未然に食い止めようと考えていた。

その本命は、米軍に訓練され、在米大使館武官の経歴もあるラモーン・バルキン大佐だった。バルキンは五六年にバティスタ打倒を狙ったクーデター未遂事件に関与し、ピノス島の刑務所に拘禁されていた。

チェは一二月初めまでエスカンブライ山脈に留まり、近隣の大農場で農地改革を実施した。

その農場で二年以上労働した者もしくは借地人だった者は、耕作地の所有者になれるのだった。チェはその間、サンタクラーラ攻略戦を前に「七月二六日運動」の地元指導部と会合していた。チェに牛肉を振る舞った地元幹部は、「チェはうまそうに食べ、終わると葉巻を吸い、湿っぽい咳《せき》をした。ひどい臭いがした。汗が腐ったような刺激的な臭いだった。私は葉巻の煙で臭いを防いだ」と後に語った。

チェは、貧者に支給する資金を確保するため銀行強盗をすべきだと主張した。地元幹部は反対し、代わりに五万ペソを提供した。その資金をエスカンブライ山中に届けたのが、サンタクラーラの活動家アレイダ・マルチ＝デラトーレだった。チェとアレイダは、やがて恋に落ちる。チェの側近ハリー・ビジェガスによれば、一目惚《ぼ》れというより、戦いの同志として愛し合うようになった。

チェは一二月二日、グランマ号上陸二周年を部下たちと祝い、中部のラス・ビージャス州（現ビージャクラーラ州）内各地をカミーロの縦隊と合同で次々に解放していった。愛人だったソイラがまたチェの前に姿を現した。今度は七人の仲間と戦士の一団を組んでいた。だがチェの心はアレイダにあった。冷たく突き放すしかなかった。

サンタクラーラ攻略戦

チェの縦隊は一九五八年一二月下旬、サンタクラーラ市の東南にあるカバイグアンを攻略した。そのさなか、チェは家々の屋根伝いに進んでいたところ、テレビのアンテナに引っかかって中庭に落ちた。右目上を二センチメートル切り、右腕を骨折した。ギプスをし、三角巾《きん》で吊った。医師は破傷風予防薬を勧めたが、喘息に起因する副作用をもたらす可能性があるため断った。その代わりに痛み止めとしてアスピリンをのみ続けた。

縦隊は日ごとに州都サンタクラーラに接近し、一二月二五日、サンタクラーラ攻略戦を開始、ラス・ビージャス中央大学を司令部にして市内に攻め入った。ハバナから来た政府軍の装甲列車が丘上に陣取り反撃していた。政府軍は三二〇〇人、チェの部隊は四〇〇人、チェは長期戦を覚悟していた。

チェは地元の地理学者に前進可能な接近路を教わり、ジープでアレイダとともに前進した。政府軍機が激しい無差別爆撃を加え、サンタクラーラ市民三〇〇人が死傷した。チェがラジオ放送で市民に協力を呼び掛けると、空爆に怒った市民はゲリラ支援に回った。革命幹部会（DR）の部隊も到着した。戦況は市街戦の様相となる。

市内の政府軍兵営には兵士一三〇〇人が立てこもり、戦車四両を備えていた。市民は戦車の前進を阻むバリケードを構築し、火炎瓶をつくった。チェは二八日夜、鉄道線路を歩いて装甲列車を脱線させやすい場所を探し、街中《まちなか》のカーブに差しかかる地点でトラクターを使い線路を持ち上げた。日記に「ゲリラは夜の戦士。夜行性の特性を備えている」と書く。

チェの部隊は二九日、丘を攻めた。装甲列車は移動、罠《わな》にはまって脱線した。チェは火炎瓶攻勢を命じ、装甲列車は焼けた釜と化し、兵士たちは飛び出してきて降伏した。対空砲、バズーカ砲など大量の武器と捕虜三五〇人を確保したチェは、志願兵部隊を編成し、司令部を大学から市内の公共事業省施設に移した。

チェは通りに沿った住宅の壁に穴を空けつつ、そこを通って兵営に接近した。ある記者は、「チェは腕を三角巾で吊り、軍服はぼろぼろだった。顔は疲れ切っていた。尋常でない突き刺すような目の光がなかったら、最下級の兵士に見えたはずだ」と描いた。縦隊は激しい戦闘の末、まず警察を制圧し政治囚を解放、捕虜の中から殺害と拷問に関与した者を分離し監禁した。いよいよ兵営の攻略戦に移る。サンタクラーラ陥落は時間の問題となっていた。

カミーロ・シエンフエゴスは一九五八年一二月三一日、北海岸の要衝ヤグアハイを攻略した。サンティアゴではフィデルとマトスの一二〇〇人の部隊が、政府軍兵士五〇〇〇人が立てこもるモンカーダ兵営を攻略しようとしていた。フィデルは、五三年七月二六日に襲撃して革命の狼煙を上げ、多くの同志を失った兵営を何としても平定したかった。三〇日から五日間をかけて陥落させる計画だった。

ところが、政府軍東部軍団司令官のエウロヒオ・カンティージョ将軍がフィデルに話し合いを求め、二人は二八日会談した。フィデルは、バティスタ打倒に協力したいと申し出た将軍に、ならばモンカーダ兵営で反乱を起こさせるのがよいと提案した。だが将軍は裏切り、ハバナの政府軍本拠コルンビア基地で三一日、バティスタの最後の陰謀に荷担した。

バティスタは、カンティージョに全権を譲り渡し、軍用機で巨額の公金とともに出国する準備を整えた。逃亡先は、独裁者ラファエル・トゥルヒーヨが長期支配するドミニカ共和国の首都サントドミンゴだ。フィデルは事態を把握できないまま約束を反故《ほご》にされ、バティスタを直接倒して革命に勝利することは叶《かな》わなくなった。

第４章

革命政権の試行錯誤

後妻アレイダと新婚旅行を楽しむチェ（アフロ）

サンティアゴ入城

一九五九年が明けた。午前三時過ぎ、ハバナのコルンビア基地を軍用機が飛び立った。フルヘンシオ・バティスタ、妻、娘二人、息子一人、側近たち、国費三億ドルを乗せて、カリブ海上空を東に飛び、ドミニカ共和国の首都サントドミンゴに向かった。バティスタは五二年三月のクーデターから五八年末までに、米政府から与えられた武器と拷問具でキューバ人二万人を殺した。バティスタの亡命で政府軍は降伏し、二五ヶ月間続いた革命戦争は終わった。バティスタは亡命地スペインで七三年に死ぬこととなる。

フィデル・カストロはカンティージョ将軍に騙《だま》されたのを悟った。将軍の「歩み寄り」を胡散臭《うさんくさ》いと見るチェ・ゲバラは、哀れみを乞う者には寛大にというフィデルの〈スペイン騎士気取り〉が気に入らなかったのだが、事態はチェの懸念通りに推移した。ハバナでは権力の空白が生じていた。フィデルは反乱放送を通じて「革命はシ（イエス）、クーデターはノ（ノー）」と呼び掛け、ハバナでゼネストを決行しカンティージョ一派の陰謀を葬るよう命じ、カミーロ・シエンフエゴスとチェ・ゲバラをハバナに急派する。

同時にサンティアゴを臨時首都にし、マヌエル・ウルティーア判事を大統領に擁立した。ウルティーアは五七年三月、グランマ号上陸生存者約二〇人と、その上陸に先立ちサンティアゴで蜂起したフランク・パイースら約一五〇人の被告の裁判で、「政府の人権蹂躙《じゅうりん》に対し適度の抵抗をした」としてパイースら多くを無罪とし、上陸者を含む四〇人に禁錮八年の実刑判決を下していた。フィデルはこの判決を評価し、判事を大統領に指名したのだ。

カンティージョは、バティスタから委ねられた全権を維持する自信がなく、ピノス島の刑務所からラモーン・バルキン大佐を釈放し、コルンビア基地に到着した大佐に全権を譲った。事は米政府の思惑通りに運んでいた。米国はバルキンを首班とする軍事評議会を擁立し、これを承認して、革命政権の発足を阻もうと謀っていた。

ところがバルキンは直ちにサンティアゴのフィデルに電話し、政府軍を引き渡すと伝えた。大佐は、戦場の勝利者フィデルが天下をとるのは時間の問題だとわかっていた。フィデルは安堵したが、権力の空白を革命の勝者が埋めたという実感はなく、そこで、軍事的勝利に次ぐ政治的勝利を確かなものとするため時間をかけてハバナに凱旋《がいせん》することにし、道中各地で支持固めのため演説集会を開く手はずを整えた。

フィデルは一九五九年元日の夜、サンティアゴに入城、モンカーダ兵営を象徴的に占拠した。襲撃蜂起から五年半ぶりのことだった。フィデルは夜半、サンティアゴ中心部の市庁舎のバルコニーからセスペデス公園を埋め尽くした大群衆に向けて勝利の演説をぶち、自由選挙、言論の自由、農地改革、一九四〇年憲法復活を謳《うた》い上げた。フィデルとともにウルティーア新大統領、サンティアゴのエンリケ・ペレス＝セランテス大司教が並び立っていた。共産党の主導もソ連圏の支援もなしに革命が成就した瞬間だった。

ラ・カバーニャ要塞

バティスタ逃亡の報は瞬く間に全国に拡がり、暴徒が略奪、放火、強奪を恣《ほしいまま》にした。奪う者には解放であり、奪われる者には恐怖と絶望だった。圧政の手先だった警官らへの私刑《リンチ》も各地で続いた。

手回しよく現れたフィデルの写真が、国旗や国章バッジとともに飛ぶように売れていた。陶器のコップにはフィデル、ウルティーア、チェ、カミーロの顔が描かれていた。レコードに吹き込まれたフィデルと革命を讃える歌が盛んに流されていた。

ハバナでは富裕層が通うナイトクラブ、キャバレー、カジノなどは用心棒に守られて、いつもと変わらぬ繁栄ぶりだった。一方で少年らは駐車料金計を破壊し小銭を奪っていた。数万台あった簡易賭博《とばく》機も破壊された。射倖《しゃこう》心を育んだ機械は貧困大衆の怒りの標的だったのだ。ホテルや外国航空会社事務所も略奪された。高級乗用車三〇〇〇台も盗まれ、盗難車は番号標識《ナンバープレート》をつけずに走った。常設売春宿二七〇軒、連れ込み宿数十軒、売春バー七〇〇軒がやがて閉鎖に追い込まれることになる。米マフィアが経営していた米国人のための売春賭博王国の火は消えていく。各地で散発的な銃撃戦が続いていた。

カミーロは一月二日コルンビア基地に入り、反乱軍参謀長として基地全体を支配下に置いた。チェも二日、アレイダと、ハリー・ビジェガスら護衛四人と米国製の大型車に乗り、ハバナに向かった。チェは、骨折した右腕をギプスで固め三角巾をしていた。額の傷は化膿《かのう》していた。道中、アレイダに求愛したが、アレイダは拍子抜けし、半ば眠っていたこともあって答えなかった。

チェは二日の夜、ラ・カバーニャ要塞から初めて光り輝くハバナの街を一望した。市街地の東端はハバナ港のあるハバナ湾で、その東側の崖の上にフロリダ海峡と湾口を監視するモロ要塞、その南側にラ・カバーニャ要塞がある。正式名称をサンカルロス・デ・ラ・カバーニャ要塞という。一八世紀後半スペインは、ハバナを英軍に攻略され占拠されると、フロリダ半島領有権と引き換えに英軍を退去させ、一七七四年まで一〇年をかけ、最強の砲兵隊基地ラ・カバーニャ要塞を築いたのだ。

湾を見下ろす崖の上に連なる砦《とりで》の長さは七〇〇メートル、幅二四〇メートル。スペイン植民地軍が建設した最大級の軍事施設だ。バティスタ当局は、この砦を刑務所として用い、拷問や処刑の場としていた。フィデルは、法律外処刑、拷問、強姦《ごうかん》など人道犯罪の重犯として逮捕していた旧バティスタ政権の官憲を拘禁し、革命裁判にかけ処刑する場として使うことにし、チェを責任者に据えたのだ。そのころサンティアゴでは、ラウールが即決裁判で旧体制の犯罪者を処刑していた。

チェは要塞を支配下に置いた。旧政府軍将校から飲食物を出されたが、毒を盛られるのを警戒し手をつけなかった。態勢が整うと、チェは市内の放送局に行き、無線でサンティアゴのフィデルにラ・カバーニャ要塞占拠を報告した。

チェは翌一月三日、旧政府軍将兵三〇〇〇人を前に演説、「ゲリラは諸君の規律を学ばねばならず、諸君はゲリラがなぜ勝ったかを学ばねばならない」と訓示した。反乱軍戦士の一団はトラックでハバナ市内の旧共産主義取締局に乗り付け、極秘書類をすべて要塞に持ち帰った。チェは書類の記述を基に、革命政権に紛れ込んでいた反革命派の通報者を逮捕する。「反共連盟」事務所からも書類を押収した。そこには、フィデルの共産主義関連歴を記す書類もあった。すべてがチェの下で点検され、焼却された。

チェは要塞で内外の新聞やテレビ局の取材攻勢に遭った。共産主義者呼ばわりに対しては、「従属を拒む者を一緒くたに共産主義者呼ばわりするのは独裁の古い手口だ。〈七月二六日運動〉は民主運動だ」と明確に反撃した。チェは語る。

「私は言われているような人間ではなく、自由を愛する者にすぎない。私は医者としてキューバに来た。この国に悪性腫瘍《しゅよう》があったから、その除去を手伝ったまでだ。キューバ人への連帯を義務として戦った。外科用のメスと聴診器は手放した。一国民の心臓の鼓動を知るのに聴診器は不要だ。この革命戦争では農民、労働者、知識人で構成する部隊が正規軍を撃破した。独裁者相手の戦闘で得た重要な事実だ」

次の目的地を訊かれると、「革命に祖国はない。ニカラグア、ドミニカ共和国、パラグアイだろうか。もしブラジルが私を必要とするなら招いてほしい。ポルトガル語を学ぶから」

と応じた。チェの傍らにいたアレイダは身分を訊ねられると、「戦士だ」と答えた。

ハバナ凱旋

チェは一月五日、コルンビア基地でカミーロと話し合ってからサンタクラーラに飛び、フィデルにハバナの状況を報告した。前年八月末以来の感激の再会だった。報告を受けたフィデルはカリブ海岸のシエンフエゴス市に移動、外国メディアと会見した。米メディアは、「革命は共産主義者から支持され、反乱軍は共産党員に支配されている」と報じていた。

フィデルは米国人記者らを前に「君らだな、でたらめを書いているのは」と一発かましてから、「私は共産主義者ではなく、新政権はなおさら共産主義でない」と否定した。米国人記者は、何か違和感を覚えると理解できずに「赤」と決め付けていた。革命直後からのその種の偏った報道が両国関係をねじ曲げ傷つけることになる。キューバと米国は新しい出発点に立っていたのだが、米国人と米政府は、それに気づかなかった。

フィデルは一月八日、大群衆に迎えられ、旧政府軍から奪った戦車に乗ってハバナに入城した。息子フィデリートを片手で抱いていた。フィデルの両側にはカミーロとウベール・マトスがいた。フィデルはゲリラ戦士に守られて大統領政庁まで徒歩で行進した。政庁でウルティーア大統領と会談してから、大統領とともにバルコニーに現れた。「私は圧制者からみなさんを解放した」。この政庁での演説で、反乱軍の政治的勝利が決定づけられた。政庁前のマキシモ・ゴメス広場を埋め尽くした群衆が何度も万歳を叫んだ。

フィデルは車で凱旋行進を続け、コルンビア基地に入った。旧政府軍はすでに反乱軍の指揮下にあった。フィデルが基地内の要塞のバルコニーで演説し、「赤（共産主義）ではなく、オリーブ色の革命だ」と強調していたさなか、放たれていた鳩たちの一羽がフィデルの肩に留まった。その瞬間、並み居るゲリラ、軍人、市民も、フィデルを特別の存在、すべてを超越した存在と認めた。人民はフィデルの催眠術にかかり、それを喜びとした。

人民の厚く熱い歓迎は人民の期待の大きさを示していた。だが旧体制を破壊する革命戦争より、破壊の跡に新しい社会を建設しなければならない革命施政の方がはるかに難しい。反乱軍最高司令官フィデル・カストロはすでに立派な軍人だったが、戦場の勝利が物を言う政治とは異なる経済が未経験だった。民主化の公約もあり、革命勝利と新体制構築の間に緩衝期間を置くのが得策だった。それがウルティィーア新政権だった。閣僚人事をフィデルから任されていたウルティィーア大統領は、ハバナ弁護士会のホセ・ミローⅡカルドーナ会長を首相に選んだ。

フィデルはハバナヒルトンホテルの二三階に司令部を置いた（このホテルはやがて接収され「ハバナリブレ」と改名される）。フィデルはまず、ライフル銃と機関銃を計五万挺買い入れるようカミーロに命じ、革命体制防衛と革命軍編成準備に着手した。次いで政党廃止、国会解散、公職追放の手を打った。旧体制の政治家、役人らを締め出したのだ。

千客万来

チェは、フィデルのハバナ入城をラ・カバーニャ要塞から観察していた。歓喜の声を聞き、盟友の勇姿を双眼鏡で眺めながら、異邦人戦士である自身の立場を思い起こし、革命政府で自分がどのような地位を占めるのか判断しかねていた。権力に興味はなく、いつ自由になれるかが問題だったが、人材欠如という厳しい現実があり、フィデルに乞われれば一定期間留まらざるをえないと覚悟していた。結婚を誓ったキューバ人女性アレイダは、チェにとって錨《いかり》ではあった。

一月の最初の三日間に、政治家ら八〇〇人ものキューバ人亡命者が米州各地から帰国した。ラテンアメリカ諸国からは左翼が続々ハバナにやって来た。彼らはチェに会い、革命政権で仕事にありつくことを願っていた。チェにとっては人材を見つけ出すのに好都合で、五〇〇人を受け入れることになる。ゲリラ志望者も多く、軍事訓練を望んでいた。メキシコ市に残っていたグアテマラ人の親友パトーホもやって来た。チェは面倒を見、後に農地改革庁（INRA《インラ》）の職を与えることになる。戦友ウベール・マトスは要塞を訪ねては、チェと話し合っていた。

一月一八日、ゲバラ一家が来た。カミーロが気を利かせて、キューバ人亡命者を帰国させるためブエノスアイレスに派遣したキューバ航空機にチェの両親、妹セリア、末弟フアン＝

マルティンを乗せたのだった。チェが五三年ボリビアに旅立って以来の再会だった。

両親は、息子が革命家になり、すっかり変わってしまったのに気づいた。チェは、家族が公費で観光旅行するのを認めなかった。異邦人でありながら革命の英雄になった重みを自覚するからこそ、自らを厳しく律していたのだ。両親は、そのことを理解していた。

ジャーナリストのホルヘ＝リカルド・マセッティも一緒に来ていた。マセッティは後述する「真実報道作戦」に参加するよう、チェから招かれていたのだ。

フィデルは、自分と同じように激忙状態のチェに軽飛行機の操縦を習うよう働きかけた。これに従ってチェは操縦の練習を始めた。

先妻と後妻

一月二一日にはイルダと娘イルディータが到着した。チェはアレイダと、以前にブエノスアイレスでイルダ母娘に会っている両親を伴って空港に出迎えた。チェはこのとき、アレイダをイルダに紹介しなかった。アレイダは、イルダの脇をさりげなく通過し観察した。「私が想像していたイルダ像は崩れ落ち、私の自尊心が強まった。この人は恋敵《こいがたき》にはなりえないと確信した」。アレイダは自著に書いている。残酷な瞬間だった。そのときイルダはどんな心境だったのか。彼女の著書の記述から推測してみよう。

「エルネストは屈託なく、サンタクラーラの戦いで知り合った女性がいると言った。私の心の痛みはとても強かった。未だに私の心を熱くするのだが、私の痛みを感じ取った彼は〈戦いで死んだ方がよかったのだ〉と言った。一瞬返す言葉がなく、ただ彼を見詰めた」

イルダは続ける。

「その言葉を分析して私は言った。〈あなたが生きていてよかった〉。彼も感情が高ぶり、こう言った。〈そう思ってくれるならよかった。じゃあ我々は友人であり仲間だね〉。〈ええ〉と私も同意した。私には他の選択肢はなかった。一九五九年五月二二日、離婚が成立した」

チェはアレイダと六月二日結婚する。有能な左翼知識人イルダは革命体制建設の人材であり、ハバナで仕事に励むことになる。

カストロの妹

「好きになれなかったし親しみも湧かなかった。チェについてはそんな印象しかない」と、ファーナ・カストロは著書『カストロ家の真実』に記す。ファーナは男三人、女四人のカストロ七人きょうだいの五番目で二女。フィデル、ラウール両兄のため革命闘争と戦争に協力し、革命政権にも関与したが、政権が共産主義に傾斜する過程で反革命となり、CIAの協力者になる。後にメキシコ市を経てマイアミに亡命し、反革命の象徴的存在になった。

ファーナはメキシコ市でもチェを知っていたが、話し合ったことは一度もなかった。ファーナはラ・カバーニャ要塞にチェを訪ねたときの様子を綴る。「チェはありきたりの挨拶を済ませると、時間を少しでも失いたくないのか、たちまち爆弾を放った。〈タオルを投げに来たのではないことを期待したいが〉。〈おっしゃる意味がわかりません〉。〈タオルとは、ここに収監されている数十人の犯罪者のために取りなしに来ることを意味する〉。私は気分を害した。チェは瞬時に挑発し、尋常でない反応を起こさせた。失望して要塞を出た」。チェは関心のない相手や気にくわない相手には冷淡だった。それが如実に表れたのだ。

チリ社会党の指導者サルバドール・アジェンデが一月末、来訪し、要塞にチェを訪ねた。アジェンデは後年記す。「あのときの印象を決して忘れない。私は一〇分から一五分くらい彼を見詰めていた。その目の鋭い輝きと不安げな眼差《まなざ》しが私を捉えた。粗末な野営用寝台に、ラテンアメリカの偉大な指導者が横たわっていた」

「真実報道作戦」

チェの任務は、反革命の首謀者になりうるバティスタ前政権当局の凶暴な人道犯罪責任者をラ・カバーニャ要塞で革命裁判ないし軍事裁判にかけ、処刑するか厳罰を科すか判断することだった。チェは、グアテマラ政変の体験から凶暴な軍人や官憲は処刑すべきだと考えていた。米政府がCIAを通じ彼らと接触するのがわかりきっていたからだ。チェは革命戦争の過酷な体験を通じて人間が変わり、冷酷になるべきときにはそうなれる冷徹さを備えていた。一九四〇年憲法は死刑を否定していた。そのため、処刑はフィデルが五八年二月一一日にマエストラ山脈の司令部で署名した「革命法」に基づいて遂行された。

最大の反革命勢力は、マッカーシズムの暴風が吹き荒れ自由が蹂躙されてから四年しか経っていない反共の本山、米国だった。米メディアは処刑のニュースに飛びつき、「革命政権の残虐さ」を喧伝《けんでん》していた。フィデルは一月下旬、対抗措置として「真実報道作戦」に着手し、ラテンアメリカ諸国のメディアをハバナに招いた。

フィデルは、政庁のバルコニーにチェ、カミーロ、ウルティーアを従えて立ち、二時間演説した。「米国は広島・長崎に原爆を投下し三〇万人を殺した。我々は違う。戦犯裁判に賛成ならば挙手せよ、銃殺に賛成ならば挙手せよ」。群衆は熱狂的に挙手した。記者団はこの光景に圧倒された。

「革命勝利から数日しか経っていないのに、米メディアの悪宣伝はいったい何だ。この革命は世界の模範なのに、米国は〈ラテンアメリカにとって危険な革命〉にすり替えてしまった。不正利益を得られなくなった者どもは処刑をことさら吹聴《ふいちょう》して革命を貶《おとし》めるが、それは失った甘い利権が大きいほど激しくなる」。フィデルは記者会見で指摘した。

ハバナの室内競技場《コリセオ》が公開裁判の法廷として使われ、ここで記者団は取材した。オリエンテ州で反乱軍や支持者を虐殺した旧政府軍のある司令官が被告だった。一〇九人を殺害した責任を問われ、死刑判決を受けた。裁判長は「身柄をラ・カバーニャ要塞のエルネスト・ゲバラ司令官に引き渡す」と述べた。フィデルは、人道犯罪で死刑宣告を受けたのは六〇八人と言明したが、実際に処刑されたのは約五五〇人だった。

諜報機関G2

フィデルはラウール、チェ、カミーロ、ラミーロ・バルデスと秘密会合を重ね、反乱軍諜報局「G2《ヘドス》」の設立を決めた。チェは反革命勢力の大量処刑が内外で反動を招くのは必至と見て、諜報機関設立という対応策を打ち出したのだ。ラウールはチェに、兄フィデルにない論理的組織的な発想と計画性を見出していた。二人はフィデルを〈教育〉していく。

G2の局長には、チェの腹心ラミーロが任命された。ラミーロはハバナとメキシコ市の間を往復し、同市のソ連大使館でKGB《カゲベ》（国家保安委員会、旧ソ連の諜報機関兼秘密警察）と接触し、指導を求めた。ソ連大使館とキューバ大使館はすぐ近くに並び建っている。ここのソ連大使は、ソ連のラテンアメリカ北部の外交や諜報活動を取り仕切る〈探題《たんだい》〉だった。ラミーロはG2とKGBの緊密な連携が確立されると、「我々は世界最優秀の諜報機関を自由に使うことができる」と豪語した。

翌一九六〇年四月、メキシコ市のキューバ大使館付武官が米国に亡命し、「大使館は対米陰謀の中心で、ソ連大使館と密接に連携している」と暴露した。メキシコ市のキューバ大使館は著名人をキューバに招く窓口で、メキシコの壁画家ダビー・アルファロ＝シケイロスもここを通ってキューバを訪れた。

この大使館には、ラテンアメリカ諸国からゲリラ志望の青年がひっきりなしにやって来ていた。G2が厳密に品定めをし、選ばれた者はキューバに送られ訓練を受けた。彼らのパスポートにはキューバ渡航の記録は残されなかった。チェは女性革命家養成学校を開設しており、ここで訓練を受ける若い女性もいた。

G2の最重要任務は、フィデルら指導部の暗殺を防ぐことだった。

「フィデルは革命戦争中の五八年一月末、ラウールと私（マトス）に〈私の後にラウールがいる。その後にマトスがいる。私がもし死んだら、二人で革命を率いてくれ〉と言った。ラウールは不満そうだった。フィデルは〈カミーロは人気があるが、指導者の器ではない。チェは知力が優れているがアルゼンチン人であるうえ、共産主義者に囲まれ左傾化しすぎていて不適格だ〉とも語った」

ウベール・マトスは著書に明記している。その後フィデルは、ラウールをサンティアゴに、マトスをカマグエイに、革命政府の代表（州長官）としてそれぞれ派遣することになる。

一九五九年二月七日、革命政府の憲法である革命基本法が公布され、チェは革命への功績によりキューバ国籍を与えられた。アルゼンチン人のチェは二重国籍となった。基本法は遡《そ》及《きゅう》効果をもち、元日以後の処刑はあらためて公認された。

チェは、反乱軍の教育指導官としてラ・カバーニャ要塞に学校を開き、兵士らに読み書き、歴史地理、ラテンアメリカの社会経済状況などを教えた。詩人ニコラース・ギジェン（一九〇二〜八九）が、その学校を支援した。ギジェンはバティスタ政権に迫害されアルゼンチンに亡命していた時期に、アルゼンチン人で南米南部独立の英雄であるホセ・デ・サンマルティンと並べてチェを讃える詩を書いていた。

チェは要塞で乗馬、チェスの講座も開いた。希望者にはフランス語も教え、ラウールが一時習っていた。さらに、貧しさや戦闘で結婚する機会のなかったゲリラ上がりの兵士たちのため集団結婚式を挙行した。

政府内の確執

ニキータ・フルシチョフ共産党第一書記兼首相のソ連はキューバ革命直後、アイゼンハワー米政権とソ連が平和共存で合意できるよう全世界の共産党に協力を呼び掛けていた。人民社会党（PSP、共産党）はそれに呼応し、一万八〇〇〇人の組織と人材を通じて「七月二六日運動」に影響力を行使すべく腐心していた。

チェは、同党の文化機関で講演した。「ゲリラは放浪集団だが、マエストラ山脈に移植されて根づいたのではない。農民の合流と、農地改革という魔術的な言葉が鍵だった。あの革命は農民革命だった。革命は農村や山岳で戦い、次いで都市部へ入っていくのでなければならない。ゲリラ戦士は農業革命家でなければならず、だから反乱軍は農地改革を掲げた。反乱軍の八割は農民、将校の半分も農民だった。将来、米国による侵攻がありうる」

チェは当時、キューバ革命を理論化する著述を構想しており、その骨子を講演で語ったのだ。しかしマエストラ山脈の貧農は当時のキューバで最も疎外された貧困層であり、社会構成集団の典型ではなかった。チェは山地農民の役割を誇張しすぎていた。「米国による侵攻」の可能性を指摘したのはグアテマラ体験を踏まえてのことだが、二年後に的中する。

同じころ開かれた「七月二六日運動」の幹部会議で、「革命綱領に無関心な穏健派が多数を占めるミロー＝カルドーナ政権に革命が委ねられている」と指摘するラウールがフィデルに激しく詰め寄った。幹部には共産主義者ラウール、同調する左翼チェ、反共で自由主義のマトスら正反対の思想をもつ人物が混在していた。多くはマトスのような中産層出身の穏健派で、米国文明に親しんでいた。左翼と穏健派の上に立っていたフィデルにとり、「絶対善＝革命」が「絶対悪＝バティスタ独裁」を倒した結果、単純ではなくなった状況の下で新たな目標を定めるのは容易ではなかった。

カウディージョ気質

「七月二六日運動」は、都市部の労組・労連を牛耳るため人民社会党（PSP）に頼らざるをえなくなった。フィデルは一九五九年二月、防諜戦略上、まず電信電話労連を乗っ取り、次いでキューバ中央労連（CTC《セテセ》）の乗っ取りに向かう。労連のPSP化を急いだのは、広範な産業国有化に備えるためだった。

内外で「西瓜《すいか》」という言葉が使われ始めた。キューバ革命は外側こそオリーブの緑だが中味は赤い、という意味である。反対する新聞は次々に潰され、「七月二六日運動」機関紙『レボルシオン』(革命)とPSP機関紙『オイ』(今日)だけとなる。放送も同じ運命を辿った。

民族主義者フィデルがいつ共産主義に傾斜したかについては議論が多い。フィデルは若いころ、「民主制度に代わる〈民主的独裁者〉が必要」と言っていた。考えようによっては共産主義者にもファシストにもなりえた。フィデルは、スペイン総統フランコにイデオロギーを与えたホセ=アントニオ・プリモデリベーラの演説を暗唱していた。アルゼンチン大統領ペロンも好きだった。だが第二次大戦で日独伊枢軸が敗れたため、二つの全体主義のうちファシズムは却下され、共産主義に道が開かれた。そう考えることも可能だ。

ハバナ大学時代、ラウールはPSP青年部員だったが、同青年部にいたフラビオ・ブラボ、アルフレド・ゲバラらはフィデル体制下で要職に就いた。アルフレド・ゲバラは、カストロ兄弟に共産主義を吹き込んだ人物と見なされている。フィデルが大学時代にPSPに入党しなかったのは、青年部ではPSPの頂点に上り詰めるまで長い歳月が必要なことや、共産主義の旗幟《きし》を鮮明にするのが得策でなかったことによるのかもしれない。PSPは戦時中、スターリンによる反ファシズムの人民戦線結成の呼び掛けに応じてバティスタ政権にCR・ロドリゲスら二閣僚を送り込み、日和見主義と批判された。これも理由だったかもしれない。

フランコの地位「総統」はスペイン語で「カウディージョ」である。これは「統領、大立者、首領」などを意味する。フランコと同じガリシア人の血を引くスペイン系キューバ人のフィデルは、反共主義のフランコと正反対に、カウディディズモ（カウディージョ主義）と共産主義をラテンアメリカで初めて一体化させた人物と位置づけることができる。一九六一年四月一六日の「社会主義革命宣言」と、同年一二月二日の「マルクス・レーニン主義者宣言」をもって、フィデルの思想的立場がようやく明確になるのだ。

首相就任

ミロー＝カルドーナ首相は一九五九年二月下旬、国営宝くじ、売春、カジノの廃止法案をめぐってフィデルと対立、フィデルに首相になるよう勧めて辞任する。フィデルが首相になると、「七月二六日運動」内部の親共・反共両派の対立は、農地改革の進め方をめぐる激論となって表面化した。当時、地主の一・五％が土地の四六％を握っていた。チェは大土地所有制の無償接収と農民への無償配分を主張したが、反共の穏健派は反対していた。

フィデルは三月一三日、政庁前の広場で大集会を開いた。すると広場の大群衆がバルコニーに立つフィデルに、「まやかしを一掃するため議会制民主制度を廃止するよう」訴えたのだ。この人民の集結は、「七月二六日運動」や人民社会党（PSP）の動員なしにはありえなかった。「人民の訴え」は自由選挙をしない口実として好都合だった。「選挙実施は妥当でない。我々の圧勝がわかりきっているからだ」。そんな世論工作が可能になる。

フィデルは首相就任を機に、民主主義的資本主義革命でなく、社会主義革命の方向に舵を切ったのだ。そのために用意されたのが政庁前大集会だった。革命後のキューバでは今日まで、自由選挙は一度も実施されていない。

チェが担っていた反革命派の処刑は三月に一段落する。やはり任されていた民兵部隊結成と反乱軍の革命軍への再編は軌道に乗りつつあった。だがチェは、肉体酷使と激務がたたって肺気腫に罹り、静養を余儀なくされる。革命指導部は新しい社会をつくるため急ぎすぎ、その象徴がチェだった。チェはハバナ東方郊外のタララー浜の家をフィデルからあてがわれ、アレイダとそこに移った。医師は葉巻を禁止したが、チェがあまりにも真剣に抗議したため、一日一本で妥協した。チェはにんまりして、長さ五〇センチメートルの長物を吸った。チェは、暖めていた『ゲリラ戦争』を静養中に執筆することにした。

冷ややかな訪米

そのころ米新聞編集者協会はフィデルを米国に招いた。アイゼンハワー政権は一九五九年一月七日に革命政権を承認し、スペイン語を流暢《りゅうちょう》に操るフィリップ・ボンサル大使を派遣していた。米国が維持していた圧倒的影響力は、革命とともに消え失《う》せていた。ボンサルは、フィデルの米国滞在中に経済援助を与えるつもりだった。だがフィデルには、ラテンアメリカ諸国首脳に伝統的な援助ねだりのワシントン詣《もう》でをするつもりはなかった。

この訪米は非公式だった。フィデルが革命後最初の公式訪問国として一月末に訪れたのは、カリブ海沿岸国ベネズエラだった。キューバにとってカリブ海は決して「米国の内海」ではなく、南米や中米につながるラテンアメリカの海であり、ベネズエラ訪問には、そのような立場を示す狙いがあった。

フィデルは米報道界と市民の間で大変な人気を博した。ＣＩＡ幹部とも会談し、意思を疎通させることができた。だがホワイトハウスは冷淡だった。アイゼンハワーは演説で米政府を腐すフィデルが嫌いで、そのワシントン滞在に合わせて不在を決め込みゴルフに興じた。代わりに対応したリチャード・ニクソン副大統領とフィデルの会談は二時間半に及び、フィデルは革命政権初期の重要政策を語った。ニクソンは聞き流すや説教するように話し始め、カストロ体制下での共産主義の影響力拡大、反革命派処刑、自由選挙実施未決定を並べて問い詰め、挙げ句の果てに米植民地プエルト・リコの経済建設に学ぶべきだと言い放った。

フィデルは学生時代、プエルト・リコ解放運動に力を入れていた。米国は一八九八年、キューバの対スペイン独立戦争を「米西戦争」に変質させ、キューバを属領化してグアンタナモ湾中央部を奪取し、プエルト・リコを植民地にした。フィデルは、ニクソンの傲慢さと歴史的無知に対する怒りを抑えるのに必死だった。対するニクソンもフィデルを「打倒すべき人物」と捉え、キューバ人亡命者部隊を編成し侵攻すべきだと大統領に進言する。これが二年後のピロン浜侵攻事件につながるのだ。

フィデル・ニクソン会談は、両国関係に癒やしがたい傷を残した。フィデルは「一九世紀以来の宿敵」米国の本質を見たと感じた。マエストラ山脈でセリア・サンチェスに革命勝利後は米国と戦うことになると伝えたフィデルの洞察に狂いはなかった。それは「米帝国主義こそ正面の敵」と捉えるチェと一致していた。訪米中、援助の話はなかった。これはフィデルに、「だからやむをえずソ連になびかざるをえなくなった」という言い訳を可能にした。

フィデルは現代のナポレオン、カエサル、アレクサンドロスになりたかった。国際的な英雄になり、世界史に名前を刻み込みたかった。そのためには、「世界帝国米国に最前線で反逆する若き指導者」の印象を醸《かも》し出さねばならなかった。この訪米後、米政府は革命政府に一層背を向けるようになった。それは、フィデルにとって思うつぼだった。

『ゲリラ戦争』

チェは、静養という贅沢《ぜいたく》な執筆機会を与えられ、キューバ革命の体験を理論化し書物にまとめる作業に着手した。

「キューバ革命は三つの教訓を示した。一つ、人民軍は正規軍に勝つことができる。二つ、革命の条件が整うのを待たずに、革命軍の中核前衛《フォコ》が条件を創り出す。三つ、ラテンアメリカでは農村地帯が武闘の基本的戦場になる」

「ゲリラ戦は人民戦争だ。ゲリラは人民の前衛であり、その力は人民によって引き出される。革命の最初の目標は農地改革であるべきだ。最初の仕事は地元住民の全幅の信頼を確立すること。地域住民に革命の主題と目的を説明し、勝利を説いて理解させるべきだ」

「ゲリラは初期の放浪戦士の集団、陣地を得た半放浪段階、正規軍と三段階の形態をとり、正規軍になって初めて国軍を倒すことができる」

「破壊活動は高度に効果的な闘争戦術だが、テロリズムは残忍な無差別攻撃になりやすく、両者は大きく異なる。稀な例外として、敵の主要な悪者を対人テロで葬ることはなしとしない。一般人を殺傷してはならない。危険と判断した人物は、ためらわずに排除する。この点でゲリラは厳しくあらねばならない」

　これらの教訓や指摘は、チェの死に照らせば空しくなる。それらが守られなかったことからチェはボリビアで部下たちとともに死に至らしめられたのだ。

「ゲリラは極度に夜行性で、夜はゲリラの味方だ。ゲリラは夜間に繁殖し、敵の恐怖は闇の中で拡がっていく。戦うために潜伏するゲリラは完璧《かんぺき》な禁欲主義者でなければならない。女性は連絡要員、料理、看護婦、縫製などで圧倒的に役立つ。男女の愛が生じれば、ゲリラの条件の範囲内で夫婦として過ごすことが許されるべきだ」

　これも自身の体験を語っている。男性優位主義《マチズモ》も窺える。

「ゲリラ適齢期は二五歳から三五歳までで、四〇歳を超えないこと。例外はある。常に体力を鍛え健康的な生活を維持していること。二五歳から三五歳になってなお家庭・妻子や自分の日常を抛《なげう》つ者は、責任を意識し堅い決意を示すこと」

これも己を語っている。チェは二八歳で革命戦争、三七歳でコンゴ内戦、三八歳でボリビア革命戦争に参戦し、三九歳で処刑された。

「頑丈な革靴が行軍や命を保障する」という一項もある。チェは最後の戦闘の場で革靴を失っていた。「ゲリラは人民との意思疎通と外部との連絡があれば、包囲されても深刻な問題にならない」。チェはボリビアで人民との意思疎通を図ることができなかった。

フィデルについても触れている。「戦士として政治家として最高の資質の持ち主。我々の勝利は彼の洞察に負っている。彼なくして人民の勝利はなかったとは言わないが、彼がいなかったら勝利はこれほど完全なものにはならなかっただろう」。チェは、フィデルという指導者の直下にいたからこそ実力を発揮することができた。ボリビアでは、チェ自身が最高指導者であったが、指導力をほとんど発揮できなかった。

嗜好品についても書いている。「ゲリラにとって重要な慰安となるのは葉巻、紙巻きたばこ、パイプたばこだ。休憩時の一服は孤独な兵士にとって何よりの友となる。たばこがなくなっても葉巻や紙巻きの残りを使えるパイプは便利だ。何の社会的機能もない賭博や酒は禁止すべし」。「書き魔」のチェらしく筆が走る。

左翼の聖典

革命軍省（国防省）は一九六〇年四月、チェの最初の著書『ゲリラ戦争』の初版を刊行した。チェは、前年死んだ盟友カミーロ・シエンフエゴスにこの本を捧げていた。チェはまた、アルゼンチン人作家エルネスト・サバト（一九一一～二〇一一）に、「世界で最も聖なるもの、著作業」と献辞を書いて贈った。

ゲリラ戦法は昔からあったが、スペイン内戦で現代化し、第二次大戦時の欧州、中国革命などで盛んに用いられた。キューバ革命はゲリラ戦争の時代が終わっていないことを証明し、ヴェトナム戦争でもゲリラ戦法が広く応用された。

チェの『ゲリラ戦争』は毛沢東の『遊撃戦論』やヴォー・グエン・ザップの『人民の戦争・人民の軍隊』と比べて価値が低いと見られがちだ。しかし、スペイン内戦のゲリラ戦略・戦術がアルベルト・バヨを経由してキューバ革命に伝わった事実を証明する戦争論であり、そこに意味がある。

この本はラテンアメリカ中のゲリラや左翼の「聖典」となった。モスクワの平和共存路線に従って武闘しなくなっていた六〇年代のラテンアメリカ諸国共産党の「敗北主義的姿勢」をいかに打破するか、という指南書としての意味もあった。パナマ運河地帯でラテンアメリカ諸国の軍人・警官に反革命軍事・諜報訓練を施していた米軍は早速、反面教師の教科書として用いた。革命軍省はポルトガル語に訳し、ブラジル東北部で「ゲリラ戦闘員の戦術」として密《ひそ》かに配布した。

チェは、コンゴ撤退後の六五年から六六年にかけてのボリビアに行くまでの期間に『ゲリラ戦争』の補遺《ほい》を書いた。

「外国で戦う場合の地下活動は、ゲリラ戦提唱者による小規模な中核前衛《フォコ》から始めなければならない。ゲリラ戦は十分に考慮された末の行動として開始される。信望篤《あつ》い指導者が人民救済のために立ち上がり、外国という困難な状況にありながら活動を始める。闘争は長く苦しい。全滅の危機に陥ることもあるだろう。高い士気、規律、勝利への信念、卓越した指導力だけが壊滅を救う」

チェは目前に迫っていたボリビア遠征を見据えていた。その遠征はまさしく、「卓越した指導力」の欠如もあって「全滅の危機」に陥り、敗北したのだった。

「ゲリラ部隊の基本戦術は行軍であり、訓練を十分にするには戦士を体力の限界に置き、昼夜を問わず行軍を続け、速度を徐々に上げていくこと。抵抗力と速度は、最初の中核前衛《フォコ》の基本だ」。この記述も空しい。チェは行軍で失敗し、墓穴を掘ることになる。

長期外遊

チェとアレイダの結婚披露宴は、チェの部下の自宅で飲食物持ち込みにより、ささやかに催された。二人はハバナ郊外の新居に住んだが、イルダは娘イルディータを「結婚祝い」として新居に預けた。アレイダにとっては「油断《レガロ・グリエゴ》のならない贈り物」だったが、チェはアレイダとの間に生まれることになる四人の子供と分け隔てなく育ててゆく。チェはこれから述べる最初の外遊の後、農地改革庁（INRA《インラ》）の建物の八階で同庁工業局長の職務に就くが、イルダは同じ建物の四階で勤務していた。イルダは理由を見つけては八階に姿を現したという。先妻と後妻の間には嫉妬《しっと》の感情が蠢《うごめ》いていたようだ。

チェは一日の平均睡眠時間が四時間だった。パトーホが新居によく遊びに来ていた。アレイダは後年、チェの欠点を聞かれ、「ゲリラ時代を入れて八年しか一緒にいられなかったため思い起こせない」と答えた。イルディータは成人した後、「父の神話が拡がったため、実像と神話を区別することができなくなった」と語った。

チェには、中米放浪中に知り合ったニカラグア人の友人がいた。この友人から、ソモサ独裁が続くニカラグアの政治情勢を好んで聴いていた。そのうちにニカラグアでのゲリラ戦への思い入れが高まり、これをフィデルに伝えると即座に反対され、結果的にアジア・アフリカへの長期外遊に出されてしまう。反体制派の処刑も一段落しており、「処刑の責任者」として米メディアに非難されていたチェを一時的に国外に出し、革命政権の新外交構築に貢献させたい。フィデルには、そんな思惑があった。第一次農地改革後、政府や「七月二六日運動」の内部で左右両翼の対立が一層激化していた。フィデルは、ラウールと並ぶ指導部左翼のチェを対立の当事者から外したいとも考えていた。

チェは一九五九年六月一二日、フィデルの外交特使としてハバナを出発した。九月八日まで八八日に及ぶ長期外遊である。インドネシアで一九五五年に開かれたアジア・アフリカ会議（バンドン会議）を機に米ソ両陣営のどちらにも偏らない「非同盟」の運動が高まり、米ソ陣営のいずれでもない「第三世界」の概念が拡がっていた。非同盟・第三世界との接近、フィデルが関心を抱く対日関係の強化、総じて革命キューバの国際社会での存在を明確にするのが外遊の狙いだった。フィデルは、朝鮮戦争後に深まった東西冷戦を見詰めつつ、対米関係が早晩こじれ対ソ陣営接近が不可避となるのを覚悟していた。そのときに備え、米ソの間の地域・諸国と絆《きずな》を結んでおこうと考えた。フィデルはアレイダ同行を勧めたが、チェは公式任務が観光旅行となってはならないと、フィデルの好意を断った。

ナセルとネルー

チェはマドリード経由でカイロに飛び、エジプト大統領ガマル・ナセル（一九一八〜七〇）に会った。バンドン会議の主役の一人であるナセルは、英仏両国と対決し一九五六年にスエズ運河を国有化した、アラブ世界の英雄だった。ナセルは当初、米国の鼻先でのキューバ革命は成功しないと見ていた。また、革命勝利で時代の寵児《ちょうじ》となったフィデルの「ラテン的な劇場型の振る舞い」を好んでいなかった。だがチェによい印象を抱き、キューバ革命への評価を変えた。チェは、ナセルの意思を内外に伝えていた『アルアハラム』紙編集長ムハンマド・ハイカルとも会った。チェはスエズ運河を視察、シナイ半島を越えてパレスティナのガザ地区に行き、「抑圧された人々の偉大な解放者」の称号を受け、さらにシリアの首都ダマスカスを訪れた。

ニューデリーではインド首相ジャワハルラル・ネルー（一八八九〜一九六四）に会った。バンドン会議の別の主役である。だがネルーは世間話しかせず、チェは失望した。チェは海老《えび》料理に舌鼓を打ちながら、ネルーに毛沢東や社会主義中国についてどう思うかと訊いた。老練なネルーは賢明な沈黙で答えた。チェの外交上の未熟さが顕《あらわ》になった。

チェは学生時代、ガンディーの非暴力抵抗主義に賛同していた。だが、この旅先で「ラテンアメリカでは受け身の抵抗は無益だ。積極的な抵抗でなければならない」と仲間に語っている。壮麗な霊堂タージ・マハールを見物し、カルカッタ（コルカタ）も訪れた。ビルマ（現ミャンマー）、タイ、香港と歩を進め、香港では記者に「拳銃よりも吸入器を好む。喘息に取り付かれているときは沈思黙考する」と語った。

広島訪問

チェは一九五九年七月一五日、羽田空港に到着した。藤山愛一郎《ふじやまあいいちろう》外相、池田勇人《いけだはやと》通産相、福田赳夫《ふくだたけお》農林相、東竜太郎《あずまりゅうたろう》東京都知事と表敬会談したほか、キューバが必要としていた重工業製品の製造工場を視察し、商社で商談に臨んだ。チェは砂糖売り込みに熱意を傾け、この外遊で訪日だけは通商第一主義が際立った。米政府は、五月の第一次農地改革で国策会社ユナイテッドフルーツ（UFC）が砂糖農場などを失ったのに怒り、キューバからの砂糖輸入割当量を減らし、将来的には輸入を打ち切るとキューバに通告していた。チェは対日砂糖輸出を増やす火急の任務を帯びていた。日本は代金を外貨で支払い、バーター貿易にした場合にもキューバが欲しくてたまらない機械類を提供できる国だった。チェは、キューバが共産圏に接近する可能性に触れながら盛んに日本政府の気を引こうとしたが、日本は砂糖輸入拡大に応じず、話し合いは物別れに終わった。

ある商社の若い社員だった小松千加弘《こまつちかひろ》（筆名、右京）は七月二四日、スペイン語通訳として応対した。チェは砂糖を売ろうとし、商社側は鉄鋼・機械類の輸出話を持ち掛けた。当時は砂糖を中国に運んだキューバ船が帰りに日本に寄港し玩具《がんぐ》を買っていく程度の交易だったため、商談には意味があった。だが米政府の横槍《よこやり》で商談は途絶えた。小松は著書に、「彼が死んだとき、あの深海のように底知れぬ深みをたたえた瞳《ひとみ》と、砂糖を売る際に示した非常な熱意を思い起こさざるをえなかった」と書いている。

別の商社では紡績工場をキューバに建設する商談がまとまり、工場はオルギン州ヒバラに建設された。工業相となったチェは六一年、「浅沼稲次郎《あさぬまいねじろう》紡績工場」と命名した。前年一〇月一二日暗殺された社会党委員長への追悼の意味が込められていた。

チェは日本政府に、「富士山、大相撲、広島を見たい」と伝えていた。とくに広島への関心が強く、七月二五日、予定されていた千鳥ヶ淵の戦没者墓苑《ぼえん》に行かずに広島へ行った。日本軍によるアジア侵略の史実を認識していたチェが千鳥ヶ淵を避けたかったのは容易に想像できる。チェは原爆ドームを眺め、原爆死没者慰霊碑に献花し、平和記念資料館、原爆病院、広島県知事を訪ねた。広島の印象はチェにとって強烈だった。フィルム四本を費やして広島を写真で記録した。

同行していたオマール・フェルナンデス大尉は、「チェは、この恐るべき現実を見たからには広島と広島の人々を一層愛したいと語った」と話す。接待した広島県職員にチェは、「日本人は、米国にこんな残虐な目に遭わされて怒らないのか」と腹立たしそうに問い掛けた。チェを取材した中国新聞記者林立雄《はやしたつお》は、チェが「なぜ日本は米国に対して原爆投下の責任を問わないのか」と質したのを記憶していた。

当時の駐日キューバ大使はマリオ・アルスガライで、チェに付き添っていた。その息子カルロス・アルスガライ（現ハバナ大学教授）は一六歳のとき、東京でチェに会っている。「〈あの大使の息子が君か〉とチェから言われた。冷たい感じがし、人間的に好きになれなかった」と述懐する。チェは七月二六日、東京でモンカーダ兵営襲撃記念日の式典に出席した。チェらキューバ使節団一行は日本側から夫人用に御木本真珠を贈られた。チェは個人で店に行き、前妻イルダのために同じものを買った。

チェは広島から妻アレイダに絵葉書を送っていた。「広島のような地を訪れると、平和のために断固闘わなければならないと思う」と書かれていた。二人の間の長女で小児科医のアレイダは二〇一一年夏の来日時、東電福島原発事故現場に近い南相馬市を訪れ、広島と長崎の平和式典に出席した。

「工業の再建には目を見張るものがある。だが民族的誇りが失われていると感じた」。これがチェの訪日の印象だった。「米国の力に従属する日本」を感知したのだ。

スカルノとティトー

チェは七月二七日羽田空港からインドネシアに飛ぶ。ジャカルタでは、バンドン会議の議長で「第三世界」という言葉の生みの親であるスカルノ大統領（一九〇一～七〇）に会った。チェは、一夫多妻制を謳歌《おうか》するスカルノを密かに「年老いた好色男」と形容した。

バンドン会議の残る主役は周恩来《しゅうおんらい》首相（一八九八～一九七六）だった。チェが北京に行く機会は香港立ち寄り時とインドネシアに向かう途中と二回あったが、訪中はなかった。考えられる理由としては、六月に中国使節団がキューバを訪問していた事実を挙げることができる。中国は、キューバ在住四万人の華人社会を活動の基盤にすることができた。

次いでチェはシンガポール、セイロン（現スリランカ）を歴訪し、パキスタンではアユブ・カーン大統領（一九〇七～七四）と会った。チェはベオグラードに飛び、ユーゴスラヴィア大統領で非同盟の雄ジョシップ・ブロス・ティトー（一八九二～一九八〇）と会談する。ティトーはスペイン内戦で戦い、スペイン語を話した。「ティトーの人気の凄《すご》さは印象的だ。匹敵するのはエジプトのナセルと我々のフィデルだけだ」。チェは日記に書き込む。

チェはさらにスーダン、イタリア、スペイン、モロッコと動き回って、マドリードからハバナに帰還した。チェにとってとくに印象的だったのは、被爆国日本の工業発展、インドの貧富格差の大きさ、ユーゴスラヴィアの計画経済、セイロンとパキスタンの小規模通商の効用、だった。

プレンサ・ラティーナ

話は戻るが、フィデルは革命勝利直後の一九五九年一月下旬、ベネズエラを訪れた。同月二三日のペレス＝ヒメネス独裁打倒一周年記念日に合わせ、独裁打倒の立役者で暫定大統領を務めたウォルフガング・ララサーバル提督とベネズエラ人に謝意を表すためだった。ララサーバルはフィデルの反乱軍に武器を送って革命を支援した。フィデルはカラカス中心街のシモン・ボリーバル広場で二〇万人の市民を前に四時間演説した。

その聴衆の中にチリの詩人パブロ・ネルーダがいた。翌日ネルーダはキューバ大使館での招待宴に出席し、フィデルと会談する。詩人は、「ラテンアメリカ全体のための通信社の設立について話し合った。プレンサ・ラティーナが生まれたのは、その会話からではないかと思われる」と回想録に記している。

キューバ国営通信社プレンサ・ラティーナ（PL）は五九年六月一六日創設された。フィデルの指揮の下、チェとホルへ＝リカルド・マセッティが中心になって設立した。初代編集局長はマセッティだった。コロンビアから後のノーベル文学賞作家ガブリエル・ガルシア＝マルケス、アルゼンチンからマセッティとロドルフォ・ワルシュ、ホルへ・ティモッシ、ウルグアイからフアン＝カルロス・オネッティ、メキシコから後のセルバンテス賞作家カルロス・フエンテスらが馳せ参じ、キューバ人記者たちとともに健筆を振るった。ラテンアメリカの「新しいジャーナリズム」が燦然《さんぜん》と輝いた歳月だった。PLは、キューバとラテンアメリカの立場を域内および国際社会に伝え続け、創立五六周年を迎え、いまも健在である。

詩人ネルーダは一九六一年一月、PLの招きでキューバを訪れた。その折、中央銀行総裁だったチェに初めて会い、米国による侵攻の可能性や詩について話し合った。ネルーダはそのときのチェを回想録に詳述している。

「午前一時ごろ彼の事務所に行った。彼の服装は銀行の環境には不調和だった。チェは色が浅黒く、話し方がゆっくりしていて、疑う余地のないアルゼンチン訛《なま》りだった。彼は、パンパでマテ茶とマテ茶の間にゆっくりと話し合う相手としてふさわしい男だった。彼の言葉は短かった。そして、まるで空中に注釈を残すかのように微笑して話を終えるのだった。私の詩集『大いなる歌《カント・ヘネラル》』について彼が言ったことが私を喜ばせた。マエストラ山脈では、夜になるとゲリラに、この私の本を読んでやるのが彼の習慣だった。あれからもう何年も経ったが、彼の死に際して私の詩も彼に付き添ったのだと考えると、身震いする。私はこのことをレジス・ドブレ（フランスの知識人）から聞き知ったのだが、ボリビア山中で彼が最後の瞬間まで背嚢《はいのう》の中に入れていたのは二冊の本だけだった。数学の教科書と『大いなる歌』だった」

ネルーダは続ける。「我々は起こりうる北米によるキューバ侵略について話し合った。私はハバナの通りで見ていたのだが、あちこちの作戦拠点に砂嚢《さのう》があった。彼は不意に言った。〈戦争、戦争、我々はいつも戦争に反対している。しかし、ひとたび戦争をしたからには戦争なしには生きることができない。我々は絶えず戦争に戻っていく〉。彼は大声で自省したのだが、それは私のためだった。私は真剣な驚きをもって耳を傾けた。私にとり戦争は脅威であって運命ではない。我々は別れた。二度と会うことはなかった。やがてボリビアで彼の戦闘と悲劇的な死があった。私がチェ・ゲバラのうちに見続けているのは、彼が英雄的な戦いの中にあっても常に武器の傍らに詩のための場所を用意していたあの瞑想《めいそう》の男なのだ」

要人の亡命

チェは革命戦争勝利後、いち早くラウールとともに民兵部隊の組織に取りかかった。反乱軍を革命軍という新しい人民軍に編成する重責も担わされていた。人道犯罪に関与し国外に逃げ損なった旧政府軍の将兵らは粛清され、反乱軍が旧政府軍の上に乗った。この事業は、アステカのピラミッドを破壊し、その上にその石を用いてカトリック教会を築いたスペイン人の所業《しょぎょう》を想起させる。というより、革命体制そのものが、破壊された旧体制の無秩序の上に構築されつつあった。

チェは後に気づくのだが、最初の数ヶ月間にチェらが犯した誤りは、新しい人民軍（革命軍）を古い軍律に組み入れ、古い軍服を着せたことだ。新参の人民社会党（PSP）の戦闘員や政府軍から寝返った兵士を編入する問題もあれば、反乱軍（ゲリラ部隊）を国軍組織に適応させる難しさもあった。チェは一九五九年二月、新しい国軍・革命軍に不可欠な革命思想の教育に着手した。これは反乱軍穏健派や旧政府軍系士官の反感を買った。

その筆頭は、ウベール・マトスとともにコスタ・リカから武器を空輸した空軍操縦士のディアス＝ランスだった。フィデルから反乱軍少佐兼空軍司令官に任命され、フィデルの専用ヘリコプターの操縦も任されていた。だが頑迷な反共主義者で、四月、指導部穏健派の筆頭だったマトスに連携を求め、マトスに拒否された。

ディアス＝ランスは六月末フィデルと激論を交わし、マイアミに亡命する。翌月、米議会公聴会で証言し、革命指導部を糾弾《きゅうだん》した。ディアス＝ランスの言動にキューバ国内の中産層、穏健派市民、反共主義者、残っていた有産層は動揺、出国を急ぐ。去る者は反革命の極印《ごくいん》を押され「蛆虫《グサーノ》」と呼ばれた。ディアス＝ランスはCIAに雇われてキューバ領空に航空機で侵入し宣伝ビラを撒いたり爆撃したりすることになる。

マヌエル・ウルティアー大統領は、フィデルが一九五九年二月首相に就任すると、傀儡化が加速した。ウルティーアはディアス＝ランス亡命に刺激され、「反乱軍内の共産主義者の浸透度」を暴露するため部下に調査を命じた。これが諜報機関Ｇ２を通じてラウールの耳に入り、大統領追い落とし工作が始まる。七月一七日、『レボルシオン』紙は、「フィデルは社会改革に反対するウルティーアによって辞任を余儀なくされた」と伝えた。直ちに動員された大群衆にフィデルは熱狂的に支持されてテレビ演説をぶち、「反乱の陰謀」を指摘する。ウルティーアは辞任し、ベネズエラ大使館に亡命した。

七月二六日はモンカーダ兵営襲撃の六周年、革命体制下では最初の記念日だった。フィデルは、従順なオスバルド・ドルティコース新大統領と、来賓のラサロ・カルデナス元メキシコ大統領とともに、ハバナの市民広場（現革命広場）に集まった五〇万人を前に演壇に立った。フィデルらのメキシコ亡命時代の恩人カルデナスは演説を促され、「革命過程の急進化と共産圏入りとを混同してはならない」と強調した。カルデナスは、キューバが共産圏に入らないようフィデルに忠告したのだった。

当時の大統領政庁はその後、革命博物館になった。聖なるグランマ号は博物館の構内に、兵士たちに厳重に警備されながら展示されている。館内の壁には、メキシコ市の警察拘置所からフィデルらを救出するのに貢献したカルデナスを讃える小さな記念物が目立たないように掲げられている。この展示ぶりは、あの演説が尾を引いていたことを窺わせる。

第一次農地改革

フィデルは一九五九年五月一七日、マエストラ山脈の旧司令部で第一次農地改革法に署名した。貧農層に対する反乱軍の最大の公約が実現したことを際立たせるため、縁《ゆかり》の地で新法を発効させたのだ。一農家に二六ヘクタールの土地が分配され、農民二〇万人が恩恵に与《あずか》った。売買や担保化は禁止された。小作農としてやっていける者を除き、多くの農民は零細化や生産性低下に陥らないよう、農業協同組合の結成を奨励された。

当初の農地改革法案は、農民にまず土地使用権を与え、二年後、生産が増えていれば地権を与えるというものだった。チェは直ちに、「農民の革命意識に疑念を抱いて生産低下を恐れるのは農民を愚弄《ぐろう》するものであり、土地は即時無条件で農民に与えるべきだ」と反駁《はんばく》し、これを押し通した。

農地改革で土地を接収された法人や個人への補償は、税金支払いのため申告されていた地価を基に二〇年満期の債券で支払われた。当時の人口は農村四五%、都市五五%だった。砂糖黍刈り労働者は労働力の一〇%を占め、砂糖生産の三五%はユナイテッドフルーツ社（UFC）など外資が握っていた。外資の所有地も接収された。米政府は、UFCをはじめ米企業が土地を失ったのに怒り、補償方法を拒否した。これにより革命キューバに「対米債務」が生じ、以後、政治的に利用されることになる。

米国はさらに報復措置として、経済封鎖の走りとなる砂糖輸入割当量削減に向かう。チェが訪日中、砂糖の売り込みに熱心だったのは、米国市場を失うのが時間の問題となっていたからだ。農地改革は、革命政権が対米離別・対ソ接近に進む決定的な道標となった。

　少し先を急げば、六二年の砂糖生産は革命前の平均六〇〇万トンを下回る四八〇万トンに落ちた。協同組合構成員の能力不足が明らかになった。

マトス逮捕

　農地改革に強硬に反対したのは製糖会社と、カマグエイ州を中心とする牧畜業者だった。同州の長官だったウベール・マトスは反対派の側に立っていた。ウルティーア失脚後、マトスは反共主義者の代表格と見なされていた。マトスは革命戦争中、反乱軍司令の中で最大の軍功を収めた人物として尊敬され、誰もが一目置く存在だった。フィデルやチェと知的応酬のできる数少ない論客でもあった。

　マトスの記述によると、フィデルはマトスに「ラウール、チェ、カミーロの兄オスマニ・シエンフエゴスがマルクス主義になびいている」と指摘した。マトスとカミーロは共産主義反対で一致していた。マトスはチェを「国際共産主義の代表」と見なし、ラウールを「共産主義の代弁者」と見ていた。

　マトスは一九五九年六月カマグエイで、共産主義者への批判をにおわせる演説をぶった。これが『レボルシオン』紙に報じられ、マトスはハバナでフィデル、ラウール、チェと会合し、カストロ兄弟から査問された。チェは無言だった。マトスを必要な人材として体制内に取り込み続けたいフィデルはカマグエイでマトスと会合したが、無意味だと悟っていたチェは参加しなかった。

八月、ドミニカ共和国に亡命していたバティスタ派ゲリラ部隊が、同国のトゥルヒーヨ独裁政権に支援されて、キューバ島カリブ海岸のトゥリニダー市に空路侵入した。農地改革に怒る畜産業者、CIAなどが結託していたとされる。G2は情報を察知、反乱軍部隊が飛行場に待ち構え、侵入部隊を制圧、航空機を武器とともに押収した。フィデルは地域一帯に非常事態を発動し、反革命への敵意を意図的に醸成《じょうせい》した。

ラウールが一〇月半ば、反乱軍から発展した革命軍（FAR《ファル》）を統括する革命軍相（国防相）に就任すると、マトスは一〇月一九日フィデルに書簡を送り、「革命政権に共産主義者が浸透している」と指摘、州長官辞任の意志を伝えた。同時に革命軍参謀長カミーロ・シエンフエゴスに退役許可を申し入れた。

マトスはその書簡に、「偉大な人物も公正でなくなれば矮小《わいしょう》化する」とフィデルを暗に批判した。フィデルは激怒し、カミーロにマトス逮捕を命じた。マトスは、カミーロがカマグエイの兵営でマトスの部隊に殺されるのをカストロ兄弟は想定し、その責任でマトスを処刑するつもりだとにらんでいた。カストロ兄弟は人気絶大のカミーロに嫉妬し、マトスの有能さを恐れて、この二人を一挙に葬ろうと画策している、とマトスは深読みしていたのだ。マトスは「陰謀」を避けるため自宅にカミーロを招き、カミーロは任務としてやむなくマトスを逮捕した。五九年一〇月二一日のことだった。

この日ディアス゠ランスはフロリダ半島からB26爆撃機でハバナ上空に侵入し、「共産主義者を追放せよ」と書かれたビラを撒いた。チェの部隊はラ・カバーニャ要塞から高射砲を発射したが、命中せず、市民に死傷者が出た。チェは、その落ち度を認めた。マトスは、チェの要塞の北側にあるエル・モロ要塞に拘禁された。

カミーロの最期

革命軍参謀長カミーロ・シエンフエゴスが小型機に搭乗したまま行方不明になった。一九五九年一〇月二八日午後のことだった。政府は三〇日、その事実を公表した。マトスの記述によると、カミーロは二七日、裁判を待たずに逃亡するようマトスに伝言していた。その後カミーロはサンティアゴに出張し、帰途、給油のためカマグエイに立ち寄った。そこからハバナに向かう途中、大西洋上空かメキシコ湾上空で機体ごと行方不明となったとされる。軽飛行機の残骸《ざんがい》や油は一切見つからなかった。

カミーロが飛行していた時間帯にキューバ軍機が「フロリダ半島からの侵入機」を撃墜した事実があり、カミーロの搭乗機が「誤認」され撃墜された可能性も残されている。マトスは当時の状況から、カストロ兄弟がカミーロを暗殺した可能性を指摘した。

チェは革命で得た最大の親友を失った。カミーロは、スペイン内戦を戦った無政府主義《アナルコ》労働組合主義《サンディカリスム》のスペイン人亡命者の両親のもと、一九三二年にハバナで生まれた。家庭は貧しく、二〇歳で反バティスタ闘争に参加、翌年、米国に出稼ぎに行った。米国で反バティスタ闘争を続けたため五五年サンフランシスコで米当局に逮捕され、メキシコに追放された。キューバに戻るも迫害され、五六年九月メキシコ市でフィデルと接触、グランマ号遠征に参加した。明朗快活な美男子で庶民の心をつかみ、女・酒・歌の「甘い生活」を好んだ。

チェは『ゲリラ戦争』の冒頭に「カミーロ・シエンフエゴスへの献辞」を掲げ、「繰り返すが、この解放戦争でカミーロほどの戦士はいなかった。完璧な革命家で人民だった。倦怠《けんたい》や落胆の影が彼の脳裡をかすめたことは一度もない」と讃えた。フィデルはカミーロの向こう見ずな勇気と軍事能力は買っていたが、政治能力は評価していなかった。

革命政府は一〇月二八日をカミーロの命日と定め、毎年追悼する。その中心は、全国の海岸で児童生徒が花を海に投げ込む行事である。没後五〇周年の二〇〇九年、革命広場に面した通信省の正面に巨大なカミーロの鉄枠の肖像が取り付けられた。夜はネオンで浮かび上がる。以前から内務省正面に掲げられているチェの肖像と対をなしている。革命の親友同士は、このような形で再会を果たした。カミーロは、やや衰え気味のチェの「神通力」にエネルギーを注ぎ込む役割を担わされているかに見える。

巌窟王マトス

マトスの軍事裁判は一九五九年一二月一一日、コルンビア基地内の劇場を法廷として始まり、五日間続いた。マトスは、「革命戦争の末期から共産党が反乱軍に浸透し始めた」と証言した。フィデルは三日目に出廷したラウールに続き四日目に登場し、マイクを首から提げ傍聴席に向かって七時間も演説、マトスを徹底的に扱《こ》き下ろした。この「証言」の長さは、マトスに反共主義以外に罪状がなかったことを物語る。この軍事裁判は、反共主義を反革命主義に一致させ重罪とした重大な裁判だった。

革命憲法は六月二九日の修正で、破壊活動は死刑、反革命罪は禁錮二〇年と定めていた。マトスは禁錮二〇年を言い渡された。マトスは判決後の声明で、「フィデルよ、君はいま自らの事業を自分の手で破壊している。君もいずれは歴史に裁かれるときが来る」と告げた。

マトスはフィデルの革命に共感して戦い、結局は幻滅した英雄だった。革命を支持した反共主義者やリベラル派にとって革命の理想はマトス裁判で潰《つい》えてしまい、「七月二六日運動」やゲリラ革命のロマンも色褪《いろあ》せた。だがカストロ兄弟にとってマトスの排除は絶対的に重要だった。発足したばかりの革命軍が一枚岩でなければ、内外の反革命の策謀に対抗することなど不可能だったからだ。

マトスは、逮捕された日から丸二〇年間刑期を勤め、「カストロ体制下の巌窟王《がんくつおう》」になった。ラ・カバーニャ要塞の獄中で、かつてこの要塞の主だったチェがボリビアで処刑されたのを知り、「ボリビアでの冒険は、ソ連に反対していたチェなりの身の処し方だった」と記した。マトスは七九年に刑期を終えるとコスタ・リカに出国、次いでマイアミに移住した。

二〇〇二年に自伝『夜はいかにして訪れたか』を出版、〇三年ブエノスアイレスで同書刊行について記者会見し、持論を展開した。

「フィデルはチェを酷使した。ソ連の援助が不可欠になるや、反ソ傾向のあったチェを切り離さねばならなかった。だからボリビアに行った。悲しいのは、見捨てられたのをチェが感知していたことだ。チェが犠牲になるや、フィデルはチェを宣伝に使った。思想の隔たりはあったが、チェとは友人だった。チェは優れたゲリラではなく、平凡なゲリラだった。チェは冒険好きで勇気があった。活躍できる場を求めていた。チェはキューバ革命の象徴というよりも犠牲者だ」

マトスは、革命政権の書いた正史から抹殺された。ハバナ入城時にカミーロとともにフィデルを挟んでいる有名な写真からマトスの姿は消された。フィデルが二〇一〇年に出したキューバ革命の戦略論にはマトスが要所要所で登場するが、これはマトスなしには戦略と戦術が成り立たなかった事実を示唆する。マトスの著書の表紙は、まさにフィデル、カミーロと並んでのハバナ入城の写真である。往時の真相と真実を証言したかったマトスの執念が、自らの姿を復活させたのだ。

要職歴任

チェは一九五九年九月三〇日、国家革命警察の警察学校で訓辞した。「人民の声の伝達者であれ。人民意思に奉仕せよ。強権への誘惑を超えて人民への情報提供者になることだ。誰かを要注意人物にしたり、異論を述べたがゆえに罰したりするのでなく、人民が何を考え望んでいるかを知るための観察者になれ」。八月末には農民民兵部隊が発足、一〇月に国家革命民兵隊に発展した。チェは、その観閲式で「我々は〈第二のグアテマラ〉にはならない」と決意を新たにした。

新しい国軍として革命軍もできた。チェは革命戦争勝利から一〇ヶ月間、危険人物の処刑、ラテンアメリカからの左翼人材登用、人民社会党（ＰＳＰ）との連携強化、革命軍、革命警察、諜報機関Ｇ２、民兵部隊の創設、ラテンアメリカ諸国の革命支援、『ゲリラ戦争』執筆、長期外遊と、激烈な日々を送った。その間、イルダと離婚し、アレイダと再婚した。マトスが、フィデルはチェを酷使したと批判するのも頷《うなず》けるだろう。

チェは一〇月七日、経済建設を司《つかさど》る農地改革庁（ＩＮＲＡ《インラ》）の工業局長に就任した。首相フィデルを初代長官として六月初め発足したＩＮＲＡは実権を握る「真の政府」だった。工業局の傘下には四一の国営中小企業と労働者二万人がいた。

六〇年三月、ソ連の中央計画委員会《ゴスプラン》にならって中央計画会議《フセプラン》が設立されるが、ＩＮＲＡは、その中枢を担うことになる。第二代長官はＣＲ・ロドリゲスで、六二年から六五年まで務めた。INRAの仕事は農地改革を進めながら、国有化された工場や産業の活動調整を図ることだった。ソ連、チェコスロヴァキア、チリなどから専門家が派遣され、協力していた。

あるとき、農地改革に伴う賠償問題が議論された。フィデルは「我が方が決める賠償額を公債で払う」と言った。するとチェは、「フィデル、奴らの言い値で払ってもいい。どうせ公債は無価値になるからね」と応じた。一二月初め、農民に土地配分証書が手渡された。「本日、大土地所有制度の死亡証明書に署名した。治療を手伝った患者の死亡証明書にこれほどの誇りと満足をもって署名したことはない」。チェは記した。農地改革は、バティスタ時代までの経済構造や米国の利益を破壊、新しい農業の基盤となる。

INRAになぜ工業局が設けられていたのか。ロシア革命は、世界最大規模の農業国ソ連を短期間で工業大国に変えた。チェもフィデルも、この「ロシア革命の功績」に魅せられていた。チェは、米政府から砂糖割り当て輸入枠の増減を通じ揺さぶられていた経済の対米従属から抜け出すには、農業多角化と並行する工業化が不可欠と信じていた。

チェ同様に経済が素人のフィデルは思い付きによる朝令暮改《ちょうれいぼかい》がひどく、生産現場は絶えず混乱していた。この傾向は計画経済の導入後も続いた。工業化責任者の職務をあえて引き受けたチェの当初の目標は、生産、消費、輸出市場、輸入資源を増やすことだった。当時、人口六〇〇万人のキューバには七〇万人の失業者がいて、その家族を含めると人口の半分に購買力がなかった。そんな社会に工業化は可能だろうか。この点に気づいていたチェは、農地改革で農民の生活水準を向上させるのが先決と考えていた。

　チェは一九五九年一一月下旬、国立銀行（BNC＝中央銀行）の総裁に任命された。工業局長に就任して二ヶ月も経たないチェを閣僚級の中銀総裁に抜擢《ばってき》しなければならないほど人材は不足していた。チェは毎朝、経済学の本を読み勉強していた。革命戦争勝利から小一年経ち、フィデルもチェも、社会主義経済の建設にも資本主義経済建設と同じくらい人材が必要なことに気づきつつあった。チェが最初に打った手は、枯渇状態の外貨を減らさないことと、米政府による資産接収に備えて在米銀行預金をスイスとカナダの銀行に移し替えることだった。これにより実際、資産接収をかなり免れることになる。

　チェは両親への手紙に、「キューバはアメリカ大陸の決定的な瞬間を生きています」と書いた。権力欲のないチェは重責を担えば担うほど遠心力が働き、キューバを離れて南米革命に赴《おもむ》きたい衝動に駆られる。フィデルは、チェのそんな力学を知っていた。だから安心してチェを要職に就けることが可能だった。

第5章

ヒロン浜の勝利

写真家アルベルト・コルダが捉えた一瞬の表情.
チェ神話の象徴となった
(1960年3月5日, Ullstein Bild/アフロ)

反革命政策

米国は第一次農地改革で米企業の所有地が接収され、打撃を受けた。革命政府が一九五九年一〇月、ニッケル鉱山など米国の鉱業利権を接収し始めると、アイゼンハワー政権はCIAに対し、キューバへの海空からの破壊活動、キューバ国内の反革命勢力への支援、カストロ体制打倒工作、フィデル暗殺計画を承認した。ディアス＝ランスらが操縦する飛行機が製糖工場を爆撃したり砂糖黍畑にナパーム弾を放ったりする破壊活動が頻発する。

五九年末、キューバには三〇もの反革命地下組織があり、みなマイアミの支援組織とつながっていた。フィデルは、「七月二六日運動」の平地組が革命戦争中、五〇〇〇回もの破壊活動を実行したのを想起しつつ、反革命実動組織が国内に根を張るのを恐れていた。

フィデルはまた、ヴァティカン配下にあるカトリック教会と信者組織を警戒していた。キューバ人の大部分がカトリックと見なされていた同年末、北京で印刷された「カトリック教会とキューバ」と題する文書には「ローマカトリック教会は中華人民共和国における反革命の源泉」と記されていた。これがキューバの政府機関に配布された。教会周辺では信者と警官隊の流血の衝突が続き、スペイン人ら外国人司祭の多くは国外に追放された。

キューバ中央労連（CTC）もカトリック信者の幹部を追放した。CTCは五九年九月、国際自由労連傘下の米州地域労働機構（ORIT）を離れ、共産党系世界労連傘下のラテンアメリカ新労連の結成提案を決議した。

ミコヤン来訪

「赤い商人」の異名をとっていたソ連副首相アナスタス・ミコヤンが一九六〇年二月四日、革命政権の招きでキューバを訪問し、一〇日間滞在した。チェはフィデルに同伴し、ミコヤンの全日程に付き合った。ミコヤン来訪の成果は、一億ドルの借款供与、砂糖買い付け、武器売り渡しを柱とする経済協力協定の調印だった。砂糖買い付けは、初年度五〇万トン、二年目から四年間は毎年一〇〇万トンの計四五〇万トン。ソ連は代金を原油など現物で支払い、五年目から現金で払う。アイゼンハワー政権が七月初め、その年の砂糖割り当て七〇万トンの枠を廃止すると、ソ連は直ちに、その分をそっくり買うと表明した。

チェは、「輸入割当制度は植民地主義の象徴だ。米国による砂糖輸入打ち切りは早ければ早いほどよい」と平然と構えていた。国連外交でのソ連との協力も決まる。ミコヤン訪問は両国関係の転機となった。キューバのソ連接近を力学的に促したのは米国だったが、フィデルに共産圏接近を警告したカルデナスの懸念は的外れではなかった。

モスクワに戻ったミコヤンは、「あのだらしない人民社会党（PSP）の連中は、普通のキューバ人に出し抜かれてしまった」と、同党がフィデルに従わされている状況をフルシチョフに伝えた。ミコヤンには、一〇〇人を超える元スペイン共産党員が同道していた。スペイン内戦後ソ連に亡命した人々で、スペイン語要員としてソ連の対外政策に関与していた。彼らはキューバに残り、経済、行政、情報宣伝などの指導に当たった。

赤軍の将軍としてスペイン内戦を戦ったエンリケ・リステルは、革命体制を居住地域《ブロック》ごとに守る「革命防衛委員会」（CDR《セデエレ》）を全国に張り巡らすのを指導した後、マエストラ山脈に展開する革命軍山岳部隊の司令官となった。山岳部隊は反乱軍の形態を発展させたもので、反革命勢力がキューバの山岳地帯に立てこもった場合に出動する任務を帯びていた。ラテンアメリカ諸国の共産ゲリラにゲリラ戦の訓練を施すのも、山岳部隊の任務だった。

運命の写真

フィデルは、ナポレオンが革命暦（共和暦）で各月に名前をつけたのにならって「革命年」を毎年定めていた。一九五九年は「解放の年」、六〇年は「農地改革の年」とそれぞれ命名された。中央銀行総裁のチェは年明け早々、ペソ新通貨への切り換えと銀行国有化計画を練っていた。一億二七〇〇万ドルに達した五九年の貿易赤字の補塡《ほてん》も頭痛の種だった。

米政府は「農地改革の年」を、本格的なキューバ革命破壊の年にしようと画策していた。国家安全保障会議（NSC）は農地改革実施を受けて、CIA長官アレン・ダレスにカストロ体制打倒計画の立案を要請した。ダレスは既成のニクソン案も容れて六〇年初め、傭兵《ようへい》部隊による侵攻作戦を策定、アイゼンハワーは三月同意した。傭兵部隊をグアテマラに侵入させアルベンス政権を倒した五四年の作戦の再現をキューバで試みようというのだ。

ＣＩＡの破壊活動が激化していた六〇年三月四日、ハバナ港で大惨事が発生した。フィデルが前年一月八日発注を命じた武器の一部であるベルギー製武器七六トンを積んで入港したフランス貨物船クーブル号の荷揚げ作業のさなかに爆発が起きたのだ。救急活動が開始されるや、さらなる爆発が起きた。確認されただけで八一人が死亡、二〇〇人が負傷した。証拠はないが、この事件がＣＩＡの犯行であるのを疑う余地はなかった。

チェは国立銀行に向かう途中で爆発音を聞き、現場に急行、負傷者に応急手当てを施した。翌日コロン墓地の近くで合同葬儀が挙行された。フィデルは弔辞で「祖国か死か《パトゥリア・オ・ムエルテ》」のスローガンを初めて唱えた。以後、フィデルが演説の締めくくりに「祖国か死か」と言えば、群衆は「勝利するのだ《ベンセレーモス》」と叫んで応えるようになる。

葬儀に参列したチェは、米国との対決を覚悟するかのように決然たる表情で眼差しを遠い彼方に向けた。写真家アルベルト・コルダ（一九二八〜二〇〇一）は、その瞬間を逃さなかった。この写真によって、若く凛々《りり》しい三一歳のチェは永遠の革命家になった。一枚の顔写真が一人の人物をこれほど印象深く捉えるのは稀だろう。その写真が半世紀の長きにわたって世界中の人々の心に刻まれ続けてきたとなれば、他に類例がないだろう。まさに、運命の写真だった。

コルダはバティスタ時代には流行の服装と広告を撮っていた。その多くは米国の雑誌に掲載されていた。元は反共主義者だったが革命後、「馬《カバージョ》」に惚れ込んで革命派に転じ、せっせと「馬」の写真を撮っていた。「馬」とはフィデルの渾名である。ラウールは「子馬《カバジート》」だった。チェを永遠の革命家として歴史に焼き付けたこの一枚の写真は、フィデルが「社会主義革命」を宣言した六一年四月一六日、初めて『レボルシオン』紙に掲載される。コルダは、この一枚で「チェ・ゲバラ」という神話をつくり、自らも永遠の写真家となった。

サルトルの印象

チェは一九六〇年二月から小型機を操縦して国内を飛び回るようになった。操縦しながら、フランスの小説家で飛行士だったサンテクジュペリを思い浮かべていた。グランマ号上陸地点からマエストラ山脈、そこからエスカンブライ山脈、サンタクラーラと、革命戦争で自分が辿った道の上空を飛んで楽しむこともあった。

そんなころ、フランスの哲学者ジャン＝ポール・サルトル（一九〇五〜八〇）と、その同伴者シモーヌ・ドゥ・ボーヴォワール（一九〇八〜八六）が革命政府の招きで二月下旬から三月半ばまで三週間半キューバを訪れた。二人はクーブル号事件犠牲者の葬儀に参列した。ハバナ旧市街では、事件を受けて市民が武器購入資金を集める募金運動を展開していた。ボーヴォワールは、「私たちは人生で初めて、暴力によって獲得された幸福を目撃した」と記した。フィデルは経済建設の現場に夫妻を案内した。

二人はチェ、ラウール、映画人アルフレド・ゲバラ、教育相アルマンド・ハルト、詩人ニコラース・ギジェンにも会った。夫妻は三月のある日の未明、中銀総裁室にチェを訪ねた。サルトルはパリに戻ると、『フランスソワール』紙に「砂糖の上の嵐」という一六回続きのルポルタージュを書き、その年『サルトルのキューバ訪問記』を著した。

「扉が開き、シモーヌと私は入室した。ベレーを被った反乱軍将校が私を待っていた。衛兵たちと同じように髭を蓄え長髪だった。だが顔は輝き優美だった。まさしくゲバラだった。確かなのは彼が前日早朝から働き、昼食と夜食を事務所でとり、訪問者たちを迎え、私の後にも面会を待つ人々がいたことだ。私の背後で扉が閉まる音を聞いたとき、私は溜まっていた疲れを忘れ、時間の感覚を失った」

チェはフランス語を流暢に話した。

「存在が無と対抗することで自らを確立するように、キューバ革命は米国の侵略に対抗することで自らを確立した。米国が存在しなかったら、キューバ革命はおそらく米国を発明しただろう。この革命に清新さと独自性を維持させているのは米国だ」

チェは放浪中に読んでいたサルトルの著書『存在と無』の題名を実存主義の用語として上手に使いながら語った。これがサルトルに新鮮な印象を与えた。サルトルは沈思黙考しながら葉巻をくわえた。チェがすかさず火をつける。その場面を含め、サルトル夫妻とチェが深夜に交わした対話の様子はコルダが写真に収めている。

サルトルは著書に、「ゲバラ司令官は大変な文化人で、彼の言葉一つ一つの背後に黄金の蓄えがあるのを察知するのに時間は要らない」と記す。だが「社会科学を学んだ若い医師の一般知識と、国立銀行総裁に欠かせない正確で技術的な知識の間には計り知れない深淵《しんえん》が横たわっている」と続け、専門職であるべき中銀総裁がチェにとって容易な職務でないことを指摘した。チェは、「フィデルは私よりも完璧な頭脳をもっている。私ぐらい理解し合える者を見つけるのは彼にとって難しいと思う」とも語った。サルトルはチェを、「今世紀で最も完璧な人間」と評した。

ボーヴォワールは「七月二六日運動」について、「革命の基盤になった党だが、プチブル的で、政権獲得後の急進的な革命政策についていけない分子は落後していった」と分析した。サルトルは六〇年七月、キューバの『ボエミア』誌が国営化されたとき、「革命反対者に発言権はない。革命支持者が意見を自由に言えるかどうかに言論の自由は始まる。私が知りたいのはそれだ」と鋭い意見を吐いた。

サルトル夫妻は六〇年一〇月後半、再び招かれて、キューバを訪れた。チェは、「やって来た二人は以前ほど感激しなかった」と書いている。ボーヴォワールは記す。「ハバナは変わってしまっていた。ナイトクラブもカジノも、何もかもなくなっていた。米国人観光客もいなかった。部屋が半分しか埋まっていないナシオナルホテルでは、若い男女の民兵が会合していた。街頭の至る所で民兵が軍事訓練を実施していた。侵略の噂で緊張していた。明らかに抑圧的で画一的な空気がキューバ人の生活に浸透していた」

夫妻が、労働者たちに製糖工場が閉鎖された後、革命からどのような恩恵を受けて暮らしているのかと問うと、労組指導者が突然前に出て、政府のドグマをオウムのように繰り返し始めたという。夫妻は七一年、キューバで詩人エベルト・パディージャをめぐる言論弾圧事件が起きると、フィデルと決裂することになる。

ストーンの観察

米国人ジャーナリストで作家のＩＦ・ストーン（一九〇七～八九）は、サルトル夫妻が最初に訪れた時期にキューバを訪問していた。死後、英誌『ニューステイツマン』に「チェ・ゲバラの精神」と題したストーンの回想記が掲載された。興味深い部分を紹介する。

「チェは、単に男前というだけでなく美しいと私が感じた最初の男だった。縮れた赤っぽい髭の彼は、林野牧畜の神ファウヌスと、日曜学校で配られるキリストの複製画の交じり合ったような風貌だった。私を最も驚かせたのは、彼が突然手にした権力によって変わりもせず腐敗もせず中毒にも罹っていない事実だった。彼の発言には共産主義の陳腐な言葉はなかった。米国人記者が感じ取るべきは、彼の抱く深い対米不信だろう。その理由はいろいろあるが、彼は、米国を西半球（米州）での競争相手と見なしているアルゼンチンの市民なのだ」

「チェは癒やされたいという気持を醸し、人はチェに苦しむ者への同情を感じ取るだろう。

彼の政治的関心はメキシコからアルゼンチンまでのアメリカ（ラテンアメリカ）にあった。我々米国人が自国を指して〈アメリカ〉と言うときに忘れているアメリカだ。チェはカストロ体制について〈我々はカリブ海のティトーになろうとしている。米国はティトーと折り合いをつけた。我々とも徐々に折り合えるようになるはずだ〉と言った」

メキシコ人も中米人もカリブ海域人も南米人もみな、アメリカ人である。彼らは、米国が勝手に「アメリカ」を国名に被せ、大陸全体の名称を独り占めにしたことを不快に思っている。ストーンのように、この点に気づく米国人は極めて稀だ。ラテンアメリカ人は通常、米国を「ノルテアメリカ」（北米）と呼ぶ。左翼知識人は「USAMERICA《ウサメリカ》」と呼ぶのを好む。チェが、ティトーのユーゴスラヴィアのようになって対米関係に折り合いをつけたいと言ったのは興味深い。

ストーンは、一九六一年四月のヒロン浜《プラヤ・ヒロン》侵攻事件の数週間前にキューバを再訪した。回想記には、二度目の訪問についても記されている。

「チェはもはやティトーを口にしなかった。彼が最も印象づけられていたのは、北朝鮮の再建とその工業製品の質だった。チェはおそらく、米軍の爆撃と侵入によってもたらされた廃虚から再起した小国北朝鮮にキューバの運命を見ていたのだろう」

さらに、チェがキューバを去ったことについて、的を射た指摘をしている。

「私は驚かなかった。彼は常に革命家だった。彼の味覚にとって、キューバさえも味気なくなっていたのだろう。革命は権力を握ったことで（道徳的な）罪に陥ったのだろう。無垢《むく》な価値が徐々に荒廃していったことにチェは我慢がならなかった、と容易に想像できる。彼はキューバ人でなかったため、ラテンアメリカの中で一国だけ米帝国主義から解放されたことに満足できなかった。彼は大陸規模で考えていた」

「クーバ・シ、ヤンキース・ノ」

一九六〇年四月、米国務省米州担当国務次官補レスター・マロリーは、「キューバ国内の革命体制支持をなくす唯一の手段は経済困難によって幻滅、落胆を醸すことだ。資金と物資の供給を阻止すれば、実質賃金は減り、飢餓、絶望、政権打倒を招くことができる」と言った。これが経済封鎖戦略の精神だった。米国は五九年八月からキューバに対し融資停止、部分的禁輸、砂糖輸入段階的縮小など経済封鎖を発動していた。同年一〇月、CIAに製糖工場や砂糖黍畑を破壊させたのは、砂糖輸入全面禁止が近いことを示唆していた。米政府は経済封鎖、破壊・テロ活動、軍事侵攻でカストロ体制を倒そうと謀っていた。

課報機関G2の諜報員は亡命者や経済難民とともに米国に入り込み、マイアミをはじめ各地から情報を本国に送っていた。フィデルは六〇年のメイデー演説で、CIAの侵攻部隊はグアテマラから発進すると予測した。革命広場を埋めた大群衆は「クーバ・シ、ヤンキース・ノ」と叫んだ。その合唱はしばしば続いた。コロンビア人シンガー・ソングライター、アレハンドロ・ゴメス＝ロアは「クーバ・シ、ヤンキース・ノ」の歌を作って歌っていた。フィデルの招きでハバナを訪れたアレハンドロは大群衆の前で歌った。カリブ調の軽快な歌はラテンアメリカ中で大ヒットし、題名は合言葉のようになって定着する。フィデルの指摘通り、グアテマラ政府は五月末、国内に侵攻準備基地を設営する許可を米国に与えた。

キューバは一九六〇年五月八日、対ソ国交復活に踏み切った。米国との対決が不可避となりつつあったからだ。六月には原油供給協定に調印する。ソ連はあり余る原油の捌《さば》き先を探していた。ソ連原油は従来のベネズエラ原油に取って代わった。

フィデルは七月二六日のモンカーダ兵営襲撃記念日の演説で、「アンデス山脈を南米のマエストラ山脈にする」と公言した。フィデルは、革命勝利直後からパナマ、ニカラグア、ハイチ、ドミニカ共和国などでゲリラを支援していた。

ハバナで八月、第一回ラテンアメリカ青年会議が開かれた。キューバ革命路線を継承する若者を育成するのが会議の目的だった。チェは、役員として参加した元グアテマラ大統領ハコボ・アルベンスに会い、「キューバはグアテマラの二の舞を演じない。革命を守るために戦う」と伝えた。戦わずに亡命したアルベンスは耳が痛かったことだろう。だがチェは会議での演説で「キューバ革命はマルクス主義的だ」と指摘した後、「ハコボ・アルベンスに特別の挨拶を送る。反帝国主義を恐れずに表明したラテンアメリカ最初の大統領であり、農地改革で農民に希望を与えた。私はいまもアルベンス政権を称讃している」と持ち上げ、大喝采を浴びた。チェのこの評価は、キューバ革命の地下茎が「グアテマラの春」からも栄養を吸収した歴史的事実を示唆している。

米国の侵攻計画

ソ連から一九六〇年六月、最初の原油が届いた。だがテキサコ、シェル、エッソの米製油三社は米政府の意向を受け、ソ連原油の精製を拒否した。革命政府は八月、この三社と、米資本の製糖工場、電力会社、電話会社を国有化した。農地改革およびニッケル産業と製油所の国有化は、米政権にキューバ侵攻を決定させるのに十分な条件となった。

アイゼンハワー大統領は、大統領選挙を戦っていたケネディ、ニクソン両候補に侵攻準備開始を伝え、その年秋の大統領選挙でいずれの候補が勝っても侵攻計画を実施するよう約束させた。ケネディはこの超党派の国策に縛られ、ヒロン浜侵攻決行を余儀なくされることになる。選挙戦で保守派の支持も必要としていたケネディは、「亡命者で構成する遠征軍を送り、キューバにできた共産主義の飛び地を消滅させる」と公約した。侵攻計画立案に携わったニクソンはこの問題では多くを語らなかった。もしニクソンが当選していたらヒロン浜侵攻は米軍介入につながり、カストロ体制は押しつぶされていただろう。

事態は深刻化していた。チェは「革命的医師」を育てるため、保健省に医師訓練講座を設けた。侵攻作戦があれば、医師たちは前線で負傷者を敵味方の区別なく手当てしなければならない。また「革命的医師」はゲリラ戦の戦場に行く。革命軍相ラウールは七月訪ソして軍事援助を確保し、部隊再編、訓練、ゲリラ戦訓練への支援の約束を得た。フルシチョフは「ロケットを配備してでもキューバを守る」とラウールに告げたが、これがまんざら豪語や冗談でなかったことが二年後に明らかになる。

八月から一〇月にかけて計二万二〇〇〇トンの武器がソ連圏から到着する。革命軍の戦闘能力は向上する。チェは、「キューバは史上最大の軍事力によって守られている」と喜んだ。

アジアではソ連が一九六〇年七月、対中援助を打ち切り、中ソ紛争が始まった。その中国は九月、キューバと国交を樹立する。中ソは対立しつつ、キューバに対してはともに接近策をとっていた。やがて中ソ紛争は対決に発展、東西冷戦の狭間で生まれた革命キューバは中ソ冷戦の狭間にも身を置かざるをえなくなり、ソ連に傾斜していく。どちらか一方との関係強化を迫られたことはキューバには不幸なことだった。

第一次ハバナ宣言

そのころ米国人社会学者C・ライト・ミルズ（一九一六〜六二）は著書でキューバについて、「新しい人間の形成と経済建設を優先すべきであり、人格者で広い視野のある人間が将来、望ましい制度を選択すべきだ」と指摘した。つまり、フィデルの存在があまりにも大きいがゆえに民主的な制度化が進まず、それが発展を阻害している、と見ていたのだ。ライト・ミルズが「新しい人間」という概念を一九六〇年代初めの段階で記していたのは興味深い。チェが後に「新しい人間」を打ち出すための素材になりえたわけである。

ライト・ミルズはさらに米玖（キューバ）関係の本質をえぐる。「米国はキューバを東西冷戦や共産圏の枠組みでなく、空腹の貧しい国、世界に拡がる広大な貧しい空腹地域の一部として捉えるべきだ。その原因の大きな一部が米国であることにも気づくべきだ。ソ連はキューバの空腹に気づいて対応しており、中国も早晩そうするだろう。米国は無知であるがゆえに、不必要な疎遠や敵をつくっている」

米国はライト・ミルズの懸念通り八月、コスタ・リカの首都サンホセで米州諸国機構（OEA）の外相会議を主導し、米州域外からの干渉を拒否するモンロー教義を基に「中ソのキューバ支援は米州への干渉だ」と非難、キューバをラテンアメリカで孤立させカストロ体制の打倒を目指す「サンホセ宣言」を採択させた。キューバのラウール・ロア外相は、米国の政策と宣言を精いっぱい糾弾した。米国はラテンアメリカの一国を軍事攻撃する場合、OEAを使って多数派工作するのを常としていた。

これに対しフィデルは一九六〇年九月二日、革命広場で第一回人民会議を開き、一九五二年締結の玖米相互防衛条約を破棄すると表明、キューバが侵略されたらソ連のミサイル援護を受けると言ってのけ、さらにこの日、台湾と断交し中国と国交を樹立すると発表した（樹立は九月二八日）。そして「第一次ハバナ宣言」を採択した。それはラテンアメリカ解放宣言と呼ぶべきもので、同地域の革命運動を封じ込めようと狙う「サンホセ宣言」に真っ向から挑戦し、共通の運命をもつ地域の解放のため戦う決意を米国に叩きつけた。

起草したのはチェだった。チェは自分の革命家としての進路を宣言に盛り込んでいた。この時点でチェは、「我々の革命はマルクス主義革命だ。カストロ主義的方法でマルクスが志向した道を見出した」と語っている。

チェは、次いで革命軍機関誌『ベルデオリーボ』(オリーブの緑、チェが反乱軍機関誌として五九年四月創刊)一〇月号に「キューバ革命のイデオロギー研究のための所見」という論文を載せ、「我々革命家は闘争しつつ、マルクスが予見した法則を成就させるだけだ」と強調した。この文章は、マルクス主義者チェとしての最初の宣言となった。

九月定例の国連総会の主役はフィデルだった。四時間二九分にわたって演説し、「略奪と戦争の哲学よ、消滅せよ」と訴えた。フィデルは、この総会の場でソ連首相フルシチョフと抱擁を交わした。フルシチョフは、「フィデルは共産主義者ではない。だが米国の圧力のお陰でそうなるに違いない」と言った。

進行しつつあった経済封鎖と「サンホセ宣言」は、米国による絶縁と侵攻が迫りつつあることを告げていた。だがキューバにはソ連陣営からの確かな援助と、それを補完する中国の援助があった。フィデルはもはや躊躇《ちゅうちょ》しなかった。革命政府は六〇年一〇月、全銀行、キューバ企業三八二社、残っていた米企業全部を国有化した。米政府は、食糧と医薬品以外の全品目の対玖輸出を禁止した。ボンサル大使は召還され、帰任することはなかった。

革命政府は同月、都市部の住宅事情改善のため都市改革法を施行した。このころ町から鶏卵がなくなっていた。体制揺さぶり工作の可能性があり、指導部にとって不吉な予兆だった。

G2からは、グアテマラで侵攻部隊の拠点が建設されつつあるとの情報が入っていた。

新札への署名

チェは中央銀行総裁として、チェコスロヴァキアで印刷されたペソの新紙幣に「チェ」と署名した。「金《かね》は真正な価値ではない」との信念を表すのに「チェ」という人を食ったような署名はふさわしかった。チェは、金銭を尊ぶ貪欲《どんよく》な人間精神に対し、紙幣を蔑むことによって一撃を加えたいと考えていた。

チェの非妥協的態度は金儲け主義に対し一層鮮明になった。時として破壊的な革命家気質になるチェは、「道徳破壊罪」を設け、猥褻《わいせつ》ショーを止めない店の経営者を死刑適用さえちらつかせて締めあげた。

チェは新紙幣発行と旧紙幣の交換作業が進み始めると、中銀総裁の職務を事実上離れることになる。侵攻部隊の上陸に備え、防衛に専念するためだ。フィデルはハバナ、アルメイダはサンタクラーラを拠点に中部、ラウールはサンティアゴを拠点に東部、チェはピナルデルリオを拠点に西部で、それぞれ指揮を執ることになる。カミーロは死に、マトスは獄中にいた。ラミーロ・バルデスはG2長官として情報収集にかかりきりだった。

中米を侵攻部隊の発進地と想定すれば、上陸地点は南海岸（カリブ海）の可能性が高い。それも米海兵隊の上陸用舟艇で乗り付けるため、荒磯《あらいそ》やマングローブが繁る海岸《コスタ》ではなく、なだらかな砂浜《プラヤ》の確率が高い。発進地からの距離が短い西部か中部の公算が大きいが、東部や北海岸に攻撃の兆候があれば、陽動作戦の可能性が高い。この分析に基づいて指導部は革命軍と民兵部隊を配置した。

共産圏歴訪

チェは一九六〇年一〇月二一日、二度目の外遊に出発した。米国による経済封鎖に対抗して新しい市場を開き、援助を獲得するのが目的だった。ロシア一〇月革命記念日の一一月七日、クレムリンのバルコニーにフルシチョフ、ヴェトナム民主共和国（当時、北ヴェトナム）主席ホー・チミン（胡志明、一八九〇〜一九六九）、ルーマニア共産党政治局員（後の大統領）チャウシェスク、ポーランド統一労働者党第一書記ゴムウカらと並んで立った。群衆の歓呼はチェに対してとりわけ大きかった。

チェはソ連から中国に飛び、一一月一七日、周恩来首相と協力協定に調印した。これでチェはバンドン会議の主役全員に会ったことになる。周はチェに、中国が朝鮮戦争で戦うためソ連から買った武器の代金支払いを最近済ませたところだと話した。社会主義国が、友邦を守るために使われた武器の代金を請求するとは！　チェは驚きを隠さなかった。そこでチェは共同声明に、「社会主義諸国による無私の援助」という文言を盛り込もうとした。すると周は、「援助は無私ではない。キューバは反帝闘争の先頭に立っている。帝国主義は全諸国人民の敵であり、キューバへの支援は全社会主義国の利益でもある」と答えた。チェは納得して「無私」を削除し、「これで我々は北米帝国主義との闘争で先頭に立って戦うことができるようになった」と応じた。チェは周恩来との対話から、中ソ対立の底流にある両国の違い、とりわけ発展途上国に対する違いを垣間見た。それは後に、チェの対ソ批判につながることになる。

チェは次いで毛沢東主席に会ったが、会ったとたんに喘息発作で倒れてしまった。謁見の儀式はやり直しとなった。毛はチェに鍼《はり》を勧めた。中国メディアは「チェはマエストラ山脈で毛沢東を読み、中国革命との類似点に気づいた」と報じた。だがチェは、毛沢東の著作を読まずに『ゲリラ戦争』を書いたと明言していた。チェは訪中後、「中国は、キューバ革命だけが革命でないことを発見させてくれる国の一つだ」と語った。中国はキューバ糖一〇〇万トンの輸入を決めた。

チェは平壌《ピョンヤン》に移動、一二月三日、金日成《キムイルソン》主席に会い、協力協定に調印した。チェは、「朝鮮は最も印象深い国だ。都市には何もない。北朝鮮は死でできた国だ」と記す。一三日、東ドイツ（当時）のベルリンに着いた。一連の会談の通訳を務めたのはタマーラ・ブンケという若い女性だった。両親の移住先アルゼンチンで生まれ、東独に留学していた。紛れもないラ・プラタ訛りのスペイン語を話した。二人のこの出会いは運命的だった。タマーラはその後キューバに移り、やがてチェのボリビア遠征に備え「タニア」としてボリビア入りし、ラパスでの情報収集や人脈構築に務めた。だが悲劇的な死を遂げることになる。

チェはモスクワに戻りミコヤンと交渉する。フルシチョフは「キューバは望む物をすべて与えられる」と言ったが、市場価格でだった。ソ連は砂糖二七〇万トンを買い、キューバでニッケル、マンガン、銅の資源を調査することになり、その開発投資計画が策定された。各種工場建設と、キューバ人二四〇〇人がロシア語と技術修得のため訪ソすることも決まった。チェは、ミコヤンとの共同声明で「ソ連は地上最大の国家だ」と礼讃し、援助に感謝した。チェは「社会主義陣営は生産にぎりぎりまで投資し、かつかつで生きている。我々が脱臭剤生産のための原料について提起すると、諸君はあまりにも快楽に慣れすぎているとあきれられた」と記す。ソ連圏の生活水準は、当時のキューバ中産層よりも低かったのだ。

チェはモスクワで開かれていた世界八一ヶ国の共産党・労働党大会の会場に招かれた。採択された大会宣言には、「カストロ政権は民族解放を目指すラテンアメリカ諸国人民の闘争に力強い刺激を与えている」との文言が盛り込まれた。チェは「近年最も重要な出来事の一つ」と称讃、「キューバはソ連の歩む道を歩みたい」と語った。宣言は「平和防衛闘争」と「民族解放闘争」を掲げていた。これはキューバ指導部の立場と矛盾しなかった。

チェはソ連の後、チェコスロヴァキアを訪れ、「経済的にキューバに近いのはチェコスロヴァキアだ。この国では企業での極めて効果的な計画制度が発展している。この制度は魅力的で、第一次四ヶ年計画に採用したい」と記した。これが収穫だった。チェはプラハから一二月二二日ハバナに帰着、「〈不思議な国のアリス〉のような気分だった」と歴訪の感想を語った。「中ソが熱心にキューバの経済建設を支援するのは、ラテンアメリカがキューバを手本にすると見ているからだ。キューバの例が繰り返されるに従って帝国主義は原料資源の収奪先を失い侵略能力が弱まる、と見ているに違いない」

この二ヶ月に及んだ外遊のさなか、一一月二四日にアレイダとの最初の子アレイダが生まれた。チェは、母親と区別するため「アリューシャ」とロシア風に呼ぶことにした。ただし、ラテンアメリカ人は「シャ」の発音が苦手で、みな「アリューチャ」と呼んだ。

「対米対決の年」

一九六一年が明けた。アルゼンチンの詩人ファン・ヘルマン（一九三〇〜二〇一四）が年明け早々ブエノスアイレスからやって来て、チェを訪ねた。チェは「中国が羨《うらや》ましい。長期の戦いで何万という幹部が育った」とヘルマンに言った。ヘルマンは、シロ・ブストスから託されたマセッティへの書簡を持参した。ブストスはアルゼンチン人の画家で、マセッティが結成する「人民ゲリラ軍」（ＥＧＰ）の都市網を担うことになる。

六一年の革命年は「教育の年」だった。アルマンド・ハルト教育相の指揮下で、識字運動が展開された。キューバの革命前の非識字率はラテンアメリカではアルゼンチンの一四%、ウルグアイの一五%、コスタ・リカの二二%に次いで低い二四%だったが、これをなくした。フィデルは教育と医療保健を二大福祉政策として掲げていた。医療保健は肉体の健康を保障し、教育は精神の健康を保障する。両方とも無料だった。この二大政策は革命体制を安定化させ、「革命の成果」として現在も誇示されている。

しかし、この年は「対米対決の年」にもなった。フィデルは一月二日、八七人いた米大使館員を在米キューバ大使館員と同数の一一人に減らし、残りは四八時間以内に退去するよう米側に通告した。これを挑発と受け止め屈辱を感じたアイゼンハワーは翌三日、対キューバ断交に踏み切った。フィデルにとって断交は織り込み済みだった。

国交が途絶えるや、いつ侵攻部隊が来襲するかが焦点となった。アイゼンハワーが侵攻作戦に固執したのは、経済封じ込め作戦がソ連圏や中国のキューバ支援で効果を挙げられなかったからだった。アイゼンハワーは断交と侵攻計画を置き土産に一月二〇日、四三歳のジョン・ケネディに政権を引き渡した。

チェはグアテマラ体験から、侵攻部隊撃破の鍵は革命軍のいない地域での民兵部隊の反撃能力だと見ていた。エスカンブライ山脈では一九六〇年後半、反革命ゲリラが活動していた。革命政権は、訓練の意味も込めて大学生を含む民兵一万五〇〇〇人を投入し、ゲリラを殲滅した。民兵部隊の有効性はエスカンブライで証明済みだった。「キューバは歴史的な時を生きている。米州の未来を決める戦いがキューバで遂行されつつある」。チェはそう記し、侵攻部隊を迎え撃つ心の準備をしていた。

『ニューヨークタイムズ』紙は一九六一年一月一〇日、グアテマラ北部カリブ海沿岸の密林の農場で外国軍事顧問団が侵攻部隊を訓練していると暴露する。マイアミのキューバ人亡命社会では早くも、カストロ体制崩壊後の新政権首班が誰になるかの話で持ちきりだった。CIAはマイアミで、キューバ革命政権の初代首相だったホセ・ミロー＝カルドーナを大統領に据える「臨時政権」を用意していた。侵攻部隊は上陸後、直ちに「臨時政権」を樹立、その要請を受け米軍が介入するという段取りだった。

ケネディは四月初め、国家安全保障会議（NSC）でキューバ侵攻計画の決行を決めた。前任者アイゼンハワーから背負わされた侵攻作戦を拒否するのは就任間もないケネディには最初から弱腰を内外に示すことになり賢明ではなく、渋々決行に踏み切ったのだ。侵攻部隊は反革命派キューバ人約一六〇〇人で構成され、「二五〇六旅団」と命名されていた。本隊はグアテマラからニカラグアに移動し、発進する態勢を整えていた。一部は東部に陽動作戦を仕掛ける別働隊だった。旅団は米軍介入と、CIAがキューバ国内で組織していた反革命派の蜂起を信じていた。

ヒロン浜侵攻

チェは気の置けない友人には「特別の葉巻」を勧めていた。相手は、金属製の箱を開けて驚く。中身が手榴弾《しゅりゅうだん》だったからだ。チェは、「ここでは必需品だ。革命家の命は厳しく、細い糸一本でつながっているようなものだからね」と言ったものだ。ハバナ沖には米海軍第四艦隊の艦船が姿を現していた。米国の伝統的な砲艦による威嚇《いかく》外交である。

一九六一年四月一五日、ニカラグアを発進した米空軍の爆撃機B26がハバナ、サンティアゴ、シエンフエゴス、サナントニオデロスバニョスの空軍基地を空爆した。爆撃機は機体にキューバ旗を描いて擬装していた。ディアス＝ランスが作戦を指揮していた。破壊を免れた革命軍の練習機がB26を何機か撃墜した。ラウール・ロア外相は国連で素早く米政府の侵攻計画だと暴露、米国を糾弾した。

翌一六日、フィデルは空爆犠牲者の葬儀での演説で、「社会主義革命」を宣言した。「祖国か死か、それを決めるべき秋《とき》が来た。この革命は貧しい人々の貧しい人々による貧しい人々のための社会主義革命であり、民主革命である。彼らが我々を許さないのは、彼らの鼻先で社会主義革命を遂行したからだ」

フィデルは半月後のメイデー演説で、この宣言を確認する。

CIAの「自由放送」は一九六一年四月一七日、ホンジュラスから侵攻作戦開始を伝えた。フィデルは戒厳令を発動、戦時体制を敷く。「暫定政権首班」ミロー＝カルドーナはニューヨークで声明を発表、ラテンアメリカ諸国に侵攻部隊への支援と連帯を求めた。

侵攻部隊は、ニューオーリンズでレーダーと砲類を装備し船体を黒く塗りたくった米国の輸送船で一六日夜、ニカラグアの港プエルトカベサスを出航、一七日午前二時、上陸用舟艇に乗り換え、ラス・ビージャス州カリブ海岸コチーノス（豚）湾ヒロン浜への上陸を開始した。広大なサパタ湿原の東端に開けたコチーノス湾奥の椰子《やし》繁る美しい浜辺だ。

次いで夜明けとともにB26による爆撃支援を受けた落下傘部隊がサパタ湿原東部に降下、上陸用舟艇で浜に着いた部隊は降下兵と合流し、湿原や内陸に通じる幹線道路に展開した。グアテマラを発進した米軍輸送機は上陸部隊に補給する武器弾薬を落下傘で投下した。沖には第四艦隊艦船が待機、ケネディ大統領が命令すれば艦載機が発進し、海兵隊が上陸することになっていた。キューバ国内の反革命派も決起するはずだった。

侵攻部隊はシエンフエゴスから急派された民兵部隊および革命軍と銃撃戦に突入、前進を阻まれた。フィデルは戦場に近い製糖工場を前線司令部にし、指揮を執った。侵攻部隊は二日目にして早くも劣勢だった。軍部とＣＩＡはケネディに米軍投入を求めたが、「米軍直接介入」の命令を下さざるをえなくなる罠の存在を察知したケネディは断固はねつけた。別働隊一五九人はコスタ・リカ船籍擬装の古い貨物船でプエルト・リコのビエケス島を発進し、キューバの東部海岸に陽動作戦を仕掛けてからコチーノス湾沖に達したが、撤退する友軍を見て敗北を悟り、ビエケス島に戻った。侵攻部隊は一九日降伏、フィデルは「七二時間もかからずに撃破した」と勝利を宣言した。

西部の防衛を預かるチェは侵攻初日、不注意から安全装置を外していた拳銃が落ちて暴発、銃弾が頬《ほお》を耳の後ろにかけてかすめ、病院で手当てを受けた。頸動脈《けいどうみゃく》を傷つけずに済んだのは奇蹟で、またも命拾いしたのだ。チェは破傷風抗生物質で激しいアレルギー反応を起こした。だが翌日、医師の制止を振り切って前線司令部に急行、フィデルと迎撃《げいげき》作戦を確認しピナルデルリオに戻った。西部では敵の陽動作戦もなく、チェが直接戦うことはなかった。

しかしヒロン浜の勝利は、民兵隊を創設し要所要所に配置していたチェの迎撃戦略によるところが大きい。さらに砂糖黍畑への労働力動員が続いていた砂糖黍刈りの最盛期に侵攻があり、マチェテロ（砂糖黍を刈る労働者）はマチェテ（山刀）を銃に持ち替えただけで民兵に変身できた。当時、全土で二〇万人が民兵服で即応態勢をとっていた。革命軍二万五〇〇〇人、海軍五〇〇〇人、内務省警察部隊九〇〇〇人も出動態勢を整えていた。民兵部隊と革命軍の幹部の多くはチェの下で学んだ者たちだった。

米政府の完敗

戦闘は四月一七日の夜明けから一九日の夕刻まで六〇時間続いた。何よりもソ連やチェコスロヴァキアから届いていた武器が物を言った。革命軍と民兵部隊の戦死者は一五一人、これに対し侵攻部隊は死者一一四人、捕虜一二〇九人だった。一部は輸送船に逃げ帰った。捕虜となった侵攻部隊の従軍司祭は、侵攻成功後に発表する声明文を携行していた。

侵攻部隊が期待した「国内蜂起」は起きなかった。G２が革命防衛委員会と連携して、反革命派を一斉逮捕、蜂起を封じ込めていたからだ。刑務所はどこも超満員で、仮設拘置所があちこちに設けられた。ハバナだけでも三万人が拘禁された。キューバ国内に留まっていた反革命派は完璧な敗北に絶望し、雪崩のように国外に去っていった。これにより国内の反革命の温床は大方崩れた。

米政府の完敗だった。ケネディは一週間後の二六日、責任を負うと発表、自分を罠に陥れようとしたアレン・ダレス長官らCIA最高幹部三人を更迭する。カストロ体制を倒し利権を復活させたいと夢見ていた米国内のイタリア系マフィアや、資産奪回と甘い生活の復活を渇望していたキューバ人マフィアは米軍を出動させなかったケネディを恨んだ。この深く陰険な怨念《おんねん》が複雑な過程を経て、二年半後のケネディ暗殺に結びつく。

ヒロン浜の勝利は革命政権が単に傭兵部隊を撃破しただけではなく、間接的ながら米国を破ったことを意味した。ラテンアメリカ史上、長い戦闘の末に一九三三年ニカラグアから海兵隊を追い出したアウグスト＝セサル・サンディーノ将軍（一八九五～一九三四）の勝利くらいしか記憶に浮かばない、米国相手の極めて稀な勲《いさおし》だった。

革命戦争に次ぐヒロン浜の勝利でキューバの威信は揺るぎないものとなった。これを境に革命体制が後戻りする可能性は潰えた。フィデルもチェも自信過剰に陥る。フィデルは「世界の英雄」の栄光を求めて国外に顔を向け、国内の経済建設や消費生活の向上を疎かにする。チェは「世界革命」を夢想し、その方向に人生の舵を切るのである。

米国務省は侵攻作戦に先立つ一九六一年四月初め、カストロ体制を打倒する必要性について文書を発表していた。そこに書かれた「カストロ主義は人民の支持を得ていない」という主張はヒロン浜敗北で粉砕された。ホワイトハウス、国務省、CIAの大失敗は、ラテンアメリカで独立が最も遅れたキューバの独立への渇望の大きさに無知だったことによる。独立を目指して戦っていたキューバから一八九八年に独立を奪ったのが米国だった。

CIAの最大の過ちは、広大なサパタ湿地帯を戦域に選んだことだ。そこに散開した侵攻部隊は自ら泥沼にはまり込んだようなものだった。傭兵部隊のうち職業軍人は一割弱の一三五人だけだった。革命後、米政府はキューバ人の大量出国を促進し、人材欠乏で革命を参らせる戦略をとり、最初の三年間に二〇万人を受け入れた。去った者は革命体制が早晩倒れ帰国できると高《たか》を括《くく》っていた。ところがそうはならず、強硬派はCIAの誘いに乗って侵攻を決行、敗北により絶望感に一層囚《とら》われた。

CIAは、選挙で選ばれたアルベンス・グアテマラ政権と武力革命から生まれたカストロ体制の違いに気づかなかった。そしてキューバ人の愛国主義を見くびっていた。ケネディ政権の副大統領リンドン・ジョンソンは、ヒロン浜の敗北から教訓を学びとらず、大統領になるやヴェトナム戦争の泥沼にはまり込む。

「インターナショナル」

フルシチョフはヒロン浜侵攻の第一報を受け、米国に抗議の覚書《おぼえがき》を次々に送りつけた。これがケネディに米軍介入を思い留まらせた、とソ連首相は自負した。だがフィデルが社会主義革命を宣言したにもかかわらず、ソ連の態度は曖昧《あいまい》で冷淡だった、依然「ソ連、人民民主主義諸国、およびキューバ」という括り方をしていた。つまりソ連以外の社会主義国を指す人民民主主義諸国にキューバは含まれていなかったのだ。

ソ連にとって厄介だったのは、一九一九年にモスクワで組織された国際共産主義運動組織「第三インターナショナル」（コミンテルン）が公認した人民社会党（PSP）がキューバに存続していることだった。ソ連にとっては、フィデルがPSPに入党するか、キューバが非同盟諸国に仲間入りするかが望ましく、どちらかと言えば非同盟化を望んでいた。

チェはフィデルの社会主義革命宣言について後日、「革命の目的は、絶対的に民主的な社会主義社会の建設だ」と補足する。それはスターリン的社会を否定する意思表示だった。

ヒロン浜の勝利はフィデルの地位を絶対的なものにし、国内の反革命派は制圧された。ハバナで、ヒロン浜で、国中で「インターナショナル」が歌われ演奏されていた。ジュークボックスでの一番の注文がこの歌だった。スペイン語で号令をかけ歌いながら行進する民兵部隊は、さながら四半世紀前のスペイン内戦時の共和派国際義勇兵部隊を彷彿《ほうふつ》させた。

国連はヒロン浜侵攻事件をめぐって会議を開いた。自国の革命時に米国から干渉された経験をもつメキシコは、「革命は内戦であり、外部は干渉してはならない」と米国を批判した。米国は内政干渉したうえに侵攻で失敗するという二重の過ちを犯し、歴史的屈辱を味わった。日本政府は、「米国の惨敗は情勢判断の甘さと決断時期の悪さに帰する。国際政治上の指導力に不安を感じさせる。国際政治上の仲間としての米国の評価に影響しうる」と、内部文書でケネディ政権を厳しく批判した。

ケネディ政権はキューバ革命政権打倒と抱き合わせで、ドミニカ共和国の独裁者ラファエル・トゥルヒーヨの暗殺を画策していた。CIAは現地人を使って六一年五月三〇日、護衛をつけずに運転手、愛人とともに車でサントドミンゴ市内を走行していた独裁者の暗殺に成功する。政権打倒に失敗したキューバには経済封鎖、暗殺・破壊活動作戦を執拗《しつよう》に仕掛けていくが、憎しみは米政府を米軍によるキューバ直接攻撃の誘惑に駆り立てる。そこにソ連が独自の誘惑に駆られ介入する。状況はミサイル危機へと傾斜していく。

ハバナの審問

チェはヒロン浜に出向き、捕虜を尋問した。黒人傭兵を見つけると、「人種差別をしている国の資金で決行された侵攻に君は荷担した。君は、彼ら（白人）と同じ権利がないことに関しては一度も反対せず、あらゆる人種に尊厳を与えた革命と戦うために良家の子弟とともに銃をとったというわけか」と問い掛けた。痛烈な皮肉を込めた尋問だった。

諜報機関G2は捕虜の中にいたバティスタ時代の人道犯罪責任者を探し出し、ハバナに連行した。革命政権は彼ら犯罪者と、そうでない捕虜の中からの希望者を合わせた一二人を被告として四月二一日から二四日まで中央労連（CTC）会館で公開尋問にかけた。プレンサ・ラティーナ編集局長を辞めて間もないマセッティ、『レボルシオン』紙編集局長カルロス・フランキ、人民社会党（PSP）幹部CR・ロドリゲスら七人が尋問官だった。証人は五人、進行役が一人いた。臨時法廷の正面中央には「祖国か死か」の大きな文字が掲げられ、場内に「ラテンアメリカ行進曲」や「七月二六日讃歌」が流れていた。テレビが中継放送し、内外の記者団が取材した。

ドイツの知識人ハンス・エンツェンスベルガーも取材者の一人で、後に『ハバナの審問』を著した。その中に記す。

「捕虜は一九四〇年憲法に復帰し一八ヶ月以内に選挙を実施すべきだと、口裏を合わせていたかのように答えた。〈臨時政権〉をCIAがでっち上げたことを指摘されると、口をつぐんだ。従軍司祭のスペイン人神父も尋問された。カプチーノ教団所属で、ローマにある教団本部の許可を得て従軍したという。カトリックが精神的橋頭堡であるのが暴露された。彼はスペイン内戦中、フランコ軍に義勇兵として参加したという。最後はバティスタ警察の拷問・殺人魔ラモーン・カルビーニョだった」

捕虜マヌエル・ペレス＝ガルシア（降下部隊要員）は第二次大戦中、米軍兵士として日本兵八三人を殺したと証言した。一九五三年のモンカーダ兵営襲撃に参加しフィデルとともに捕まった者もいた。捕虜が文句なしに認めたのは、彼らに対する革命政権の人道的扱いだった。殴打も拷問もなかった。

捕虜の中にいたバティスタ警察の元警察幹部一四人の刑事裁判は六一年九月サンタクララで開かれ、カルビーニョら五人が銃殺刑に処せられ、他の九人は禁錮三〇年となる。残る一〇〇〇人を超える捕虜に対する軍事裁判の判決公判は六二年四月ハバナで開かれ、判決は国籍剝奪《はくだつ》と、一人五万ないし一〇万ドルの罰金、もしくは最高三〇年の禁錮刑だった。米政府が計六〇〇〇万ドルを支払い、捕虜全員が同年末に米国に帰った。

第6章

ミサイル危機と経済停滞

自発的労働の模範を示すチェ．
労働の現場に飛び込むのを常とした
（1960年代前半，Alan Oxley/CAMERA PRESS/AFLO）

序列第三位

フィデルは一九六一年六月末、知識人と芸術家の会合で演説し、「革命とともにあればすべてが得られ、反革命には何もない」と断言し、「革命的文化路線」をとるよう訴えた。ヒロン浜侵攻事件を経て国論統一が不可欠となり、世論指導者を従わせようとしていた。言論と表現の自由はさらに細まっていく。

モンカーダ兵営襲撃八周年記念日の七月二六日、革命広場の壇上に、ソ連人で世界初の宇宙飛行士ユーリ・ガガーリンがフィデルとともに並び立った。フィデルは午後一〇時から四時間演説し、「七月二六日運動」、革命幹部会（DR）、人民社会党（PSP）を一本化して「統一革命機構」（ORI《オリ》）を結成した、と発表した。フィデルはORI第一書記に収まった。ORIは八ヶ月後の六二年三月二六日、執行部を再編成し、二五人の幹部を選んだ。「七月二六日運動」系一三人、PSP系一〇人、DR系二人だった。第一書記フィデル、第二書記ラウール。書記局員はフィデル、ラウール、チェ、ドルティコース、ブラス・ロカ、CR・ロドリゲス、アニーバル・エスカランテら二五人だった。チェは指導部の序列第三位になったことで、制度上、初めて明確に党員となったと言えるだろう。

権力闘争

この執行部再編の当日、フィデルは序列第七位の書記アニーバル・エスカランテを「偏狭なセクト主義者」と糾弾し、査問委員会にかけて追放する。統一革命機構（ORI）指導部にはフィデルら「七月二六日運動」系と、PSP系内ソ連派との主導権争いがあり、ソ連派の筆頭がエスカランテだった。イデオロギーの絡んだ権力闘争だった。

革命キューバは経済運営と国防のためソ連圏との関係強化が不可欠になっていた。ソ連・東欧からは一九六一年初めまでに三〇〇〇人の技術者や専門家が来ていた。だが対ソ接近を嫌う穏健派が少なからず「七月二六日運動」を離れ、PSP系の比重が増していた。いまやソ連を支持するか否かが革命精神の試金石とされていたが、対ソ関係強化はフィデルら「七月二六日運動」系指導部が決定するのであって、PSP系ソ連派に任せられていたわけではなかった。エスカランテはソ連の後ろ盾を過信し、革命戦争という戦場の勝利者が実権を握る現実を忘れていた。だが対ソ関係はエスカランテ追放によって緊張する。

各国共産党には「民主主義的中央集権制」（民主集中制）がある。フィデルは、人民動員による「直接民主主義」を理由に自由選挙実施を否定、「民主集中制」を敷いていた。それは政敵排除にも都合のよい制度だった。当時、キューバでは生活必需品不足が深刻になりつつあり、六一年三月から牛肉、牛乳、歯磨き、靴の配給制度が始まっていた。フィデルは、衝撃的なエスカランテ追放に、人民の目を消費生活の不自由さから逸《そ》らせる狙いを込めていたのだ。

フィデルはグランマ号上陸五周年記念日の六一年一二月二日、「マルクス・レーニン主義者宣言」をする。「大学時代からのマルクス・レーニン主義者ではなかったが、モンカーダ襲撃の日にその思想を信じていたかと問われれば、そうだと答える」。演説でこう述べ、ORI第一書記として思想的に帳尻《ちょうじり》を合わせた。

ソ連共産党機関紙『プラウダ』は、エスカランテ追放後半月経った一九六二年四月一一日の社説で「キューバは国際共産主義家族の一員として認められた」と報じた。フルシチョフは対米・対中戦略上、カストロ体制のキューバという持ち駒に賭け、「フィデルが共産主義者かどうか知らないが、私はフィデル主義者《フィデリスタ》だ」と言ってのけた。フィデル指導部が盤石《ばんじゃく》で、これと付き合っていかざるをえないと判断したからだろう。

統一革命機構は六三年二月、「社会主義革命統一党」(PURS)に改組され、六五年一〇月三日、キューバ共産党(PCC)となる。PCC第二書記ラウールは六八年一月、「反党勢力」を告発、幹部党員三六人が査問された。アニーバル・エスカランテも逮捕され、裁判で禁錮一五年の実刑に処せられた。数年後、腹部の手術を施された折に死亡した。

工業相就任

傭兵部隊の侵攻が迫り緊迫していた一九六一年二月二三日、フィデルは農地改革庁(INRA)工業局を工業省として独立させ、その工業局長と中銀総裁を歴任したチェを初代工業相に据えた。最重要任務は、チェも関与する中央計画会議《フセプラン》が策定した「一九六二〜六五年工業化四ヶ年計画」の推進だった。

チェは秘書に、「五年間働いて出ていく。五歳年をとってもまだゲリラになれる」と言った。言わば長い腰掛け勤務だが、チェが社会主義経済の建設を使命と感じていたのも事実である。チェは省内への訓辞で、労働は自発的であらねばならないと強調した。「労働は喜び」という精神主義を刺激として働くというのだ。当座の重要課題には、砂糖との交換で日本から買い入れた六〇種類を超えるプラント（生産設備）をキューバの産業構造に組み込む問題が含まれていた。チェの訪日後、対日貿易は物々交換で進展していたのだ。

チェは、チェコスロヴァキア経由でソ連から導入した管理と計画化の手法によって経済が時計の針のように正確に動くようになると素朴にも信じていた。生産停滞に心を痛めていたため、光明として飛びついたのだ。革命勝利後しばらく続いていた熱気が収まると、革命イデオロギーの欠如が目立っていた。チェは、ゲリラや若者の「創造的混乱」を収拾し、生産を制度化して労働者を生産増大に向けて駆り立てなければならないと考えていた。

そのために導入される工業化四ヶ年計画が終わると第一次五ヶ年計画に移行、同五ヶ年計画が終わる一九七〇年の産業の割合は工業六五％、農業三五％に設定されていた。七五年までの第二次五ヶ年計画後、工業は重工業八〇％、軽工業二〇％になるはずだった。

チェは、計画によってキューバ人がスウェーデン人並みの生活を享受できるようになると薔薇《ばら》色の夢を描いていた。一大ニッケル輸出国になり、自動車組み立ても可能になると想定していた。カマグエイ州内での油田試掘にも熱意を注いでいた。チェは、「ソ連よりも魅力ある社会主義のショーウィンドーになってラテンアメリカ人民の前に現れたい」と言っていた。対ソ競争意識が芽生えていたのだ。

配給制度導入

だが、一九六一年から物資供給が滞り始め、革命政権は三月、配給制を導入した。ただし貧困層だけは、配給制度によって物資獲得が保障されて生活が向上していた。チェは、生産性停滞の原因として労働規律の緩みや効率の悪さを問題視していた。その最も重要な要因は、馘首《かくしゅ》しないため労働者が過剰になり、一人当たり生産性が落ちたことだ。

配給制度は一層強化されていく。フィデルは、消費の爆発的増加と計画の誤りが原因と判断した。チェは八月末、統一革命機構の幹部三五〇〇人を集め「全国生産会議」を開き、部品不足による工場麻痺《まひ》、買い占めや原料不足による石鹼《せっけん》不足を挙げ、工業省の誤りを認めた。

この会議で中央計画会議《フセプラン》議長兼経済相は、「工業化四ヶ年計画」の目標を、「経済成長は年率最低一〇％、最高一五％、ラテンアメリカ一の工業国を目指す。農業と軽工業産品の生産も同じく域内第一位の座を狙う」と説明した。説明が終わるとチェは、生産や労働面での欠陥を列挙し、目標の修正を求めた。マッチの火は、たばこにつける前に消えてしまう。練り歯磨き粉はチューブの中でセメントのように固まって出てこない。チェは、創意工夫、統計作成、予測が欠けていると幹部を批判し、製品の外装の美も必要だと指摘する。しかし真剣な改善討議はあまりなされなかった。チェは熱帯キューバに並外れた努力を求めたのだが、熱帯ではチェのような頑張り過ぎは異常なのだった。

ソ連・東欧からの六一年の輸入は三万品目、五億八〇〇〇万ペソ（米ドル等価）で、前年比四倍だった。だがキューバ経済は米国経済の残滓《ざんし》にソ連圏経済が接《つ》ぎ木《き》されたもので、両者は質も仕様もまったく異なり、輸入物資の浪費や無駄が増えた。外国人協力者はいても人材は依然不足しており、キューバ人技術者の育成には時間がかかった。物資不足に陥っているにもかかわらず、相変わらず政治的宣伝が過剰な「お祭り社会主義」が罷《まか》り通っていた。

中ソの港からの物資の輸送には一ヶ月もかかった。原油を届けたソ連タンカーは砂糖を運んでいく。このため、タンクの内部を洗う洗剤を開発せねばならなかった。物資到着の遅さに加え、部品不足、原料浪費が深刻化し、機械は動かなくなってしまうのだった。

経済論争

工業化四ヶ年計画が実施に移された一九六二年二月、統一革命機構に経済委員会が設置された。委員は大統領ドルティコース、書記CR・ロドリゲス、工業相チェの三人だった。工業生産性を上げるため、労働者の生産意欲をどう高めるかが問題だった。

チェは、物質的刺激をやむをえず用いる場合は副次的なものに留まるとし、あくまで社会主義的情熱が基本だと主張した。物質的刺激が盛んになれば革命的情熱は薄れ、資本制復活につながると危惧し、その兆しをソ連・東欧圏に垣間見ていた。

チェの情熱高揚策には、遅刻、欠勤、生産の質と量などを採点基準とする「社会主義競争運動」があった。優勝者は「前衛労働者」として表彰される。ずば抜けた生産性を挙げた者には観光地での休暇一週間、社会主義国訪問旅行などの褒美が与えられる。労働の喜びが生産性向上を生むと信じるチェは、ノルマを超えた労働者には報奨金を賃金に上乗せするのではなく、労働者を技術者に昇進させるため勉強させるべきだと主張した。

これに対しCR・ロドリゲスは、「ノルマを超えた部分に報奨金を与えてもよいのではないか。さもないと労働が意味を失う。ノルマの範囲でしか働かなくなる」と反論した。

結局チェが主張した労働英雄制度つきの精神的刺激と職業訓練を重視する立場が採用された。実際問題として購買力をなくした通貨ペソ札がだぶつき金銭的刺激は効力を失い、怠業やノルマ不履行が拡がっていた。「人民皆《かい》就職政策」は労働力過剰と生産性低下を招いていた。残る道として、革命精神高揚により労働者を働かせるしかなかったのだ。だがチェの精神主義は、たとえば砂糖生産の場合、農場での機械化不足や砂糖黍畑の土地の起伏による機械化の難しさによって人海戦術が必要だったという現実を照らし出していた。

精神的刺激か物質的刺激かに加え、経済の中央集権維持か分権化かという論争もあった。

中央集権維持を主張するチェは、企業の実態は各企業が指標を超えているか否かで判断すべきだと主張した。利潤を重視し、その実績測定を導入すれば、企業間に競争が生じ、中央管理が破壊されてしまうと見ていたからだ。

不能率

「工業化四ヶ年計画」は始まった。チェは喘息と闘いながら激務をこなしていた。喘息を誘発する鶏卵は食べられず、アレルギーで魚も駄目だった。キューバ人はヒロン浜侵攻事件以来、「包囲された砦」に立てこもる心理に囚われ、対米警戒を怠らなくなっていた。外国からの侵略の恐れという外圧がキューバ人のイデオロギーの欠如を補い、しかも急進化させていた。不明瞭《ふめいりょう》だった革命政権のイデオロギーも、フィデルの社会主義革命宣言で明確化した。チェにとって好ましい事態だった。

チェは労働者による工場管理のための「提言委員会」を設置した。労働者の意識改革を促し、自発的に生産に励むように仕向けるのが狙いだった。生産ノルマを画一的に課すのでないため、チェコスロヴァキア人の協力者は勝手が違うと戸惑った。

チェは率先して日曜や祭日を返上し砂糖黍を刈ったり工場で働いたりして、自発的労働の模範を示した。日曜労働はいつしか「赤い日曜日《ドミンゴ・ロホ》」と呼ばれ、奨励され、定着した。チェは自発的労働の組織化を図るが、制度化すれば自発性は弱まる。また、組織化によって生産単価よりも輸送経費や昼食代の方が高くつくことにもなった。

物資不足が始まっていたところに失業者が就業し消費経済に組み込まれたことで、食糧や消費財は一層不足していた。その不足は失業救済が進めば進むほど深刻になる。内需の爆発的高まりによるインフレ圧力で価値を失ったペソ紙幣が巷にだぶついた。労働者にとっては、物資を買えない紙幣を稼ぐための労働には意味がない。闇市場や腐敗が始まっていたが、それは自然な成りゆきだった。

チェは、消費生活に参入した無数の人民大衆が不十分な生産をさらに圧迫しているのに気づいた。完全雇用を実現しつつあったのは好ましいが、それは余剰人員を大量に抱え込むことを意味し、彼らの購買力に見合う消費物資がない。だからこそ労働集約型産業である工業と物資生産が重視され、工業化が急がれた。しかし工場建設の歩みは遅かった。東欧の協力者も負担の重さと不能率に疲れ果てていた。チェはやむなく工業化の目標と速度を落とした。

チェがある現場で生産性を調査したところ、現場監督は「うまくいっています。みな、資本主義と同じように働いていますから」と答えたものだ。チェは、「生産性が上がらないのは我々自身の未経験が招いた当然の結果だ」と自己批判する。チェはこのころ、ウルグアイ人ジャーナリスト、エドゥアルド・ガレアーノに、「輸入代替のため完成品製造を目指したが、中間財の輸入がもたらす複雑さに気づいていなかった」と漏らした。

ソ連への幻滅

チェら最高幹部はソ連圏を訪ね、品質や生産性の低さを認識していた。西側諸国の製品の質に到底及ばなかった。ソ連人技術者は、米資本がキューバに残していた工場を優れていると礼讃した。これを見たキューバ人は唖然《あぜん》とした。チェは四ヶ年計画初年度の一九六二年初頭、早くもソ連に幻滅していた。ソ連も、キューバが米国経済の有機的な一部であり、「経済植民地」だった実態を実感した。相互に目覚めたのだ。

だが経済計画策定をソ連陣営に頼り、人材、物資、技術も同じく頼らざるをえないキューバだった。北方共産圏の工業規格は熱帯キューバに適さなかったし、東欧から導入した設備はキューバにない原料を必要とした。またキューバには大きな港湾設備がなく、メキシコ湾岸の米ニューオーリンズ港が長年、ハバナの事実上の外港だったが、断交で使えなくなった。やがて四ヶ年計画の失敗が明らかになるころキューバ人は、計画を練ったチェコスロヴァキア人がいけないと言い出した。内陸国チェコスロヴァキアには海がないため港のことが念頭になかった、というのだ。これはとりもなおさず、キューバ人が島国の民でありながら港の大切さを忘れていた失態の裏返しだった。

派生するさまざまな負の要因を計算していなかったことが次々に問題化し、願望は空回りする。計画の多くが幻想とわかり、画餅《がべい》に帰してしまう。だがチェはあえて目をつぶるしかなかった。ソ連は、米国の脅威の下で息をつける余裕と経済建設のモデルを与えてくれたのだから、他の選択肢がない以上は我慢しなければならなかった。チェはニッケル生産では成功した。皮肉なことだが、米企業が放置した生産方式を復活させたことによる。

革命体制にも大きな問題があった。「社会主義革命宣言」と人材不足により、ソ連に近い人民社会党（PSP）系が一層幅を利かせるようになり、その教条主義と官僚主義の弊害が拡がっていた。チェはそれを指摘し、「権威を無批判に信じ、キューバ独自の基準を捨て、暗い段階に入った」と嘆いた。

農業回帰

チェは、工業部門を全体と捉え、部分である各企業は独立採算制でなく、全体予算の枠内で運営されるべきだと主張していた。独立採算制を支える労働者の自主管理制の下では熟練労働者や官僚など有利な立場にある者が一層有利になり、彼らを利己主義に走らせ、弱者・貧者は除《の》け者にされると見ていたのだ。チェは、労働者の利益は革命指導部が策定する計画目標と一致し、同指導部が労働者出身であるため労働者階級と考えが一致するとの神話を信じ、労組の自主的役割を拒んでいた。

チェが到達しつつあった革命的な「新しい人間」という理念は、ソ連に拡がりつつあった物質的刺激策、不平等主義、市場化傾向と相容れなかった。自己を偽れないチェはソ連への異論を公言し、ソ連は、厄介な存在になったチェを交渉の窓口から排除する。

一方、フィデルはフルシチョフに招かれて六三年四月下旬から六週間もソ連に滞在し、レーニン勲章とソ連邦英雄章を受賞した。フルシチョフは、後述するミサイル危機によるフィデルとの確執の解消を図り、中ソ対立の中でキューバを自陣に引き止めておきたかった。フィデルはこの訪ソで対ソ関係を修復し、革命体制の存続を保障された。帰国したフィデルは早速、砂糖産業を柱とする農業重視政策こそが経済発展の基礎であると宣言した。

革命指導部には工業と農業のいずれを優先させるかという論争があり、工業相チェは工業優先派だった。一方にはフィデルから農地改革庁（INRA）長官を引き継いだCR・ロドリゲスら農業優先派がいた。チェは四ヶ年計画二年目の六三年には計画の失敗を認識していたが、失敗に向かわせた深刻な要因はまさに工業優先派と農業優先派の対立だった。

フィデルの農業重視宣言で論争は決着した。農地改革庁と工業省が続けていた農業多角化と工業化は、砂糖中心主義に取って代わられた。フィデルはソ連に説得されて、ソ連圏の産業分業政策を受け入れたのだった。この分業枠で農作物を売って工業製品を買うという革命前の経済体質を制度的に義務づけられたキューバは、対ソ経済依存度が高くなるばかりで、ソ連の意向に冷淡ではいられなくなる。まさにこれがキューバに対するソ連の基本的戦略だった。したたかなソ連は、分業体制の中で対ソ従属を促進する援助政策を維持していたのだ。このソ連の戦略と矛盾する工業化計画は当初から失敗を運命づけられていたわけだ。革命戦争勝利の熱狂と楽観主義がフィデルやチェを安易な工業化に駆り立てたのだが、それは壮大な無駄となった。

新たな経済政策は、一に砂糖中心、かつ葉巻、ニッケル、コーヒー、柑橘《かんきつ》類などの輸出増進、二に畜産など農業多角化の漸進、三に軽工業中心の工業化だった。砂糖生産は工業省の管轄から外されて、新設の砂糖産業省の管轄下に入り、ソ連製刈り取り機導入で砂糖黍刈りを機械化することになった。工業化計画を指揮していたチェは梯子《はしご》を外され、工業相の地位は重要性と権威を大幅に失った。

チェは経済畑の重責を担った期間に、サルトルの批判に挑むかのように、経済学や数学の勉強と現場経験によって己を「革命的エコノミスト」に鍛造《たんぞう》し、信じがたいほどたくさんの経済論文を書いた。だが、それが報いられることはほとんどなかった。

「進歩のための同盟」

話は遡《さかのぼ》る。チェは一九六一年八月二日、ウルグアイの首都モンテビデオに飛んだ。ラ・プラタ川を隔てた対岸のブエノスアイレスから家族が会いに来た。ボリビアで五三年に会って以来の友人リカルド・ロホも同行して来た。

チェはウルグアイの誇る保養地プンタデルエステで開かれた米州諸国機構(OEA)の経済社会理事会(CIES《シエス》)閣僚会議にキューバ代表団の首席として出席した。ケネディ米政権はヒロン浜侵攻に先立つ三月、ラテンアメリカの共産化阻止のためとして、貧困地域を開発する「進歩のための同盟」(ALPRO《アルプロ》)計画を打ち出した。米欧日で総額二〇〇億ドルの基金を設け一〇年かけて融資する計画で、この「同盟」について協議するのが閣僚会議の目的だった。米国はラテンアメリカ諸国に、キューバとの断交と引き換えに資金融資と改革支援を約束していた。キューバ革命後の同地域の状況は現状維持が困難なことを物語っていたが、米国は援助によって現状維持を図ろうとしていた。

ケネディの誤算は、ヒロン浜侵攻の失敗でキューバ革命政権が生き残ったばかりか、米国のアンチテーゼとしての地位を確立したことだ。侵攻部隊を撃破した革命軍の戦略家チェが会議に出席するのは、米国にとって屈辱以外の何ものでもなかった。チェは、ヒロン浜の勝利で自信と威信に満ち、ラテンアメリカを代表する英雄になっていた。チェの行くところ報道陣がひしめき、チェが語れば拍手が湧いた。チェは八月八日演説した。

「〈進歩のための同盟〉はキューバ革命に反対している。米国は道路や下水道を整える資金は出すが、工業化や農業開発の資金は出さないのか。大地主の土地耕作の機械化を言うが、農地改革はしないのか。軍事基地のないラテンアメリカ統合、帝国を介在させない統合を望む。ラテンアメリカ人の文化的精神的生活への干渉に反対する。世界の全地域と関係を結ぶ自由への干渉に反対する。覇権主義を糾弾する」

チェは演説で、「キューバ革命がある間、ラテンアメリカは(米国から)何かをもらえる」と言って笑った。このチェの分析は多くの出席者を納得させた。チェは記者会見で語る。

「革命は終焉《しゅうえん》期の社会体制と、忍耐が限界に達した人民との矛盾の産物であり、ラテンアメリカでの革命の可能性は高まるだろう。私は一日一六時間から一八時間働き、睡眠は多くて六時間だ。酒は飲まない。たばこは吸う。使命のために家庭も楽しみも犠牲にせねばならない。アルゼンチン生まれだが、普通のキューバ人と同じくらいキューバ人だ」

八月一六日の二度目の演説でチェは、「〈進歩のための同盟〉方式では低開発国の一人当たり所得が先進国並みになるのに五〇〇年かかる。だからキューバは受益者になる権利を放棄する」と言った。「米国の意図だけでつくられた〈同盟〉は支持されない」とも批判したが、「進歩のための同盟」はケネディの暗殺で先細りとなり消えてしまう。

チェは、米国との「一時的妥協」の可能性を探るため米大統領特使とモンテビデオで密かに会談した。チェは「ヒロン浜侵攻に感謝する。キューバ国内を団結させ、フィデルの主導権確立に役立った」と前置きしてから、「キューバは革命体制を絶対に放棄しない」と釘を刺した。さらに「いかなる国とも軍事同盟を結ばない。革命体制が制度化されたら選挙を実施する。グアンタナモ米海軍基地はキューバの主権を侵している。米政府はラテンアメリカで謀略をやめるべきだ。米国はキューバを二度と侵略しないと公式に宣言すべきだ」と言い、高級葉巻の詰まった箱をケネディ大統領への贈り物として渡した。

特使はチェの発言を深読みし、ソ連にはキューバを軍事支援する意思がないと判断、ケネディにキューバへの締め付け強化を進言する。チェから贈られた葉巻を吸いながら報告を聴いたケネディは六一年一一月、要人暗殺と破壊活動をキューバに仕掛ける「マングース作戦」をCIAに命じた。予算は五〇〇〇万ドル。紛れもない国家によるテロリズムである。

アルゼンチン大統領の警告

チェは一九六一年八月一九日朝、モンテビデオを小型機で発ち、ブエノスアイレスに飛んだ。友人ロホの仲介でアルトゥーロ・フロンディシー大統領に極秘裡に会うためだった。大統領は、アルゼンチン軍部の謀略機関がチェの暗殺を狙うのではないかと警戒し、首都郊外オリーボスの大統領公邸にチェを呼び寄せた。大統領は玖米和解の仲介の可能性を探るため、同国人のチェを招いたのだった。

フロンディシーは米政府の懸念事項としてチェに、キューバがワルシャワ条約機構（当時のソ連・東欧圏の軍事同盟）に加盟することはないかと訊ねた。チェは、同機構に加盟するつもりはないと答え、「キューバは米州社会に留まりたいし、米国と和解したい。ソ連からも独立していたい。完全に自決できる社会主義社会を建設したい」と付け加えた。

大統領は、共産主義理論上も「武闘唯一主義」は間違っていると指摘し、「マルクス主義を学んだのか」と訊ねた。チェは謙遜《けんそん》してか、まだ修得していないとの判断からか、「いいえ」と答えた。大統領は「アルゼンチンでは（武闘でない）他の方法で問題を解決する」と伝えた。これはチェとキューバへの警告だった。フロンディシーも諜報機関も、アルゼンチンにゲリラ部隊を送り込むチェの構想を知っていた。一時間二〇分にわたる会談が終わると、大統領夫妻はチェを食堂に招き、「ビフェ・ア・カバージョ」を振る舞った。大きく分厚いビーフステーキの上に目玉焼き二個を載せた厚さ五センチメートルもの豪華な料理である。

チェは、死の床にある叔母を見舞うため五分間時間が欲しいと大統領に許可を求めた。チェは叔母を見舞ってからモンテビデオに去った。チェはブラジリアに飛び、ジャニオ・クアドロス大統領と会談した。やがてフロンディシーとジャニオは米玖間の調停役を買って出る。しかし仲介は実らず、二人の大統領はともに軍部に追われてしまう。

核ミサイル配備へ

一九六二年元日の革命記念日にチェは、一八機の飛行編隊の先頭機に乗って先導し、空中にVの字を描いた。チェは飛行士の襟章を誇っていた。米国は一月三一日、米州諸国機構（OEA）からキューバを締め出し、二月三日、対キューバ経済全面禁輸、つまり本格的な経済封鎖に踏み切った。フィデルは翌四日、「革命家の義務は革命を実行することだ」とラテンアメリカ革命を呼び掛ける「第二次ハバナ宣言」で応じた。起草者はチェだった。この宣言によって、チェの著書『ゲリラ戦争』はますます売れるようになった。キューバは二月一四日OEAを脱退した。事実上の追放だった。以来今日までOEAに復帰していない。

米国がOEA加盟諸国と〈多国籍軍〉を組み、キューバを侵略しようと準備しているのは明らかだった。多国籍軍と言っても実質的には米軍であり、米軍が直接侵攻してくれば、革命キューバは持ち堪《こた》えられないだろう。鮮やかなヒロン浜の勝利の後に、革命体制の命運がかかる決定的な危機が迫りつつあった。

一九六二年五月二〇日、チェの長男カミーロが生まれた。この月は玖ソ軍事関係上、重要極まりない月となった。フルシチョフは安全保障の取り決めに関するつれない態度を一変させ、特使として元帥をキューバに派遣し、戦略ミサイルをキューバに配備したいと提案したのだ。米軍は同年三月、「ノースウッズ作戦」という大規模なキューバ侵攻作戦を策定しケネディに却下されたが、この危険な動きを察知したソ連は、キューバの軍備が通常兵器だけならば米軍は必ず侵攻すると見て、ミサイル配備を働きかけたのだ。カストロ兄弟、チェ、ドルティコースの四人が元帥と話し合い、配備が決まった。

ソ連人が六月、続々キューバに向かい始め、ミサイル関連要員は四万二〇〇〇人に達する。一〇月までにミサイル運搬船が延べ八五隻、両国間を往復することになる。

米軍はその年一〇月、プエルト・リコ沖のビエケス島をキューバに見立て、これを解放する筋書きの軍事演習をカリブ海で計画していた。「独裁者オルトサク（CASTROの逆読み）」から島を解放するという想定だった。演習を本作戦に切り換えるだけでキューバ侵攻作戦に早変わりする。第四艦隊の空母四隻、駆逐艦二〇隻、輸送艦一五隻、海兵隊七五〇〇人が参加することになっていた。

フルシチョフは七月訪ソした革命軍相ラウールに、米軍がキューバを直接侵略しようとしている兆候があると言い、戦略核ミサイルを地対空ミサイルとともにキューバに配備する狙いを説明した。ラウールは、ミサイル配備を決めるソ連側公式文書を持ち帰り、指導部に諮った。八月一三日、ソ連大使がフィデルにミサイル基地に関する政府間協定書を渡す。フィデルは署名し、チェにモスクワまで届けさせることになる。チェは八月二七日から九月二日まで訪ソし、三〇日、クリミア半島ヤルタの別荘でフルシチョフと会い、フィデルが署名した政府間協定書を手渡し、その公開を求めた。だが首相は拒否した。

九月一五日、ハバナ西方四五キロメートルのマリエル港にソ連の貨物船が最初のミサイルを積んで着岸する。ミサイルは、先遣のソ連軍工兵隊がピナルデルリオ州内に建設したサンクリストーバル基地を中心に、幾つかの場所に分散配備されつつあった。同州はチェの担当だった。チェは同基地から遠くない洞窟《どうくつ》を司令部としていた。鍾乳石《しょうにゅうせき》の周りを昼は燕《つばめ》、夜は蝙蝠《こうもり》が飛び交った。チェは状況の推移に気を配りながら、夜は読書やチェスで過ごした。

ミサイル危機

ソ連が搬入した戦略核ミサイルは、射程一六〇〇キロメートルの準中距離弾道ミサイル（MRBM）四八基と、ワシントンを含む米大陸北部を狙う射程三五〇〇キロメートルの中距離弾道ミサイル（IRBM）二四基だった。ソ連軍は近距離攻撃用の核ミサイル九〇基も携行していた。フルシチョフは、一九六一年六月ウィーンで開かれた米ソ頂上会談《サミット》を経て、ケネディを与《くみ》しやすい大統領と見なし、それがミサイル搬入につながった。だがケネディはヒロン浜の敗北から冷徹に判断すべきことを学び、手強《てごわ》い相手に成長していた。

危機は、米空軍偵察機U2が一九六二年一〇月一四日、サンクリストーバル基地上空で写真を撮り、ミサイル配備の証拠をつかんだことから始まった。ケネディは二二日、海上封鎖とソ連船臨検という強硬措置に出て、ソ連にミサイル撤去を要求した。フィデルは米軍の襲来を覚悟し、全軍に臨戦態勢を命じる。「ア・ラス・アルマス（武器をとれ）」と呼びかけるポスターがハバナ中に張り巡らされた。

キューバ全土で革命戦争勝利時に似た熱気が支配していた。だが喜びではなく、緊張と不安が入り交じった熱気だった。『ニューヨークタイムズ』紙のハーバート・マシューズは著書で、「フィデルは、全世界を核戦争と人類破滅の瀬戸際に追い詰めたことを内心、誇っていたのではないか。ソ連の核ミサイル配備を受諾するか否かはフィデルにかかっていた。かくも重大な決定に関与したラテンアメリカ人はいない」と書いている。

危機のさなか、チェの母セリアが来訪した。父エルネストと別居し、革新運動に携わっていた。モンテビデオでチェの母として演説し、そこからハバナに飛んできた。癌を患う母は最愛の息子に別れを告げに来たのだが、チェがキューバ人から礼讃され、チェの思想が部分的にせよ実りつつあるのに感銘を受けた。母はチェの側近ハリー・ビジェガスがいないのに気づいた。品行の悪さから強制労働場に送られていると聞くと、許すよう諫言《かんげん》し、ハリーは許された。セリアはハバナからパリ、ローマ、フィレンツェを経由してブエノスアイレスに戻ると軍政当局に逮捕された。だがモンテビデオに逃れ、軍政が終わりイリア文民政権になってからブエノスアイレスに戻った。

危機の収束

一九六二年一〇月一四日に勃発した「キューバ核ミサイル危機」(キューバでは「一〇月危機」)は、同月二八日まで世界全体を震撼《しんかん》させた。二七日、ソ連の地対空ミサイルがキューバ上空に侵入したU2偵察機を撃墜すると、米軍は先制核攻撃開始をケネディに迫り、緊張は頂点に達した。だが危機は翌二八日、フルシチョフがミサイル撤去、基地など関連施設の解体を、ケネディがキューバを軍事侵攻しないことを、それぞれ公約して収束に向かった。ケネディはソ連を標的としてトルコに配備していた中距離ミサイルを撤去する密約にも応じ、キューバへのミサイル配備が対米核戦略取引で有利に働くと計算したフルシチョフの狙いは的中した。

フィデルが自分の頭越しの米ソ取引を知ったのは、『レボルシオン』紙編集局長カルロス・フランキから見せられたAP通信の至急報によってだった。フィデルはキューバが東西冷戦の地政学ゲームの駒に使われたのに怒り、ミサイル撤去後の査察に応じないと表明、精いっぱい抵抗した。

キューバが結果として得たものは、軍事侵攻しないという米政府の公約だった。フィデルは翌六三年、ミサイル危機を振り返り「キューバ人にとって通常兵器で死のうと核爆弾で死のうと大きな違いはなかった」と言った。恐るべき「思い詰め」だ。また同年二月、仏紙『ルモンド』に、「私はミサイル配備を求めていなかったが国際社会主義の強化のため、モスクワから要請されて受け入れた」と語る。だが後年、「我々は、核ミサイルがキューバをソ連の軍事基地に変えると考え、その配備を望んでいなかった。ラテンアメリカにおける革命の印象を傷つけることにもなるからだ」と述懐する。

フィデルは危機収束直後の一九六二年一〇月末、『レボルシオン』紙で、ソ連の平和共存路線と異なる革命路線の継続を打ち出した。だがフィデルは、「(断交という) 同じ過ちを繰り返してはならない。米国と断交した我々はソ連と断交することはない」と言い、一一月初め、ソ連に対話を呼び掛けた。ミコヤン副首相がやって来て、新たな援助が決まる。ミサイル危機後、ソ連への幻滅を口にしていたチェは、ミコヤンとの会合に招かれなかった。チェは、当時中国派だったアルバニアとの関係強化に努めていた。

チェは危機収束の夜、イルダ宅へ行き、娘イルディータと遊び、緊張をほぐした。チェ自身、常に「チェ」で居続けるのは苦痛だった。そんなとき、子供とくつろぐのが慰めになった。知的な前妻イルダとの会話もときには必要だった。

チェは当時の状況を「ラテンアメリカ革命の戦術と戦略」と題した論文に書いた。チェの死後に発表されたが、「キューバ人民は核兵器を使ってでも身を捧げる覚悟だった。相談もなく取引され核弾頭が撤去されたとき、安らぎの息をつくこともなく、停戦に感謝することもなかった」と書かれている。広島訪問時のチェと大きく異なる激烈な「覚悟」である。一二月には米共産党機関紙『デイリーワーカー』とのインタビューでチェは真意はともかくとして、「ミサイルが撤去されなかったら、防衛のためニューヨークを含む米国の心臓部に向けて全部使用していたはずだ」と、信じがたい発言をしている。

逸話だが、ケネディ政権は危機収束直後の一一月初め、池田勇人首相の日本政府にキューバとの国交断絶を働きかけた。エドゥウィン・ライシャワー駐日大使が大平正芳《おおひらまさよし》外相に提案したのだが、外相は即答を避け、結局、断交はなかった。正しい判断だった。

大陸革命への傾斜

キューバは、北方一四四キロメートルにある米国の影響圏から抜け出せないという地理的、歴史的宿命を負いながら、革命によって特別の地位を築こうとしていた。キューバと北米大陸が引き合い離反し合う関係は、英国と欧州大陸、日本とアジア大陸の関係に似ている。キューバが特別な地位を築くのを助けることができるのはソ連だけだった。だが両国は革命路線では対立していた。キューバの生きる道は、ラテンアメリカに革命政権を増やし、それら諸国と共存することであり、フィデルもチェもそう信じていた。フィデルは、ソ連から援助はもらうが路線は別と考え、これをフルシチョフは仕方ないと諦めていた。

チェは、「国際社会主義運動の内部で各国の民族主義が尊重されないならば如何《いかん》ともしがたい。大国にとっては社会主義国であることより大国主義の方が大切なのだ」とソ連の覇権主義を痛烈に批判していた。キューバにとり米ソ平和共存は、米国からの経済封鎖と締め付け、ソ連との路線対立、ソ連援助によってキューバの民族的自発的発展が阻害されること、を意味していた。チェにとって、そのような状況をひっくり返す唯一の方法は、ゲリラ戦争と革命闘争を大陸的規模に拡げることだった。

革命キューバの自立は、ラテンアメリカに同盟国ができるかどうかにかかっていた。指導部はとくに、一大産油国ベネズエラに潜む「革命的傾向」を注視していた。自立と生存をかけた革命体制の対外力学は、ラテンアメリカ解放闘争へと向かっていく。フィデルはキューバ革命で祖国を解放した。だがチェの祖国は解放されていない。チェが革命キューバにいつまでも留まっていられない理由はここにあった。

砂糖大収穫計画

フィデルは一九六三年一二月、年間の砂糖生産量を一九七〇年に一〇〇〇万トンの大台に乗せる「大収穫《グラン・サフラ》」計画を打ち出した。ソ連・東欧と中国への砂糖引き渡しの約束を果たし、代わりに必要物資をもらい、さらに内需分を除いた余剰の砂糖を自由市場に売って得られる外貨で日本製機械など高品質の物資を買い付ける。つまり狙いは外貨獲得にあった。キューバは分業体制下で砂糖やニッケルの供給国と位置づけられており、これに従い続ければ、弱小農業国から脱するのは不可能だ。フィデルは、分業体制の中で発言権を強め、また自由市場で砂糖外貨を稼ぐため、野心的な計画を定めたのだ。

経済躍進という「第二の解放」をキューバにもたらすはずのこの計画を、フィデルは革命の名誉にかけて達成すると宣言し、砂糖の生産性を引き上げるため軍隊的な労働の統制と強制を何よりも優先させた。

しかし本質的に必要だったのは、社会制度を根本的に再編し、労働者に決定権を与え、官僚支配を大きく減らすことだった。だがフィデルは、自分が労働者の意思を代弁していると強弁し、あまりにも総統的な統治を続けていた。

第二次農地改革が一九六三年一〇月三日実施された。主にマタンサス、ビージャクラーラ両州の中農富裕層六〇〇〇人が対象だった。六七ヘクタール以上四〇二ヘクタールまでの土地が接収され、国有地は耕地の七〇%に達した。残る三〇%の私有地は二〇万人の小農の土地だった。小農が革命を支持してきたのは、農地改革の恩恵を受けたことに加え、教育と医療が山間の僻地まで及んだことによる。

蝕まれた楽観主義

チェは六三年七月、「約束の工場設備《プラント》の代わりに、がらくたをキューバに輸出しようとしている」と東ドイツを非難した。ソ連圏からの物資の品質について初めて公然と文句を言ったのだ。六四年二月には、ソ連がキューバに搬入した物資は協定より三割も少なかったと批判した。ソ連経済は当時、七ヶ年計画（一九五九〜六五）の下で成長が停滞していた。フルシチョフは六四年一〇月の政変でレオニード・ブレジネフに追放される。首相の座に就いたアレクセイ・コスイギンは六五年、個人と企業の利潤追求を重視し、経済運営の分権化や限定的市場原理導入による生産性向上を図るべきだとの立場から、ノルマ以上の成果を挙げた企業や個人を対象とする報奨金制度を柱とする「コスイギン改革」を導入する。計画よりも自発性のある「社会主義市場」を重視し、物質的刺激を一層明確に肯定したのである。

チェはソ連外務省の月刊誌『国際問題』の一九六四年一〇月号に農業多角化の失敗について書いた。

「砂糖の単一栽培だった農業の多角化を図ったが、一度に多くのことを試しすぎた。砂糖黍畑だった土地を新作物に当てたが、生産性は全般的に低下した。砂糖黍栽培ほど収益をもたらす農業分野はないという歴史的事実は正しかった。このキューバ経済の基本に気づいていなかった。我々は砂糖こそ帝国主義への従属と農村の貧困の原因と信じ込んでいた。真の原因は不均等な貿易収支であり、これとの関連で砂糖産業を考えなければならなかったのだ」

チェは、そのころ流行《はや》り言葉にもなっていた「低開発《スブデサロージョ》」の渦に巻き込まれ動きがとれなくなりつつあった。チェの楽観主義は次第に蝕《むしば》まれていき、精神は曇り、統計、数字、方法論の空しい議論に明け暮れるようになった。工業省はバガソ（砂糖黍の搾りかす）からつくった紙で『我らの工業』誌を創刊し、チェはその紙上で持論を展開していた。チェは、焼け石に水と諦めずに自発労働を人民に印象づけるため、毎日長時間働いて模範を示すのをやめなかった。反革命派が出没する砂糖黍畑でもお構いなしに働くチェに護衛ははらはらしていた。砂糖黍畑が放火されると、喘息に耐えながら消火の指揮を執った。

第7章

「出キューバ」へ

アルジェ空港でベンベラ・アルジェリア大統領の
出迎えを受けたチェ
（1964年4月15日，AP/アフロ）

ラテンアメリカ革命

「アメリカ大陸最初の自由の地、キューバからお伝えします」

ヒロン浜侵攻事件直後の一九六一年のメイデーに設立されたハバナ放送は、決まり文句を絶えず流していた。そこには「自由は革命によってのみ得られる」というメッセージが込められていた。革命政権は革命戦争勝利の直後からラテンアメリカ諸国のゲリラを訓練し、キューバ人ゲリラとともに出撃させていた。その優先地域はカリブ海沿岸諸国だった。

チェのメキシコ入国時以来の親友パトーホも祖国グアテマラにゲリラとなって帰国し、戦死した。「キューバで一緒に住んでいたある日、彼は祖国の先住民語（マヤ語）を学び始めた。やがて出撃の時が来て、彼は義務を果たさねばならないと言った。そこで、絶え間ない移動、あらゆる人物・物事への不信、周辺と状況の監視の三点を助言した。パトーホはこの忠告をあまり聞き入れなかった」。チェは嘆き悲しんだ。

チェは、戦中日記を基に革命軍機関誌『ベルデオリーボ』に、「革命戦争断章」を連載した。連載は後に『革命戦争回顧録』として刊行される。チェはまた同誌に、「キューバ―歴史の例外か、反植民地闘争の前衛か」という論文を書き、「キューバの条件は特殊で、繰り返されることはない」という見方に挑戦し、ラテンアメリカ革命を呼び掛けた。

チェの革命家としての最終目標は、祖国アルゼンチンの解放だった。解放者シモン・ボリーバル流に言えば、「大きな祖国」ラテンアメリカに属すチェは、フィデルの「小さな祖国」キューバの解放を支援した。今度は自分の「小さな祖国」で革命を起こすのだ。

一九六一年四月、アルゼンチン人画家シロ・ブストスが二度目にハバナを訪れると、チェ、ジャーナリストのホルヘ＝リカルド・マセッティ、革命キューバに移住していた親友アルベルト・グラナード、ブストスらアルゼンチン人は、ハバナ警察長官アベラルド・コロメー（現内相）とともに、アルゼンチンでゲリラ戦を開始する戦略を練り、「人民ゲリラ軍」（ＥＧ《エヘ》Ｐ《ペ》）結成を決めた。ブストスはアルゼンチンで支援網を構築する任務を与えられた。

国営通信プレンサ・ラティーナ（ＰＬ）の編集局長だったマセッティは、人民社会党（ＰＳＰ、共産党）系とのイデオロギー対立に加え、キューバ人ジャーナリストから「外国人が編集局長なのはおかしい」との異論が出て六一年三月、退社していた。だがヒロン浜侵攻事件の際はフィデルに乞われ、前線で報道に携わった。

革命政府は六二年二月四日、「第二次ハバナ宣言」でラテンアメリカ革命を推進する意志を明確にした。それはチェの意志だった。アルゼンチン軍政が同月、米政策に従ってキューバと断交すると、キューバ在住のアルゼンチン人は「キューバ・アルゼンチン親善協会」を結成、ブエノスアイレスに秘密支部を設置した。ペロン派左翼でアルゼンチン共産党に近いジョン＝ウィリアム・クックが秘密支部の責任者になった。グラナードは密かにアルゼンチンに行き、ゲリラ要員を募った。チェは協会結成に際し演説した。

「ラテンアメリカは変革期にある。我々キューバ人は前衛として重大な責任をもつ。全世界で革命の地鳴りが聞こえる。ラテンアメリカでは火山が爆発している。帝国主義は、この爆発に目を閉ざすことはできない」

アルゼンチン革命構想

チェは一九六二年五月、アルゼンチンの祝日に演説し、「アルゼンチン人が来年のこの日を社会主義の旗の下で祝うのを祈る」と語った。「来年」とは六三年で時期尚早だったが、チェはフィデルの「心理戦争」にならい、早々と革命計画の存在を明らかにしていたのだ。

そのころアルゼンチンの『ラ・ナシオン』紙取材団を迎えたチェは、同国で革命運動に着手する構想を二時間にわたって語った。一同、緊張して聴き入った。

「まず五〇人程度の要員がコルドバ山脈辺りに野営地を設営する。三ヶ月で訓練を終え、戦闘を開始する。山を下り最寄りの街で警察を襲撃、武器を奪う。ゲリラを増やして山地に戻る。事件は大きく報道され、若者たちがコルドバに集結する。兵力が二〇〇〇人に達したら、平地で戦う。やがてブエノスアイレスの五月広場を占拠し、政庁を落とす。社会主義革命政権の樹立を宣言する」

記者が質問した。「国軍は黙ってはおらず反撃し、殲滅作戦を仕掛けるはずだが」。チェは「彼らは傭兵にすぎない」と一言で切り捨てた。チェが触れた「コルドバ山脈」は少年時代に山麓に住んだ記憶を基にした「たとえば」の話だった。チェは実際には、アルゼンチン北端（ボリビア南端）の国境地帯を戦域として想定していた。

キューバ内務省内に六二年末、ラテンアメリカ諸国の革命組織を支援する「解放局」が新設された。〈赤髭《バルバロハ》〉の異名をもつG2副長官マヌエル・ピニェイロが同局を仕切ることになった。外国遠征中のチェを支援する窓口もピニェイロだった。

解放局がペルーで支援したファン＝パブロ・チャンらのゲリラ部隊は六三年一月、ボリビアからペルーに潜入したが政府軍に撃破され、チャンら生存者はボリビアに戻り、「ペルー民族解放軍」（ELN《エエレエネ》-P）を結成する。同年七月、チェの側近ホセ・マルティネス＝タマヨがボリビアでチャンと接触し、「ボリビア民族解放軍」（ELN-B）の組織に着手する。チェが六六年に率いることになるゲリラ組織である。チェは、ペルー、ボリビア、アルゼンチンと陸伝いにつながる三国のゲリラが同時に戦う「アンデス作戦」を構想していた。

アルジェリア独立

チェから「人民ゲリラ軍」（EGP）の指揮を任されたのはマセッティだった。ヒロン浜侵攻事件直後から諜報機関G2で訓練を受けたマセッティは一九六一年一〇月、チュニジアの首都チュニスに行き、フランス軍相手に戦っていたアルジェリア民族解放戦線（FLN）の亡命代表部を訪ね、同戦線への支援を申し出る、アルジェリア首相アーメド・ベンベラ宛のフィデルの親書を渡した。ヒロン浜勝利で気が大きくなっていたフィデルは、アフリカとの革命連帯路線を打ち出したのだ。

キューバ革命軍は一二月、ヒロン浜で侵攻部隊から押収していた大量の米国製武器類を貨物船でモロッコのカサブランカに運び、六二年一月、それを陸路アルジェリア国境に届け、FLNに引き渡した。貨物船は、FLNの負傷兵七八人と戦争孤児二〇人をキューバに連れ帰った。アルジェリアはその年七月三日独立を達成する。キューバが届けた武器は戦闘の最終局面で役立ったのだ。

ベンベラは六二年九月、国連加盟式典出席後ケネディと会談し、ミサイル危機さなかの一〇月ハバナを訪れた。ベンベラは武器供与に謝意を表し、チェにマセッティらゲリラ要員のアルジェリア入りを許可した。マセッティは一一月キューバを離れ、六三年一月アルジェ入りし、軍事訓練を受け大尉になる。マセッティらEGP要員はミサイル危機のさなか、スペイン系ソ連人の将軍からピナルデルリオ基地で軍事訓練を受けていたが、チェは、ソ連人による訓練はモスクワにゲリラ戦の計画が筒抜けになり危ないと気づき、アルジェで訓練することにしたのだ。

マセッティは「コマンダンテ・セグンド」(第二司令)だった。それは「コマンダンテ・プリメロ」(第一司令)、すなわちチェがいることを意味した。チェは政府高官として準備に関わる時間がなく、将来的に態勢が整うまでマセッティに指揮を任せたのだ。チェは六三年六月アルジェで、ゲリラ戦の戦域に赴くマセッティと最終的な打ち合わせをする。

『レクスプレス』誌のフランス人ジャーナリスト、ジャン・ダニエルは一九六三年七月、アルジェ滞在中のチェに会った。「チェに会ってキューバに行きたくなった。彼はアルジェリアがとても気に入り、〈何もかも、無秩序さえも革命だよ〉と言っていた。ゲバラはいかなる秩序にも不信を抱いていた。アルジェリア人はたちまち彼に惚れ込んだ」

その年一〇月下旬、ダニエルはハバナでチェに再会した。「チェはしきりにパリを訪れたがっていた。〈ルーヴル博物館を観たいし、ドゴールが米国を罵倒するやり方がとても嬉しいからね〉と言っていた」。ダニエルは中ソ対立について訊いた。「私は、共産主義の倫理を欠いた経済中心の社会主義に興味はない。マルクス主義には利潤だけでなく利己心もなくすという基本目的がある。これを軽視したら共産主義は単なる生産再分配の方法となる。より多く生産し、よりよく食べるということなら資本主義者は我々よりずっと有能だ」

「チェはソ連の経済刺激策を厳しく批判したが、ソ連の社会的な失敗、政治の権威主義、警察の弾圧などは把握しておらず、ソ連の抱える問題点への総合的理解が欠けている」。そう受け止めたダニエルは、同胞作家アンドレ・ジード(一八六九~一九五一)を思い浮かべた。ジードは一九三六年に訪ソしたが、夢見ていたマルクス主義を見出すことができなかった。チェはジードと同じ幻想を抱いている、とダニエルには映った。ダニエルは、「キューバは一方でソ連に救われながらも、もう一方でソ連にとって容易ならざる存在になっている」と洞察していた。

ケネディ暗殺

ダニエルはキューバ訪問に先立つ一〇月二四日、ホワイトハウスでケネディと話し合った。ケネディは同年六月、ＣＩＡにキューバに対する地下活動を認め、七月には対敵性国通商法を基に財務省にキューバへの経済封鎖強化を命じ、在米資金凍結、許可なしの融資・貿易禁止、米ドルによる取引禁止に踏み切った。だが実はケネディは同年初めからキューバとの和解工作を密かに進めており、ダニエルに密使の役割を担わせたのだ。

ケネディはキューバ革命が倒したバティスタ独裁について「米国が犯した数多くの罪悪の化身であり、我々は代償を払わねばならない。バティスタ政権に関してはキューバの革命家たちと同意見だ」とダニエルに語り、別れ際に「キューバから戻ったら会いに来たまえ。カストロの反応に興味がある」と言った。ダニエルは一一月二一日ハバナでフィデルに会い、ケネディの話を伝えた。聴き終えたフィデルは、「ケネディには米国史上最も偉大な大統領になる可能性がある。彼の再選を望まねばならない」と興奮気味に語った。

フィデルとダニエルは翌二二日、ハバナ東方一二〇キロメートルのバラデーロの海浜で泳ぎ、昼食をとっていたところに、ドルティコース大統領から電話が入った。それはケネディ暗殺を伝える衝撃の電話だった。その瞬間、ダニエルの密使の役割は終わった。六三年一一月二二日、テキサス州ダラスで米大統領ジョン・ケネディは暗殺された。ヒロン浜とミサイル危機で対決した相手は、あっけなく消えてしまった。

チェもケネディの死を残念がり、「死んでほしくはなかった。手の内を知り尽くしていた敵だったし、彼の言動は予測可能だったからだ」と言った。後継のジョンソン米政権はキューバとの和解工作を受け継いでいた。密使の役割を担っていた米テレビキャスター、ライザ・ハワードはハバナでチェにインタビューした。「米国に最も望むことは何か」と問われたチェは、「何もない。反キューバ政策をやめ、我々を放っておいてほしい」と答えた。

「人民ゲリラ軍」

チェはハバナで友人リカルド・ロホとともに、ゲリラ戦開始に備えアルゼンチン情勢を分析した。ロホは一九六一年初めチェの浴室で、防水措置を施され壁に貼り付けられていたアルゼンチンの大きな地図を見た。そのときチェは言った。

「ラテンアメリカ革命が、いまのように小さなキューバにだけ依存しているのではなく、アルゼンチンのような強力な支柱となる広大な国を獲得できたらね。ブラジルもラテンアメリカ解放に大きな役割を果たすだろうね」

ロホは、キューバ革命はアイゼンハワー政権が油断したから成功したのではないかと指摘した。チェは幸運や偶然があるのを認めた。問題はチェの農村拠点主義だった。チェは、アルゼンチンは農業国だから農村に拠点を置くべきだと主張した。しかしボリビア高原に続く高地の拡がる北部と、南部のパタゴニアは人口密度が低く、西部のアンデス山脈は高く険しく寒すぎた。ペロンが育てたプロレタリアを基盤とする都市ゲリラを構想すべきだったのだが、チェは南米南部諸国での都市ゲリラの優位性を認めなかった。地下活動を強いられる都市では革命の起爆剤となる「中核前衛《フォコ》」の構築が難しかったからだ。

マセッティら「人民ゲリラ軍」（EGP）要員はアルジェでチェと打ち合わせた後、アルジェリアの外交旅券で六月半ばボリビアに入国し、南部でアベラルド・コロメーに守られてアルゼンチン北端のサルタ州に潜入した。同州のボリビア国境地帯で六三年六月二一日、マセッティ以下わずか五人の「中核前衛《フォコ》」だけのEGPが誕生した。

後に指揮を執ることになっていた「第一司令」チェの暗号名は「マルティン・フィエロ」、ゲリラ戦は「セグンド・ソンブラ作戦」と名付けられた。チェの暗号名と作戦名はそれぞれ、ホセ・エルナンデスの叙事詩『マルティン・フィエロ』と、リカルド・グイラルデスが書いた小説『ドン・セグンド・ソンブラ』に因んでいた。両方ともアルゼンチンで最も有名な文学作品である。作戦名はマセッティの「コマンダンテ・セグンド」（第二司令）との語呂《ごろ》合わせでもあった。こんなところにも、読書や文学を愛するチェの好みが表れていた。

アルゼンチンでは一九六三年七月七日の大統領選挙で、チェが密かに会談したことのあるフロンディシー元大統領と同じ政党である急進市民同盟のアルトゥーロ・イリアが当選、一〇月政権に就き、六二年にフロンディシーを倒して発足した軍政から民政に戻っていた。民主政権下ではゲリラ戦は向かないという、基本的問題が浮かび上がった。

イリア当選で民政移管が時間の問題となっていたころアルゼンチン北端で野営していたマセッティは、ゲリラ戦に有利な状況ではないと判断した。だが軍部が強大な影響力を維持している実態に気づくと、武闘開始に傾いた。当時のアルゼンチンの政治状況は大地主・農産品輸出業者らの富裕層、ペロン派の新興工業労働者、軍部の三すくみ状態で、この均衡が崩れて軍政が復活する可能性はあった。だが民政移管が決まり、軍政が早晩復活するという展望はなく、アルゼンチン人の大勢《たいせい》はゲリラ戦という内戦を望んでいなかった。

第一、「人民ゲリラ軍」(EGP)の戦闘要員があまりにも少なすぎ、アルゼンチン国内での支援網、補給網、連絡網も不十分だった。スペイン亡命中だったペロン元大統領の支持も、アルゼンチン国内のペロン派の支持も得ていなかった。EGPにはいったんキューバに戻る選択肢があったのだが、マセッティはあえて戦闘を選んだ。EGPの展開は、誰の目にも無謀としか映らなかった。初期の判断の甘さは致命的だった。

この年七月、チェはハバナでヴェトナム代表団と会談し、米侵攻軍と戦うヴェトナムを讃え、「幾つものヴェトナムをつくる戦略」を説明した。八月には、先妻イルダが所属していたアメリカ革命人民同盟（APRA）の左翼幹部ルイス・デラプエンテがハバナでチェと会談し、ペルー以南の南米で広域革命を起こすことで合意した。

チェは六三年末、再びアルジェリアへ飛び、初代大統領に収まっていたベンベラと会談した。いまやアルジェはキューバにとりアフリカの前進基地であり、キューバと南米を結ぶ迂回路でもあった。米政府はそのころ、ハバナ放送やチェの発言にラテンアメリカ革命開始を示唆する内容が増えているのに注目していた。

アルゼンチン北部に拠点を置いたマセッティは一九六三年九月、大統領就任直前のイリアへの公開書簡を発表した。民主政権下でゲリラ戦を開始する正当性を主張するため、生まれ来るイリア政権の正統性に異議を唱えたのだった。この論理には相当の無理があり、書簡は主要紙から無視され、反響は極めて小さかった。最も積極的に反応したのは国境警備を担当する憲兵隊《ヘンダルメ》で、年末には「人民ゲリラ軍」（EGP）の存在を把握した。マセッティは筆達者なジャーナリストが陥る罠に自らはまっていたのだ。マセッティは「ゲリラ部隊の司令」の地位に酔ったのか、厳しい規律を要員に課し、違反者を軍法で裁き、仲間を二人も処刑した。集められた三〇人に満たない要員は都会の若者で、地元農民の参加はなく、厳しく寒冷な山岳地帯や高原で戦うには心身ともに鍛えられていなかった。処刑は要員に恐怖と疑念を植え付けただけで、結束や戦意の向上にはつながらなかった。

憲兵隊は三月、EGPの戦闘員不足に乗じてスパイ二人を潜入させた。これでゲリラ部隊の命運は尽きる。憲兵隊は討伐戦に三五〇人を投入した。一九六四年四月一八日、EGPは待ち伏せに遭い、ゲリラ数人が射殺され、一四人が逮捕され拷問された。何人かは逃亡した。連絡網を担当していたシロ・ブストスは、ラジオでゲリラの敗北を知り逃亡した。

マセッティら二人は標高三〇〇〇メートルの丘陵地帯に逃げ、行方不明になった。マセッティは軍資金を所持していた。憲兵隊員がマセッティらを殺し、軍資金を奪って死体を隠したという見方がある。EGPは、わずか一〇ヶ月の苦悩に満ちた空しい逸話に終わった。

チェはEGP全滅を知るや心を痛め、「自分が事務所で仕事をしている間に彼らが戦死したとは、気が収まらない」とグラナードに語った。逮捕された要員の弁護はロホが引き受けた。彼らは九年後の七三年、ペロン派のカンポラ政権によって恩赦で釈放された。

チェの完敗

作家ガブリエル・ガルシア＝マルケス（愛称ガボ）もプレンサ・ラティーナでマセッティとともに働いていたが、人民社会党（PSP）系が編集権を握ったため辞めて、キューバを離れメキシコ市に移った。マセッティのジャーナリズムの業績を高く評価していたガボは後年、「人民ゲリラ軍」について調査しようとしたところ、キューバ当局がマセッティのゲリラ活動の記録を公文書から完全に削除し、キューバの関与を消し去っているのに気づいた。

マセッティの敗北はキューバ革命路線の明確な挫折であり、ソ連の平和共存路線に歯向かっていたフィデルら指導部には悪夢でしかなかったのだ。

それはとりもなおさず、ゲリラ部隊を送り込んだチェの完敗でもあった。「中核前衛《フォコ》」は機能する前に自壊し、都会での兵站も組織できず、無謀な冒険に終わった。中核前衛《フォコ》が基盤なしには成り立たないことも証明された。アルゼンチンにはキューバのグアヒーロのような虐げられた貧農層は存在せず、山地に拠点を築くゲリラの成功は、都市部のペロン派労働者と連携することができるか否かにかかっていた。それには、人口過疎地帯のサルタ州は大都市のあるパンパ（草原地帯）の中央部から離れすぎていた。

言うまでもなく重要なのは、大都市ブエノスアイレスだ。周辺のブエノスアイレス州の一部を合わせた大ブエノスアイレス首都圏には工場労働者の厚い層があり、革命を起こすには、そのプロレタリアを支援、補給、連絡の要とし、そこからゲリラ戦士を集めなければならなかった。だが農村・山岳拠点主義を曲げないチェには認めがたいことだった。イリア政権が六六年六月軍事クーデターで倒され、フアン・オンガニーア陸軍司令官の軍政が始まると、極左と左翼は武器を手に立ち上がったが、それは都市ゲリラとしてだった。

チェは革命の持論を変えなかったが、マセッティの敗北はチェにとって強迫観念になる。だがボリビア遠征準備は六三年から始まっており、チェには引き返す選択肢はなかった。チェはマセッティの惨敗を教訓に、マドリードで亡命生活を送っていたペロンと連絡をとるようになる。ペロンは祖国を追われてから九年経っていたが、帰国して再び政権に就く野心を抱いていた。だが帰国の費用や政治運動を拡げる持ち金がなかった。チェとペロンは側近を介して接触し、チェはペロンに資金を提供、ペロンはしかるべきときにチェのゲリラ部隊にペロン派左翼数百人を送り込むという取引をした。資金の一部はペロンの手に渡ったが、チェが見返りをもらい受けることはなかった。チェは祖国での戦いに至る前の六七年に死に、ペロンは七二年まで帰国できなかった。

工業化の失敗

一九六四年は「経済の年」だった。しかし、チェが推進していた工業化計画は失敗していた。フィデルは砂糖大収穫計画に集中、他の食糧の生産は思わしくなかった。経済建設の停滞は製品や原材料の窃盗を急増させていた。チェは窃盗犯に銃殺さえ要求した。ピナルデルリオ州内には労働矯正所があった。チェは矯正指導のため小型機でハバナから通っていた。そこには革命倫理が欠けていると見なされた幹部が送り込まれていた。彼らは数週間から半年収容され、懲罰としての労働で矯正が成れば、元の勤務先に戻ることができた。チェは工業省の幹部全員に一ヶ月間の工場労働を義務づけていた。こうした「自発労働」重視主義は、中央労連（CTC）との衝突につながった。熱帯のキューバ人に、ラテンアメリカ性を超えたチェのスパルタ式は向かなかったのだ。

六四年七月、大統領ドルティコスが中央計画会議《フセプラン》議長と経済相を兼任する。チェは、

「工業相の職務に没頭したため、もう一段上から全体を見渡す国の指導者にふさわしい存在にまで到達することができなかった」と自ら認めた。チェは自己批判して経済建設から離脱した。それはボリビア遠征の準備に入るためだったが、物議を醸した対ソ批判やCR・ロドリゲスとの路線対立が離脱の真意を都合良く覆い隠してくれた。チェはマセッティのゲリラ部隊が壊滅する数日前の四月半ば、アルジェでベンベラ大統領とアフリカ解放について戦略を練っていた。

そのころジョンソン米政権はキューバ締め付けを強化、これに対しフィデルはグアンタナモ米海軍基地への給水を遮断し、四月には国際通貨基金（IMF）から脱退した。ヒロン浜侵攻事件後、CIAの協力者となっていた実妹ファーナ・カストロは六月メキシコに出国、両兄フィデルとラウールの政権を激しく非難した。

米政府は七月のモンカーダ兵営襲撃記念日に合わせ、米州諸国機構（OEA）に対キューバ集団断交と全面禁輸を迫り、世界銀行と米州開発銀行（BID）の融資も禁止した。断交に応じなかったのはメキシコ一国だけだった。ただし、ラテンアメリカで唯一キューバに開かれたメキシコ空港はCIAの検問所となった。九月には、快速艇二隻に乗った反革命亡命キューバ人がハバナに向かっていたスペインの貨物船を襲撃、船長ら三人を殺し六人を負傷させ船に放火する事件が起きた。

この六四年一〇月、東京オリンピックが開かれていた。そのさなかクレムリンの政変でフルシチョフが更迭されレオニード・ブレジネフが政権を握り、中国は初の原爆実験で米ソを牽制《けんせい》した。一一月三日にはボリビアで軍事クーデターがあり、文民のビクトル・パス＝エステンソロ大統領が追放され、空軍の将軍レネー・バリエントスが政権に就いた。チェが二年後相手にすることになる軍政がここに始まった。

チェは一一月、ソ連に二週間滞在、モスクワの赤の広場でブレジネフの傍らに立ち、ロシア革命記念日の軍隊行進を観閲した。ブレジネフと会談したチェは、ブレジネフが米ソ平和共存下での「縄張り分割」と「社会主義陣営内での分業」という秩序を重んじる人物であるのを確認した。ソ連から一一月末に帰国してから一ヶ月弱の期間が事実上、工業相チェとしての最後の務めとなる。

国連演説

チェは一九六四年一二月一一日、国連総会で演説した。それはアフリカおよび虐げられた国々の立場を代弁し、歴史に残る演説となった。

「植民地主義に最期の時が来た。アフリカ、アジア、アメリカラティーナ（ラテンアメリカ）は民族自決の権利と自立的発展への権利を主張している。我が国は北米帝国主義から数歩の距離にあるが、我が人民は自らを解放し自由を守りうることを実践で示している。北米帝国主義は平和共存が強大国の排他的権利だと信じ込ませようとしているが、大国間だけの平和共存などありえない」

こう切り出し、アフリカの植民地解放闘争、とりわけコンゴ情勢に詳しく触れて、「世界の人民はコンゴでの犯罪に報復する準備をせねばならない」と強調した。チェがコンゴで戦う意志をすでに固めていたことを物語る。

重要なのは、「社会主義陣営内で搾取者と非搾取者が形成されるならば健全な経済発展はないし、弱小国が帝国主義者と植民地主義者の支配下に陥るのに似た状態になりうる」と、ソ連を暗に批判したことだ。この件《くだり》は二ヶ月後のアルジェ演説の伏線になる。

チェはこの演説で、プエルト・リコ文化の植民地的状況と関連させてスペイン語について語った。「北米人は長年にわたりプエルト・リコで（母語であるスペイン語を）英語の抑揚をもつスペイン語、ヤンキー兵士に屈服するのに好都合な骨抜きにされたスペイン語に転換させようとしてきた」。言論人であり文筆家であるチェらしい指摘である。

チェの演説に米国などが反論した。チェは再反論する二度目の演説で「革命輸出は不可能」と言い切る一方で、「しかるべき時が来たら私はラテンアメリカのある国の解放のために自らの命を差し出す用意ができている」と大見得を切った。

チェの演説中、亡命キューバ人組織がハドソン川上のボートから国連本部の建物目がけてバズーカ砲を発射した。またキューバ国連代表部前で銃を所持した亡命キューバ人女性が逮捕され、チェを殺すつもりだったと自白する一幕もあった。

米テレテビキャスター、ライザ・ハワードは自宅にチェを招き、民主党上院議員ユージン・マッカーシー、キューバ革命を支持していた作家ノーマン・メイラーらに会わせた。チェはマッカーシーに対米貿易再開と米国によるカストロ政権承認を望むと語ったが、これを伝え聞いたジョンソン大統領は関心を示さなかった。

アフリカ歴訪

チェは一九六四年一二月一七日、ニューヨークからアルジェに飛び、アルジェリア独立闘争のイデオローグで故人となっていたフランツ・ファノン(一九二五〜六一)のフランス人の妻ジョシーからインタビューを受けた。ジョシーは『アフリカ革命』誌の記者で、会見記事は同月二二日に掲載された。ジョシーは「ラテンアメリカでの革命の展望」を訊ねた。チェは答える。

「私にとって心臓のすぐ近くにある最も強い関心事だ。米国は、ゲリラ戦開始時にゲリラを掃討しなければ根絶が困難になるという正しい認識に達している。ゲリラの力が人民に根差すことを理解したのだ。我々は大陸的な戦線構築を予見しているが、その構築には長い時間がかかるだろう」

チェはジョシーがアフリカの武力闘争について質問したのに対し、「アフリカでは闘争が成功する可能性も大きいが、危険も大きい。最大の危険は、アフリカ人の間で分裂傾向が強まりつつあることだ」と指摘した。チェは、自身のコンゴ遠征が辿る運命を予感していたのだ。さらにアフリカの経済開発について質問され、「組織体として働くこと。自分の頭で問題に取り組むこと」と進言した。これには、組織化が遅れソ連の言いなりになったキューバ革命指導部の反省が込められていた。

チェは自身のアフリカ歴訪についてベンベラ大統領と打ち合わせた。チェはこの歴訪でキューバ、アルジェリア、アフリカ諸国の連帯強化を図ろうとしていた。バンドン会議から生まれたアジア・アフリカ連帯機構にアメリカラティーナ（ラテンアメリカ）を加えた「アジア・アフリカ・アメリカラティーナ三大陸人民連帯機構」（OSPAAAL《オスパアアル》）がやがてキューバで結成されるが、これはチェとフィデルの発想に基づいている。

アルジェを出発したチェは最初にマリに行った。キューバにとって「農業の年」である一九六五年が明け、チェは元日、コンゴ共和国（旧仏領コンゴ、通称ブラザヴィルコンゴ）の首都ブラザヴィルに移動する。コンゴ川を隔てた対岸には、もう一つのコンゴ共和国（旧ベルギー領コンゴ、通称レオポルドヴィルコンゴ）の首都レオポルドヴィル（現キンシャサ）がある（この国は七一年ザイール、九七年コンゴ民主共和国と国名を変える）。旧ベルギー領コンゴ東部の「解放人民軍」（EPL）が展開していた地域がチェの新たな戦場になる。チェはブラザヴィルに、亡き盟友カミーロの実兄オスマニ・シエンフエゴス率いるキューバ軍別働隊を配置する。チェはブラザヴィルで、「アンゴラ解放人民運動」（MPLA）のアゴスティーニヨ・ネト議長と会談した。キューバは七〇年代半ば、MPLA政権の要請を受けてアンゴラに派兵することになる。

次いでギニアの首都コナクリでセクー・トゥーレ大統領（一九二二〜八四）および、解放組織「ギネビサウ・カボヴェルデ独立アフリカ党」のアミルカル・カブラル議長（一九二四〜七三）と会談した。チェはカブラルを、アフリカの指導者の中で最も状況に関与し知的でカリスマ性のある指導者と高く評価した。カブラルは武闘が唯一の解放手段だと認めながらも、解放軍にキューバ人が入るのを良しとせず、国内の部族が対立をやめ団結すれば勝てると断言した。キューバには教師、医師、看護師、農業技術者の派遣と、疫病に備えての薬品の提供を求めた。キューバは六三年に最初の医師団をアルジェリアに派遣、実績があった。チェが死ぬとカブラルは、「チェは死なない作戦」を展開し、ポルトガル植民地軍に攻撃をかけた。

周恩来と再会

チェはその後、ガーナとダオメーを訪れ、二月末にアルジェでオスマニ・シエンフエゴスと合流、北京に飛ぶ。この訪問の表向きの目的は、中ソ論争におけるキューバの立場を説明するためだった。中国はソ連を批判していたチェに好感を抱いていた。だがチェは周恩来と劉少奇《りゅうしょうき》には会ったが、毛沢東には会えなかった。

中国は旧ベルギー領コンゴの解放人民軍（EPL）への主要な武器供給国だった。チェは周に、EPLとともに戦う決意を伝え、事前の了解を得た。チェは国連演説で台湾に替えて中国を加盟させるよう訴えていたが、そこには中国の正統性を支持することとは別に、チェの個別の狙いが秘められていたのだ。

チェは当時、「ソ連は中国をトロツキストと見なしている。私はもちろん中ソ対立では絶対中立というキューバ政府の立場を守っている。しかしトロツキー思想から引き出すべきものはある」と語って、ソ連に近いラウールから「中国派」と指弾《しだん》されたものだ。

チェは一〇日近く中国に留まってからパリ経由でタンザニアの首都ダルエスサラームに行き、大統領ジュリアス・ニエレレ（一九二二〜九九）に会い、コンゴでの参戦に理解を求めた。タンザニアは中国との関係が深く、コンゴへの出撃拠点だった。八日間滞在し、EPLの指導者ローラン・カビラと接触した。チェはフィデルの指示に基づき、カビラらに革命軍の教官を三〇人派遣すると提案したが、一三〇人に増えてしまった。チェは、カビラから堕落臭を嗅ぎ取り、「アフリカの道は遠いという印象が残った」と日記に書く。

チェはカイロに飛び、EPLのもう一人の指導者ガストン・スミアローと会談するが、カビラとの共闘が既定路線になってしまっていた。チェは、コンゴの指導者間の対立に中ソ対立が反映されているのに気づいていた。

運命の演説

チェはアルジェに戻り、運命の演説をぶつ。アジア・アフリカ連帯機構はアルジェで一九六五年二月二四日、第二回経済研究会合を開いた。六三ヶ国と一九の解放組織が参加していた。チェはその日演説した。

「解放への道を歩み始めた国の開発には社会主義諸国の犠牲が必要だ。低開発国を犠牲にして設定された価格で互恵貿易を発展させようなどと語ってはならない。後進国が血と汗を流して獲得した原料を（安すぎる）国際市場価格で売り、機械類を（高すぎる）国際市場価格で買うことに〈互恵〉などという言葉が当てはまるだろうか。この種の関係が（社会主義先進国と発展途上国という）二つの国家集団の間にあるとすれば、社会主義国は帝国主義的搾取の共犯者だと確信せざるをえない。社会主義諸国は西側搾取諸国との暗黙の共犯関係を清算する道徳的義務を果たすべきだ。我々の世界では武器は商品ではない。共通の敵に対する武器を求める人民に武器は必要なだけ無償で与えられなければならない」

ソ連書記長ブレジネフは、この演説に激怒した。フィデルも「激怒した」とされるが、フィデルが自らソ連批判をしないで済むようチェが代弁したという側面もあった。フィデルには、権力と革命体制の維持に不可欠な対ソ関係の実相を見透かされた不快感もあったはずだ。モスクワは、チェを何とかせよとフィデルに迫る。

チェは三月初めエジプトでナセル大統領にコンゴ行きを打ち明けた。ナセルは「行くべきではない。成功しない。あなたは白人であり、すぐにわかってしまう」と諭《さと》した。ナセルの側近ハイカルは後に、チェが「死」についてしばしば言及するのに驚いたと語った。チェは「人生の転換点は誰にとっても死に直面するときだ。死に向き合う者は、成功しようとしまいと英雄だ。世界革命のために戦い、死に挑戦する場所を見つけたい」と語ったという。

チェは三ヶ月に及んだ長旅を終え、ハバナ空港に帰還した。空港にはフィデル、ラウール、ドルティコース、CR・ロドリゲスが厳しい表情で待ち構えていた。

新しい人間

チェはアフリカ旅行中に「キューバにおける社会主義と人間」という論文を執筆、これをウルグアイの『マルチャ』誌が一九六五年三月一二日掲載した。

「我々は戦士の中に未来の人間を垣間見ることができる。共産主義を築くためには、新しい経済的基盤とともに新しい人間を形成しなければならない。社会主義建設期に新しい人間が生まれる。新しい人間の教育と技術の発展が社会主義建設の二本の柱だ。キューバでは新しい人間を創造する必要性がまだ理解されていない。創造すべきは二一世紀の人間である」

「原罪をもたない新しい人間」、「過去の欠陥とは無縁な新しい人間」、「地平線上にかすかに見える新しい人間」、「新しい世代」、「新しい技術を身につけた新しい人間」という表現が並ぶ。低開発世代である年配者は救いがたく、人民が「新しい人間」だけで構成されるようになるまで人民を力強く指導しなければならない、とチェは考えた。当時、亡命出国を待つキューバ人は五〇万人もいたのだが、チェは構わず、「人生は他者と革命に捧げられなければ、どんな意味があるのか」とキューバ人に語りかけていた。チェは、熱帯のキューバ人を念頭に置いて「新しい人間」、換言すれば「勤勉な革命的人間」の鍛造が必要だと考えていた。

チェは、この論文を書く前にさまざまな演説で「新しい人間」の概念づくりをしていた。だがチェが閃《ひらめ》きを得たと思われる最も重要な書物は、フランツ・ファノンが六一年に著した『地に呪《のろ》われたる者』である。チェはフランス語の原書を読んだはずだ。ファノンは同書で、植民地支配により人間以下に虐げられ劣等感をもたされたアフリカ人は、新しい人間となって武力蜂起すれば浄化作用が生まれる、と説いている。

チェは倫理を重視し、労働に励み、社会に尽くす「新しい人間」を描いた。チェは当初、人間から自由を奪わずに人間改革を革命の基礎的目標とするがゆえに、キューバ革命は人間的革命であると考えていた。一八五四年に米国の駐英、駐仏、駐西三大使はベルギーのオステンドで会合し、「米国は人間・神・法律によってキューバを確保する権利をもつ」とする「オステンド宣言」を一方的に発した。チェの言う自由には、このような暴虐をはねつける権利が含まれている。新しく若い自由な「革命的知識人」をつくるのがチェの希望だった。

しかしチェがキューバにいた六〇年代前半、社会主義建設のための日常的努力の過程から年々刺激が消えつつあった。理想と現実の隔たりは大きく、空しいスローガンがはびこり、社会と個人の関係は虚《うつ》ろになっていた。「新しい人間」と正反対の厚く頑迷な官僚主義が立ち塞がっていた。だからこそ「新しい人間」創造の必要性を強調したのだ。

筆者は一九九八年にハバナでチェの娘アレイダ・ゲバラ＝マルチ医師にインタビューした折、「新しい人間」について意見を求めた。彼女は次のように答えた。

「父は次のように書いている。〈人間は他人を理解しなければならない。他人がどこに住もうと、どんな信仰をもとうと、文化が何であろうと、その人が苦しんでいるときに、苦しみを分かち合える人間でなければならない。連帯できなければならない〉。新しい人間になれということは、他人にとって有用な人間になれということと通じる」

革命は本来、膨大な数の他人のためになされるべきものだ。革命から生まれ、革命を維持し、犠牲になるのを覚悟しつつ新しい革命を起こす「新しい人間」を、チェは「他人にとって有用な人間」と捉えていた。チェは「新しい人間」を体現し新しい革命を起こすためキューバに別れを告げ、コンゴ、そしてボリビアへと旅立ってゆくのである。

第8章

コンゴ遠征

サンタクラーラ市の入り口に立つゲバラ像.
台座に標語「アスタ・ラ・ビクトリア，シエンプレ」が
刻まれている（1995年，筆者撮影）

武闘への郷愁

チェ・ゲバラは一九六四年三月、アルゼンチン系ドイツ人で、「タニア」の暗号名をもつタマーラ・ブンケを工業省に迎えた。タニアは、チェが初めてソ連圏を旅した六〇年末、東独で通訳としてチェに会い、六三年から一年間キューバで諜報・防諜訓練を受けた。マセッティのゲリラ部隊が壊滅した六四年四月、タニアはボリビアの政治首都ラパスに向かった。チェのボリビア行きに備え、同国の支配層や共産党と人脈を築くためだった。

そのころチェはキューバ駐在のアルゼンチン大使に、官僚を前にして演説する空しさや、要職ゆえに時間を奪われる苛立《いらだ》ちについてこぼし、「武闘への郷愁」を語っていた。アルゼンチンはイリア文民政権の下にあった。祖国の文民政権の大使ということで気を許したのだろうが、「武闘」への思いを語るのは得策ではなかったはずだ。チェは依然ロマンに溢れていたが、米国も南米諸国の軍部もチェが動くのをてぐすね引いて待っていたのだ。

フィデルとチェは六四年九月から一〇月にかけ、ボリビアでのゲリラ戦の計画を練った。ボリビア行きは既定路線だったが、その前にコンゴで「予行演習」する選択肢があった。それは六四年末からのチェのアフリカ歴訪の前に固まっていた。フィデルはその時点でピナルデルリオ州内のゲリラ戦訓練所で一五〇人のコンゴ派遣要員の訓練を始めていた。司令のチェと副司令の混血ホセ＝マリーア・マルティネス＝タマヨ以外は黒人だった。コンゴ人戦士の中に融《と》け込むためである。戦士は「自発的志願」とされ、期間は五年だった。

チェが六五年三月一四日長期外遊からハバナに帰着したとき、フィデル以下の指導部が空港で待ち構えていたことに触れたが、『レボルシオン』紙編集局長カルロス・フランキによると、フィデルは、アルジェ演説によってキューバをソ連に対立させたとしてチェを「規律の欠如」で叱責《しっせき》した。チェはフィデルと四〇時間も閉じこもって話し合った。チェはこの密談直後の一六日ブエノスアイレスの母セリアに手紙を書き、直接届けるよう友人に託した。書簡には「キューバでの革命指導者としての役割を放棄し、砂糖黍畑で一ヶ月働いてから工場に入り、自分が指導した多くの企業の機能を五年かけて内側から学びたい」、「どんなことがあっても絶対にキューバに来てはなりません」と書かれていた。

チェは三月二二日、工業省でアフリカ歴訪について報告した後、ラウール・ロア外相に「明日からオリエンテ州に砂糖黍刈りに行く」と言い、姿を隠した。同州と正反対の方角にあるピナルデルリオ州内のゲリラ戦訓練所で短期間訓練し、体調を調整するためだった。チェにとってもフィデルにとっても潮時だった。革命指導部内の「反ソ異分子」になったチェは潔く去るしかなかった。残されていたのはゲリラへの復帰の道だけだった。

フィデルは二一世紀初頭、当時を振り返った。

「チェは実行困難な計画を提示した。我々は、先遣隊を出しゲリラ戦の前段階の準備をするよう勧めた。彼は、条件が整うのを待てば最良の状態にあった体調が失われるとわかっていた。マセッティの死後、チェは独自の計画を練り始めた。私は〈君は戦略家だ。十分堅固かつ確かなゲリラ部隊ができてからボリビアに行くべきだ〉と忠告した。ゲリラ戦の初期に危険を冒すべきではなかった。我々はコンゴでルムンバ派の部隊を支援しており、チェはアフリカでの戦いに惹き付けられていたから、私はアフリカで任務を遂行するよう提案した。その間ボリビアでは、ゲリラ戦開始のための条件を最低限整えればよかった」

チェは、「米帝国主義に対しては地域や大陸と無関係に戦わなければならない」と考え、そこにコンゴ作戦の意味を見出していた。コンゴでの戦いはボリビア、アルゼンチンへとつながる革命の道だった。ソ連援助に支えられてキューバを統治していかなければならないフィデルには、チェを引き止めるべき理由はなかった。それどころか、チェが米ソ平和共存路線に歯向かうキューバ路線を国外で展開することで、キューバは「革命の操」を辛くも守っていると非同盟、「第三世界」に印象づけることができる。チェはキューバを去ることによって、フィデルの声望を高める新たな役割を担うことになるのである。

婚外子オマール

チェの二男エルネストは外遊中の一九六五年二月二四日に生まれていた。後知恵になるが、「新しい人間」を実践するチェは死を覚悟し生み急いでいたようだ。これで先妻イルダとの間のイルディータ、後妻アレイダとの間に二男二女、計五人の子供ができた。

だが、この他に婚外子の息子がいる。六四年三月一九日に生まれたオマール・ペレス＝ロペスである。チェはリリア＝ロサ・ロペスという女性と関係した。六三年半ば彼女は妊娠し、夫ベニート・ペレスと離婚する。チェはオマールを認知せず、父方姓はペレスになった。革命後、「幹部たちの甘い生活」をかねがね批判していたチェは、婚外子をもったことで「同類」だったことを自ら証明してしまった。フィデルには判明しただけでも婚外子が五人以上いたが、これは別問題だ。

チェは、一一〜一二世紀にオマール・ハイヤームが書いたペルシャの詩集『ルバイヤート』を愛読し、リリアにも読ませていた。リリアは息子に詩人の名をつけたのだ。オマールは腹違いの長姉イルディータからチェのことを聴いた。ベニートを父親と思って育ったオマールは出自の秘密を知り、悩み苦しむ。その結果、仏教にのめり込み、禅を学ぶ。ハイヤームの縁からか、詩人にもなった。オマールは、「チェは、涅槃《ねはん》に到達するため求道していたのではないか」と見ている。

正妻アレイダ・マルチはチェの死後、再婚した。キューバでは離婚・再婚はごく普通のことで、三度繰り返すことも珍しくない。だがオマールの存在は、アレイダの心に癒やしがたい傷を残したに違いない。一方オマールは、チェの名声と著作という遺産を引き継いだアレイダと、世界各地でチェを語る娘アレイダや息子カミーロを、醒《さ》めた目で見ている。

「別れの手紙」

チェは一九六五年三月末フィデル宛に、孤独な心境と決意を書いた「別れの手紙」（「最後の手紙」）を書き、三一日付で工業相の地位を離れ、キューバ国籍を返上した。手紙は四月一日フィデルに直接渡した。以下、手紙の概要を記す。

「今日、すべてのことが劇的でなくなっている。我々が成熟したためだ。私はキューバ革命への義務の一部を果たしたと思う。君と、同志たちと、我がキューバ人民に別れを告げる。私は党指導者の地位、閣僚の地位、革命軍少佐、およびキューバ国籍を正式に放棄する。私のたった一つの重大な過ちは、マエストラ山脈での最初の日から君を十分に信頼していなかったことと、指導者、革命家としての君の資質を早い機会に理解しなかったことだ。私は君の傍らにいて、あの輝かしくも悲しいミサイル危機の日々にキューバ人民の一人であったことを誇りに思う。諸国人民がいま、私の支援を求めている。君がキューバの指導者であるがゆえにできないことでも私にはそれをするのが可能だ。我々の別れの時が来た。もしも私が人生最後の時を異国の空の下で過ごすことになったとしても、私の最後の思いはキューバ人民、とりわけ君に向けられるだろう。私はいつも革命政府の対外政策に一体感を抱いてきた。今後もそうする。私は妻子に物質的なものは何も残していないし、それを悔やむこともない。国が妻子の必要を叶え教育を施してくれるはずだからだ。私は勝利するまではキューバに戻らない。だがいつも私の心には〈祖国か死か、勝利するのだ〉の標語がある」（傍点筆者）

フィデルは読んで感情を隠せず、近くにいた部下たちに、チェを守ってやれと命じた。この手紙は、チェがゲリラ戦で死んだ場合、遺書になり、かつチェを死地に送ったフィデルを非難から守るために書かれたものと理解された。チェは自らの「過ち」を認めつつフィデルを讃えており、フィデルにとって好ましい文面だった。しかし第一義的には遺書として書かれており、チェの死後に発表されるべき書簡だった。ただしチェは「勝利するまではキューバに戻らない」と、外地で勝利した場合に帰還する可能性を盛り込んでいた。

　チェは両親と子供にも手紙を書いた。子供には「よい革命家になるよう育ってほしい。懸命に勉強し、技術を学びとってほしい。重要なのは革命だ。我々は誰も独りぼっちでは意味がない」と書いた。チェの容貌は義歯や眼鏡の擬装を施されて大きく変わっていた。

　長女イルディータには見破られるからと、会わなかった。チェは四月二日ハバナを出発した。アフリカからの帰国後わずか一九日目のことだ。パスポート記載の氏名は「ラモーン・ベニーテス」だった。

コンゴ動乱

アフリカ大陸中央部に位置するコンゴは鉱物資源がアフリカ一豊かな国で、一八八五年にベルギーの植民地に陥った。一九五八年、パトゥリス・ルムンバの「コンゴ民族運動」と政敵ジョセフ・カサヴブの「コンゴ人同盟」が独立闘争を開始する。六〇年五月の国会議員選挙でルムンバ派が圧勝、六月三〇日、レオポルドヴィル（現キンシャサ）を首都とする「コンゴ共和国」（通称レオポルドヴィルコンゴ）として独立した。ベルギー任命のカサヴブ大統領、選挙で選ばれたルムンバ首相の政府が発足、実権は首相にあった。ところがルムンバを敵視する親ベルギー派のモイゼ・チョンベはＣＩＡの支援を得て、最も資源豊かな東南部のカタンガ州（現シャバ州）の首相に収まりコンゴからの同州独立を宣言、チョンベを支持するベルギー軍は資源確保の狙いを込め同州に駐留した。ここに「コンゴ動乱」が始まる。

ルムンバはソ連にカタンガ州奪回への支援を求める。陸軍参謀長ジョセフ・モブツはルムンバを六〇年一二月逮捕し、六一年一月チョンベに引き渡す。チョンベはＣＩＡの意向も酌《く》んで同年二月、カタンガ州内でルムンバを銃殺刑に処す。チョンベの下には南アフリカ人、南ローデシア（現ジンバブウェ）人、ベルギー人、ヒロン浜侵攻参加者を含む反カストロ派キューバ人ら外国人一〇〇〇人が雇われていた。

六五年初めの時点でカタンガ州では、ガストン・スミアロー、ローラン・カビラの率いるルムンバ派の解放人民軍（ＥＰＬ《エペェル》）がチョンベ軍と戦っていた。

チェは成算のないまま、複雑極まりない状況に乗り込んでいく。戦う相手はＥＰＬの敵チョンベ軍だった。それは背後にいるＣＩＡとの間接的な戦いでもあった。

カタンガ州潜入

チェは一九六五年四月一九日、カタンガ州の東隣のタンザニアの首都ダルエスサラームに着く。同国駐在のキューバ大使は、チェの側近パブロ・リバルタだった。チェはスワヒリ語で「3」を意味する「タトゥ」を暗号名にする。チェは部下たちに訓示を垂れた。

「犠牲を覚悟せよ。地元のゲリラより先に食事をしてはならない。優位性を示してはならず、謙虚であれ。四半世紀後《おく》れた国であることに留意せよ。現地女性と交渉をもった者はその女性に責任を負い、ゲリラから外される」

ダルエスサラームでの待機中、解放人民軍（EPL）の二人の指導者カビラとスミアローはカイロ滞在中で不在だった。チェは、指導者の無責任や組織の欠如を早くも感じ取った。

チェと部下一三人は四月二三日早朝、コンゴ・カタンガ州との国境に位置する南北に細長いタンガニーカ湖に向かい、湖畔のキゴマに日没後到着し、その夜九時過ぎ、小舟で湖を横断する。悪天候で湖水は大荒れだった。船に流れ込む水を絶えず掻《か》き出さなければならなかった。チョンベが率いる敵軍やその傭兵部隊の快速艇に見つからないよう警戒しながら、六～七時間かけて七〇キロメートルを航行した。チェにとっては「小さなグランマ渡航」だった。一行は二四日の夜明けにコンゴの岸辺キバンバに着いた。まさにグランマ号と同じように、浅瀬に座礁したのだった。

チェの一行は湖岸に待機していたEPLのゲリラに従って、武器を運びつつ山に登り、そこに陣地を設けた。喘息のチェにはきつい登りだった。そこはカタンガ州北東端の山地で、同州の主要都市の一つ、アルベールヴィル（現カレミー）の近郊だった。チェが翌日、EPL部隊に自分がチェであることを明かすと、彼らは驚愕した。

EPLは中国とタンザニアのほか、ソ連とキューバからも武器援助を受けていた。戦闘服は中国の人民解放軍に似た黄色だった。兵力は四〇〇〇人で、ルワンダ人も混ざっていた。各部隊は部族別に編成されていた。

嚙み合わない歯車

チェは、少数派の白人が支配していた南アフリカの解放を視野に入れた「アフリカ大陸革命」の起爆地としてコンゴをゲリラ戦の戦場に選んでいた。この遠大な構想は、チョンベ軍からのコンゴ奪取を目指すEPLの希望とかけ離れていた。白人の傭兵部隊とも戦うEPLの戦士は、白人のチェが来たことに違和感を抱いていた。「アフリカ人は独立よりも白人植民地主義者を追い出すために戦ってきた。なのに黒人を支援しに白人が来たとは」と不信感を抱いたのだ。戦士の多くは銃を与えられながら撃ち方を知らなかった。だがチェが軍事訓練を指導しようとしても、彼らは受け入れなかった。

問題もあった。彼らが「ダワ」という迷信を守り、戦闘に出る前に必ず「ダワ」を受けていたことだ。草の汁などを体に注ぎ、額に丸い徴《しるし》を描くと、敵の武器から守られるというのだ。コンゴ人には規律もなかった。荷物を運ぶよう促すと、私はトラックではないと言い拒否するのだった。そしてカビラは相変わらず戦地に来なかった。チェは、「コンゴ革命は必然的に失敗を宣告されたようなものだ」と早くも記す。

チェは無料診療所を設け、医師として働いた。売春婦を通じて感染した性病が多く、アルコール中毒患者もいた。キューバ人戦士は熱病に悩まされ、チェの診断を仰いだ。喘息の発作と闘うチェもマラリアに罹り、高熱に苦しんだ。

チェは、コンゴの公用語であるフランス語、大陸中東部のアフリカ人の多くが共通語として使うスワヒリ語、そして文化についての講座を開いた。携行していた小さな『フランス語・スワヒリ語辞典』が役立った。チェは、「スワヒリ語はアフリカの広域言語であるが、部族語の上位にある言わば征服者の言語であり権力の象徴」と捉えていたが、必要上、部下たちに習わせた。キューバ人はコンゴ人にスペイン語を教え、スワヒリ語を教えてもらっていた。チェにスワヒリ語を個人教授したコンゴ人は後年、「気後れした。彼が鋭い貫くような目をしていたからだ」と語る。

チェは余暇には仲間たちから少し離れて、ホセ・マルティやマルクスを読んでいた。本は三〇冊か四〇冊持ち込んでいた。読書しながら内心、毎日が無為に過ぎていくことに苛立っていた。歯車は最初から嚙み合わなかった。歴史と風土に根差す民族的気質の違いが大きすぎた。アフリカ系キューバ人の戦士らも、コンゴ人とは肌色以外の共通点をほとんど見出せなかった。チェは無聊を紛らすためか時折、調子外れのタンゴを歌い、チェスにも興じた。

葉巻を吸う際には、毎回相手を替えて一本ずつ与えていた。チェは水浴せずに、小屋の近くの公衆便所で体を洗っていた。

母の死

一九六五年五月八日、解放人民軍の参謀長がやって来て、無謀な攻撃作戦を命令した。敵の要衝アルベールヴィルを攻撃するというのだ。チェは、これを思い留まらせ、偵察要員を方々に派遣し、二週間かけて敵軍の配置、集落の存在、地形、方角などを確認した。チェ自身も山歩きで上り下りを繰り返し、肉体を鍛えていた。

五月二二日、オスマニ・シエンフエゴスと戦士一七人がやって来た。チェの母セリアが重態だと知らせるフィデルの書簡と母からの手紙を携行していた。母は末期の乳癌と肺癌を患っていた。チェが出発前に書いた手紙は四月一三日母に届き、母は翌一四日返信を書いていた。だが、チェがオスマニから母の手紙を受け取る三日前の五月一八日、母はブエノスアイレスの病院で死んでいた。オスマニ一行は二日間滞在し去っていった。

母は、チェに宛てた最後の手紙で自分のことを「世界が社会主義に変わるのをこの目で見たいと願う一老人」と書いている。最愛の母を失ったチェは、しばし深い悲しみに包まれ、同志たちから離れて沈痛な時に耐えていた。後日、母の死を伝える『ボエミア』誌の記事をチェは読んだ。

そのころキューバの東隣のイスパニョーラ島をハイチと分け合っているドミニカ共和国で内乱が起き、ジョンソン米政権は首都サントドミンゴに海兵隊四万二〇〇〇人を空輸し、民主政権復活を阻止した。ドミニカ人四〇〇〇人が殺されたとされる。大統領復帰を阻止されたのは、チェが五三年にコスタ・リカで会ったあのファン・ボッシュだった。

ジョンソンは、「ラテンアメリカのある国が共産化する恐れのある場合、米国はその国に軍事介入することができる」という一方的な「ジョンソン教義《ドクトリン》」を打ち出していた。「二つ目のキューバは絶対に許さない」との意志を行動で示したのだった。チェは二年後、ジョンソン政権のCIAと陸軍特殊部隊に支援されたボリビア軍と戦うことになる。

最初の戦闘

チェはフランス語放送でニュースを得ていたが、得意でない英語の放送も聴いていた。一九六五年六月一九日、アフリカでチェの最大の理解者だったアルジェリアのベンベラ大統領がクーデターで失脚した。ベンベラから託された「アフリカ革命」の命運を握る覚悟で戦っていたチェには痛撃だった。

チェは、自分がコンゴに行けばゲリラ志望者が増え、コンゴ解放後、ゲリラ戦経験者が各国に戻って解放運動を始めると展望していた。だが広大で未知のアフリカ大陸、多すぎる戦地、部族対立、言語の複雑さ、迷信の深さなど問題の大きさを見抜けなかった。ベンベラ失脚の日、キューバ人部隊は初めて攻撃に参加した。敵軍の戦闘機を山上に備え付けた機関銃で狙ったのだ。チェは高度測定器で敵機の飛行高度を測っていたが、反応はなかった。

六月下旬、アルベールヴィルの手前にある要塞を攻撃するため、チェの部隊は縦隊を組んで出発した。敵軍はアフリカ人三〇〇人、ベルギー人傭兵降下隊員一〇〇人だった。チェはカビラに要請されていたため陣地に残った。六月二四日、キューバ人三七人が新たに到着した。革命戦争以来の側近であるトゥマ（カルロス・コエージョ）とハリー・ビジェガスが含まれていた。二人はフィデルからチェの身辺警護を命じられていた。ハリーには、スワヒリ語で「葉」を意味する「ポンボ」という愛称が与えられた。

キューバ人部隊はルワンダ人部隊と合同で六月三〇日要塞を攻撃したが、攻略できなかった。キューバ人は四人死に一四人が負傷し、ルワンダ人は一三人が死んだ。戦闘中、キューバ人の一人が戦場日記を奪われ、これによりキューバ人の参戦が暴露されることになる。七月初めカビラがやって来たが、五日間滞在しただけで帰ってしまった。

コンゴ撤退

チェは一九六五年八月一二日、部下たちに告げた。

「解放人民軍（EPL）は指導者が常に不在で、部隊に規律がなく、兵士に犠牲的精神がない。これでは勝てない。組織もなく、中堅幹部は兵士を信頼していない。EPLは寄生虫だ。

働かず、訓練せず、戦わず、村人に供給と労務を求めている」

チェは八月一八日、自らの意志で前線に出る。四ヶ月近く我慢していた出陣だった。チェは体を掻きながら行軍した。牛皮を着ていたため、虱にやられていたのだ。部隊は何度か待ち伏せ攻撃に成功した。チェは戦闘中、立ったまま機銃を撃ちまくったが、身を危険に晒《さら》す捨て身の戦法を部下たちからたしなめられた。何度も命拾いしてきていたチェは、いつしか己の「不死身神話」をつくり、それを信じるようになっていたのではないだろうか。

キューバ人部隊は一二〇人に増えていた。その後、コンゴ人とルワンダ人を加えて二〇〇人に達することになる。敵のチョンベ軍は外国人の傭兵部隊を送り込んできた。懸賞金でキューバ人戦士を生け捕るのが奨励され、湖では亡命キューバ人傭兵がキューバ人戦士を探していた。

そのころカビラの競争相手スミアローがハバナでフィデルに会い、キューバ人医師団の派遣を要請した。このため一〇月初め、保健相ホセ＝ラモーン・マチャードが視察にやって来た。マエストラ山脈でチェの体から弾丸を抜き取ったあの同志である。チェは派遣の必要はないと伝えた。

マチャードはフィデルの手紙を携えてきた。そこには「希望を捨てるな」と書かれていた。チェは一〇月五日フィデル宛に長い手紙を書き、マチャードに託す。チェは、後述する「別れの手紙」を公表した一〇月三日のカストロ演説を聴いており、手紙でそのことに触れたのは想像に難くない。

一九六五年一〇月、コンゴ大統領カサヴブはカタンガ州首相チョンベを追放し、同月、ガーナの首都アクラで開かれたアフリカ首脳会議で「コンゴから白人傭兵は去る。謀反は終わった」と宣言した。これはチョンベに雇われていた白人部隊の出国を意味していた。カサヴブは解放人民軍（EPL）を含む反政府勢力には和解を働きかけた。それをカサヴブの陰謀だと捉えるチェは戦闘を続けていた。

一方タンザニア政府は一一月一日、「アフリカ首脳会議の合意に基づく」として、キューバ人部隊のコンゴからの撤退をキューバ大使に要請した。次いでフィデルからの書簡が届く。「撤退を決意するならば、タトゥ（チェ）はキューバに帰るか、別の場所に留まることができる。いかなる決定であろうと支持する。全滅は避けよ」

チェは残留し戦闘継続を決意する。敵の傭兵部隊は案の定、撤退せずに攻勢をかけてきて、激しい戦闘が続いていた。チェは周恩来に書簡で支援を求めたが、周恩来はチェに、戦闘せずに部隊を維持し残留するよう求めてきた。支援がなく戦闘も避けるとなれば、戦線は劣勢になる。コンゴ人ゲリラは寝返ったり逃走したりして戦力は萎《しぼ》み、戦場を逃れた避難民がタンガニーカ湖畔に押し寄せていた。

ここでEPL幹部が戦闘放棄を決定する。チェは一一月一九日撤退を決意し、拠点に火をかけ機密文書を焼いた。部隊は二一日夜、三隻の船に分乗してコンゴを去り、二二日朝、キゴマに到着した。チェは、「偉大さのかけらもなく撤退した」と記す。ちょうど七ヶ月間のコンゴ滞在だった。

フィデルは、信頼する側近ホルヘ・リスケー以下二五〇人の部隊を旧仏領コンゴ共和国の首都ブラザヴィルに派遣していた。コンゴ川対岸のレオポルドヴィルに入城するはずのチェの部隊と合流する計画だった。だが、それは叶わなかった。ナセルに忠告された通り、チェのコンゴ遠征は完敗に終わった。チェはダルエスサラームに留まることにし、部下だったキューバ人戦士の一団に別れを告げた。

チェが出国して間もない一一月二五日、モブツがクーデターでカサヴブを追放し政権を握る。内戦は断続的に続き、ローラン・カビラが九七年、モブツに代わり政権に就く。だが二〇〇一年に暗殺され、息子ジョゼフ・カビラが後継大統領に収まって今日に至る。

「別れの手紙」の公表

話を二ヶ月戻そう。フィデルは一九六五年九月二八日、大群衆の前で演説し、「チェがキューバを発つ前に書いた手紙を近く公表する」と伝えた。一〇月三日、社会主義革命統一党から新しいキューバ共産党（PCC）が生まれた。フィデルはテレビの全国放送を通じて党中央委員会名簿を発表、「ここにいるべき人物がいない。それはチェだ」と言い、チェがコンゴに出発する前日フィデルに手渡した「別れの手紙」を読み上げた。

なぜそのようなことをしたのだろう。コンゴのゲリラ基地でラジオ放送を聴いていたチェは愕然《がくぜん》とした。話が違うではないか。しかも、手紙の末尾には手が加えられていた。チェは部下たちを遠ざけ、しばし独りになった。

過去半年間、チェの不在はキューバ内外でさまざまな臆測《おくそく》を呼んでいた。「フィデルがチェを粛清した」などと諸外国の新聞は臆面もなく書いており、フィデルにとって大変な迷惑だったことは疑いない。

チェはコンゴを去った一九六五年一一月二一日、以下を記す。

「コンゴ人同志は我々の撤退を逃亡であり、人々を置き去りにしたペテン師と我々を見なしていた。フィデルへの〈別れの手紙〉を書いた（公表された）いま、キューバ人同志は私を余所者で、キューバの諸問題と縁を切った者と見なしつつある。マエストラ山脈時代と同じで、同志は私を外国人として見るようになった。彼らと共有できない生地《せいち》、異なる環境があった。公表された手紙が私を戦士たちから遠ざけてしまった」

翌二二日には、「私は孤独を感じていた。それまで経験したことのない孤独だった」と記す。キューバ革命の英雄が初めて直接味わった敗北だった。

フィデルは後年、手紙を公表した理由を「中央委員会にチェがいない理由を説明する必要があったからだ」と語った。チェはこの点は理解していたはずだが、六五年一〇月の時点でなぜ公表する必要があったのか。そしてなぜ、手紙の末尾を変えたのか。チェは腐り、かつ途方に暮れた。

フィデルが手紙を公表した直後にチェがフィデル宛に書き、ホセ＝ラモーン・マチャードに託した「長い手紙」は今日まで公表されていない。「別れの手紙」の末尾が書き換えられた事実も機密として封印されたままだ。

フィデルの改竄

チェは、手紙の末尾を次のように記していた。「私は勝利するまではキューバに戻らない。だがいつも私の心には〈祖国か死か、勝利するのだ〉の標語がある」（傍点筆者）。ところが、この文章から「勝利するまでは」（アスタ・ラ・ビクトリア）と「いつも」（シエンプレ）が抜き出され、「アスタ・ラ・ビクトリア、シエンプレ」（勝利まで、必ず）という意味の語句に縮められていた（この場合、副詞「シエンプレ」は「いつも」でなく「きっと、必ず」といった意味になる）。

チェは手紙の末尾で、フィデルの革命標語を心に抱くことでフィデルに忠誠を表しつつ、新しい戦場で勝利するまではキューバに帰らない、と誓っていたのだ。書き換えられ縮められた言葉はチェの革命標語に仕立てられ、「永遠なる勝利まで」などと長年、日本で誤って解釈されてきた。筆者は「アスタ・ラ・ビクトリア、シエンプレ」の意味に疑問を抱き、キューバに行くたびに各界の人々に解説を求めたが、納得できる答えは得られなかった。第一、書き換えの事実を知る人はほとんどおらず、いたとしても公言することは身の破滅につながるため口にできなかったはずだ。不可解な言葉への疑問は深まるばかりだった。

その謎が解けたのは、筆者がチェの娘アレイダ・ゲバラ＝マルチ医師に一九九八年一一月二日ハバナの自宅でインタビューしたときだった。

「ああ、あれね。あれはフィデルが書き変えたのよ」

アレイダはいとも簡単に解き明かしてくれた。改竄《かいざん》されたため意味がぼかされたのだ。そのことをアレイダは母アレイダ・マルチから聴いていた。私は初めて納得することができた。チェの娘ゆえに機密を明かすことができたのだ。

筆者はアレイダの説明を『キューバ変貌』に書いた。その後、この点に関し、アレイダは口を堅く閉ざすようになった。「フィデルの改竄」が周知のこととなれば、世界中に知れ渡っている「チェの革命標語」の虚構性が暴き出されてしまう。これはキューバでは許されない。ただ言えることは、現実的実利主義者フィデルは最高指導者だった時期、必要とあれば冷酷な手段を講じることができたということだろう。

異邦人チェ

フィデルには、革命体制を共産圏諸国並みに制度化する新生キューバ共産党の発足という極めて重要な時期に合わせて「チェとの絶縁」を公表する必要があった。革命キューバ存続の命運を握るソ連のブレジネフはチェを切り捨てるよう圧力をかけていた。フィデルは、チェが遺書にもなる可能性を込めて書いた手紙を公表するという劇的な形でソ連の「要請」に応えたのだ。ソ連はミサイル危機直後からチェに不信感を抱き、ＫＧＢを通じてチェを監視していた。ソ連の懸念は一九六五年二月のチェのアルジェ演説で現実となった。ブレジネフが警戒していたのは、チェが再び「成功した革命家」としてキューバに凱旋することであり、それだけはフィデルを通じて阻止せねばならなかった。

フィデルは、「勝利するまで帰らない」という手紙末尾の文言を消して、チェが万が一「勝利しても帰れない」ようにした、と筆者は解釈している。つまり末尾を「永遠の別れ」のように変え、勝利して帰国する可能性を封じ込めてしまったのだ。

コンゴでの敗北が決定的で「勝利する可能性」がなくなっていた時期だけに、「勝利するまで帰らない」と誓ったチェが帰るとすれば、隠密裡でしかありえなかった。チェは再び勝利した栄光の革命家として帰国したかったのであり、透明人間のような隠密裡の帰国は屈辱以外の何ものでもなかった。しかしチェに残された「勝利の機会」は既定のボリビア遠征であり、それを支援してくれるのはフィデルのキューバしかなく、チェはどんなに不本意であろうがいったんキューバに極秘裡に戻るしかなかった。だからチェは苦悩した。「勝利するまで帰らない」の部分が消されたいま、自分が帰ってほしくない厄介者になっているのを悟っていたに違いない。

そのボリビア行きは、チェの「ボリビア日記」や他の資料を読めばわかるように、準備不足のうえ逆境が重なって、失敗が最初から運命づけられていたようなものだった。チェは覚悟して死地に赴いたと言えるだろう。チェはコンゴを離れる直前に、それまでなかったような深い孤独に包まれたと記すが、それはソ連だけでなくキューバにとっても厄介者になった自分を意識し、フィデル、家族、人生との永遠の別れを前途に垣間見たからではなかったか。手紙には「国籍返上」が記されており、チェは自他ともに異邦人に戻っていた。キューバ革命の栄光は過去に沈んでいた。

チェはコンゴで敗北という痛ましい教訓を得た。残されていたのは次の戦場での勝利もしくは死だった。チェの側近ポンボ（ハリー・ビジェガス）は、「（コンゴ脱出時に）タンガニーカ湖を渡る船の中でボリビア遠征計画を伝えられた」と著書に記す。奥地に分け入る伝道師のような使命感が最後の炎をチェの心に燃え上がらせていた。革命家としての最後の望みはボリビアで革命を起こし、その南にある祖国アルゼンチンを解放することだった。

チェは前進するためにも、敗北の経験を総括する必要に迫られていた。ダルエスサラームのキューバ大使館の上階に設けられた「隠れ家」に一九六六年一月まで滞在し、『革命戦争断章　コンゴ』を口述筆記でまとめた。ポンボら三人が護衛任務に当たった。フィデルはアレイダを一月半ば現地に送り込んだ。アレイダは再び蜜月《みつげつ》が来たかのように喜んだが、チェからボリビア行きの計画を打ち明けられたため、毎日が大切な日々となった。

チェはまとめた原稿の序文に、「これはかなり時間が経ってから刊行されるだろう」と書いた。刊行されたのは実際、執筆から三〇年目の一九九五年だった。「私は当初から極めて異常な指揮系統に束縛され、それを克服できなかった。正しい関係が維持できたのは農民とだけだった。葉巻と読書という私の弱点に問題があり、読書への没入は日常性からの逃避だった。私には簡単に打ち解けられない性格がある。私には部下に最大の犠牲を求める気力がなかった。わずかな人員だけでも残るべきだった」

コンゴのゲリラ戦基地での映像が残されているが、チェが部下たちから離れて独り読書する情景が映し出されている。

連帯の年

明けた一九六六年は「連帯の年」だった。ハバナでは一月三日から一五日まで、「アジア・アフリカ・アメリカラティーナ三大陸人民連帯会議」（OSPAAAL《オスパアアル》）の第一回会議が開かれた。実に八二ヶ国から代表団が参加した。チェのアフリカとアジアへの数次の訪問とフィデルの武力闘争支援で培った外交の成果が実ったのだ。カボヴェルデのアミルカル・カブラル、チリのサルバドール・アジェンデ、ガイアナのチェディー・ジャーガン、グアテマラのルイス・トゥルシオス＝リマら錚々《そうそう》たる顔ぶれだった。会議は、キューバ革命路線の優位性を決議し、ラテンアメリカ連帯機構（OLAS《オラス》）の創設を決めた。

この「連帯の年」の「連帯」は、チェのボリビア行きを主に意味していた。そのことを知るごく少数の人々の中に、ソ連派であるボリビア共産党（PCB《ペセベ》）のマリオ・モンへ書記長が含まれていた。チェは、コンゴ行きの前からPCB反主流派「毛沢東路線」の幹部と接触していて、チェがコンゴにいたころ、ボリビアの元軍人、党員、留学生がキューバでゲリラ戦の訓練を受けていた。三大陸人民連帯会議に出席したモンへはフィデルに会い、チェを支援するのはPCBだけだと主張し、反主流派を含む左翼諸派の参加を封じ込めるよう談判した。

フィデルやチェが、武闘路線を敵視するソ連派のモンへの党を当てにしなければならなかったのは、他に頼るべき組織がなかったということだろう。政治首都ラパスの政界は小さく狭く、PCB主流派に隠れてゲリラ戦の準備工作をすることなど不可能だった。敵に回せばバリエントス軍政に通報される危険さえあったわけで、最初からモンへに計画を伝えて協力を仰ぐのが得策だった。

コロンビアで訓練

チェは一九六六年二月一五日、長女イルディータの一〇歳の誕生日に手紙を書いた。「君はもう大人だ。私が遠くにいることを理解してほしい。君は父親を誇りに思い続けることができるはずだ」

チェは三月、ハバナに戻る妻アレイダといったん別れ、変装してダルエスサラームを後にし、護衛三人を伴いプラハへ行き、数週間過ごした。プラハは当時、キューバの選良層が自由に動き回り欧州を味わうことのできた数少ない都だった。護衛の一人リカルド（ホセ＝マリーア・マルティネス＝タマヨ）は、拠点構築のためプラハからボリビアに去った。

アレイダがプラハへ来た。チェはプラハで、市川崑《いちかわこん》監督の映画『東京オリンピック』を観ている。チェに会ったアルゼンチン人外交官アベル・ポッセは、チェのプラハ滞在を小説『クアデルノ・デ・プラハ』（プラハノート）に描き、「アルゼンチンの知識人によくある傲慢さを備えていた」とチェを捉えた。チェ自身もプラハで日記を書いていたはずだが、その存在も内容も公表されていない。極めて複雑な心境が綴られていたはずだ。

この時期にチェがプラハからマドリードに行き、亡命中の元大統領ペロンに極秘裡に会ったという情報がある。ペロンは「ボリビアの密林は湿気が多く喘息によくない。死ぬために行くのはやめたまえと説得した」という。未確認情報であり、信憑性に疑問がある。だがペロンがチェの死を受けて六七年一〇月二四日、追悼文を書いたのは事実だ。

チェは六六年七月二一日、極秘裡にハバナに帰着した。ほぼ一六ヶ月間の不在の後だった。繰り返すが、チェにとっては不本意かつ、あってはならない一時帰国だった。ボリビア行きの準備のためやむをえない隠密の滞在だった。チェは依然、表向きにはキューバに存在しない人物であり続けた。

ここに一つ謎がある。チェはプラハに「三月から数週間」滞在し、七月にハバナに着いている。その間、二ヶ月余りの空白期間がある。筆者はこの点を調べてきたが、ようやく「解答」らしきものを得ることができた。

コロンビア人ジャーナリスト、ダリーオ・アリスメンディは一九八三年末、キューバでフィデルにインタビューした。その際フィデルは、「チェは（コロンビアの）トリーマの山岳地帯でコロンビア革命軍（FARC《ファルク》）のゲリラだった。キューバにない地形で数ヶ月間ゲリラ戦の訓練をしていた。彼はボリビアとアルゼンチンを解放するためゲリラ戦を望んでいた」と漏らしたのだ。この件《くだり》は、アリスメンディの著書『語られていないガボ《ガボ・ノ・コンタード》』（二〇一四年）に記されている。

チェは帰国するや、ピナルデルリオ州の山地にあるゲリラ訓練基地に直行した。フィデルは後年、チェの帰国について語っている。

「チェは面子《メンツ》を気にするがゆえに、一度別れたキューバに戻ることなど脳裡になかったのだろう。だがボリビア遠征隊はすでに選別され、準備を整えていた。そこで私は手紙を書き、彼の義務感と理性に訴え、説得した。すべての事情を超えて戻り、ボリビア遠征計画の準備を終えるのが君の義務だと説いたのだ。彼は誰にも知られずに密かに戻った」

前述のように側近リカルド（マルティネス＝タマヨ）は一九六六年三月プラハを去り、ボリビアの政治首都ラパスに入り、タニアに会った。タニアは、考古学研究者およびドイツ語教師としてラパスの上層社会に浸透し、軍政大統領レネー・バリエントス空将ら軍部高官、閣僚、労組指導者ファン・レチーン＝オケンドらにも食い込んでいた。

　次いで七月半ばポンボ（ハリー・ビジェガス）とトゥマ（カルロス・コエージョ）がプラハを発ち、七月二五日ボリビア東部のサンタクルース市に到着、タニア、リカルドと合流する。チェは先遣隊に、作戦の後方基地となる農場を確保するよう命じていた。

農場を購入

　フィデルは当時、『カストロ主義―ラテンアメリカの長征』（一九六五年）を書いたフランス人の若き哲学者レジス・ドブレ（レジ・ドゥブレ）を評価し、ドブレが『革命の中の革命』（六七年一月）を執筆するのを支援した。ドブレはフィデルの命《めい》を受け一九六六年九月、ボリビアの共産党左翼など革命組織と接触し、チェの作戦に協力する意志の有無を探るとともに、チェが後方基地を構築すべき候補地三ヶ所を調査した。チェは基地に食糧や武器を蓄え、行軍中心の訓練を重ね、戦闘せずに北上する戦略だった。

　第一の候補地は、政治首都ラパスとアンデス高原に近く、アンデス・レアル山脈の北東にあるベニ川上流《アルト・ベニ》地域のラパス州ユンガス地方。ラパス市西方のティティカカ湖の彼方はペルーである。

　第二の候補地は、コチャバンバ市北東郊外のチャパーレ。アマゾン川支流沿いに開けた平地で、熱帯性気候であり、キューバ人には悪くなかった。

第三の候補地は、商都サンタクルースから車で一〇時間の距離にあり、産油中心地カミーリに近い、ニャンカウアスー渓谷。アンデス大山脈帯の東部にあって幾重にも連なる険しい標高二〇〇〇メートル級のアンデス前衛山脈の間に拡がる盆地で、川の多い亜熱帯の森林地帯だ。尾根伝いに小さな町や村とつながっている。人里離れた過疎地帯である。

問題はドブレと、リカルドらチェの側近たちとの意思の疎通が不十分だったことだ。リカルドは九月一一日、ニャンカウアスーで一二〇〇ヘクタールの農場を購入してしまった。ユンガスでも農場を買うが、買った後に陸軍駐屯地に近いことがわかり、その農場は武器の隠し場所として使うことにした。リカルドは農場選びで自信がなくなり一〇月初めハバナに戻り、チェに意見を求めた。チェは不快感を示し叱責した。

チェは間もなく、ボリビアから戻ったドブレからチャパーレが最適という的確な報告を受けた。山脈、渓谷、平原、サバンナ、川があり、ゲリラの展開には申し分なかった。だが急いでいたチェは、リカルドが買ってしまったニャンカウアスー渓谷の農場を後方基地と決める。渓谷を取り巻くアンデス前衛山脈が聖域になると直感したのだ。リカルドは一〇月下旬ボリビアに戻り、ユンガスの農場に隠していた武器や兵站物資をニャンカウアスーに移した。

キューバではチェの下でゲリラ戦の訓練が進んでいた。チェは革命戦争時代からの側近や護衛から戦士を選んだ。その人選にはカストロ兄弟とラミーロ・バルデスも関与した。戦士志願者のうち革命戦争経験者には、前途に待つ過酷な野営生活や戦闘に対する覚悟よりも、忘れかけていた革命戦争の栄光を取り戻したいという、一種の「望郷者のロマン主義」があった。チェには、それが一際大きく深かった。

チェにとってボリビアは、放浪者、ラテンアメリカ人、革命家として命をかけるべき総決算の場だった。かつて平壌で会った金日成は、「国には大小はあっても高低はない」とチェに言った。チェは、この国家間の対等主義に立ち、北方の巨人・米国にボリビアで新たに対決しようとしていた。

ジョンソン政権下の米軍は六五年二月、北爆（北ヴェトナム爆撃）を開始した。ヴェトナムの犠牲は、革命キューバの明日を懸念させていた。フィデルは六七年を「英雄的ヴェトナムの年」に定めようとしていた。フィデルもチェも、ヴェトナム人民が米軍相手に果敢に戦っているからこそキューバの安全が保障されているのであり、キューバとヴェトナムは運命共同体だと認識していた。

三大陸人民連帯会議の機関誌『トゥリコンティネンタル』（三大陸）で「幾つものヴェトナムをつくろう」と呼び掛けることになるチェも、同会議を主催したフィデルも、ヴェトナムとの連帯の思いを熱く抱いていた。両国を隔てる遠大な距離は、共通する帝国主義の脅威によって消えていた。対決する中ソは、ヴェトナム支援で共通の戦略を立てることができなかった。中国では六六年四月、文化大革命が始まり、国内も動乱期にあった。対米対決路線をとるヴェトナム、北朝鮮、キューバの三小国だけが本気で連帯していた。牽制し合う中ソの谷間で三国の「第三の共産主義」は独自の役割を果たし、中ソ対立が米国を唯我独尊に走らせていると批判していた。北爆開始はチェに出番が来たのを告げていた。

キューバ革命後、ラテンアメリカに反革命の網を張り巡らせつつあった米国は、一九五二年に革命を経験したボリビアを警戒対象から外していた。この米国の発想の穴こそがチェにボリビア作戦を展開させる余地を与えていた。チェはヴェトナムに集結していた米軍を分散させるためにも「もう一つのヴェトナム」を南米中心部に構築しようと考えていた。

チェは、革命戦争の基盤を十分に整えたらボリビア人にゲリラ戦の指揮権を委ねる考えだった。ペルーについても同じだった。チェは広域戦線を築いたうえで、祖国アルゼンチンで戦線を開こうと構想していた。

コロンビアでは六六年二月、キューバ革命路線をとる「民族解放軍」に参加していた元カトリック司祭カミーロ・トーレスが戦死した。有名無名のゲリラの屍《しかばね》は累々として大地を覆っていた。チェは自分の肉片、骨片がそのひとかけらになるのを覚悟していた。

一九六六年一〇月後半のある日、チェはハバナ市内の隠れ家で家族と別れの夕食をともにした。頭髪は耳の上の両横を残して剃り落とし、禿頭《はげあたま》になっていた。口の中の詰め物で頬も変化し、歯並びも変わっていた。それに太縁の眼鏡をかけた顔は初老の紳士の風貌だった。子供たちには「父と仲のよいウルグアイ人の友だち」と紹介されていた。

娘アレイダはテーブルの周りを動き回り、転んで頭を打った。チェは抱き上げて、優しくいたわった。その直後アレイダは母に「この人、私が好きみたい」と言った。この思い出を筆者は娘アレイダから聞いている。両親は子供たちを不憫《ふびん》に思い、顔を見合わせて何も言うことができなかった。妻アレイダは、「別離が五年以上になることはないと想像していた。しかるべきときに夫と一緒になれると固く信じていた」と書いている。

チェの経済論争の相手だった共産党の重鎮CR・ロドリゲスは、チェから出発前夜、「おわかりのようにゲリラとして死ぬのが私の宿命です。そのように死ぬつもりです」と言われた。チェは、死地に赴くことを覚悟していた。

チェは隠れ家から空港に直行した。一〇月二三日ハバナを発ち、マドリードに向かった。経由地はベルリン、プラハで、フランクフルト空港にも立ち寄ったとされる。チェの『ボリビア日記』は、フランクフルト空港で売られていた手帳に書かれていた。

チェのパスポートは「ウルグアイ」、氏名は「アドルフォ・メナ＝ゴンサレス」、職業は「経済学者」だった。「ウルグアイ人」にしたのは、チェのラ・プラタ川流域訛りのスペイン語がウルグアイと共通しているからだった。米州諸国機構の委託でボリビアの農村問題を調査し報告書を書く、という触れ込みだった。

チェはマドリードからブラジルのサンパウロに飛んだ。サンパウロ空港を飛び立った機は、パンタナール大湿原を眼下に捉えてからアマゾン川流域上空に入り、機首を西に傾けた。チェは、宿命の地ボリビアに刻一刻近づきつつあった。

第9章

ボリビア

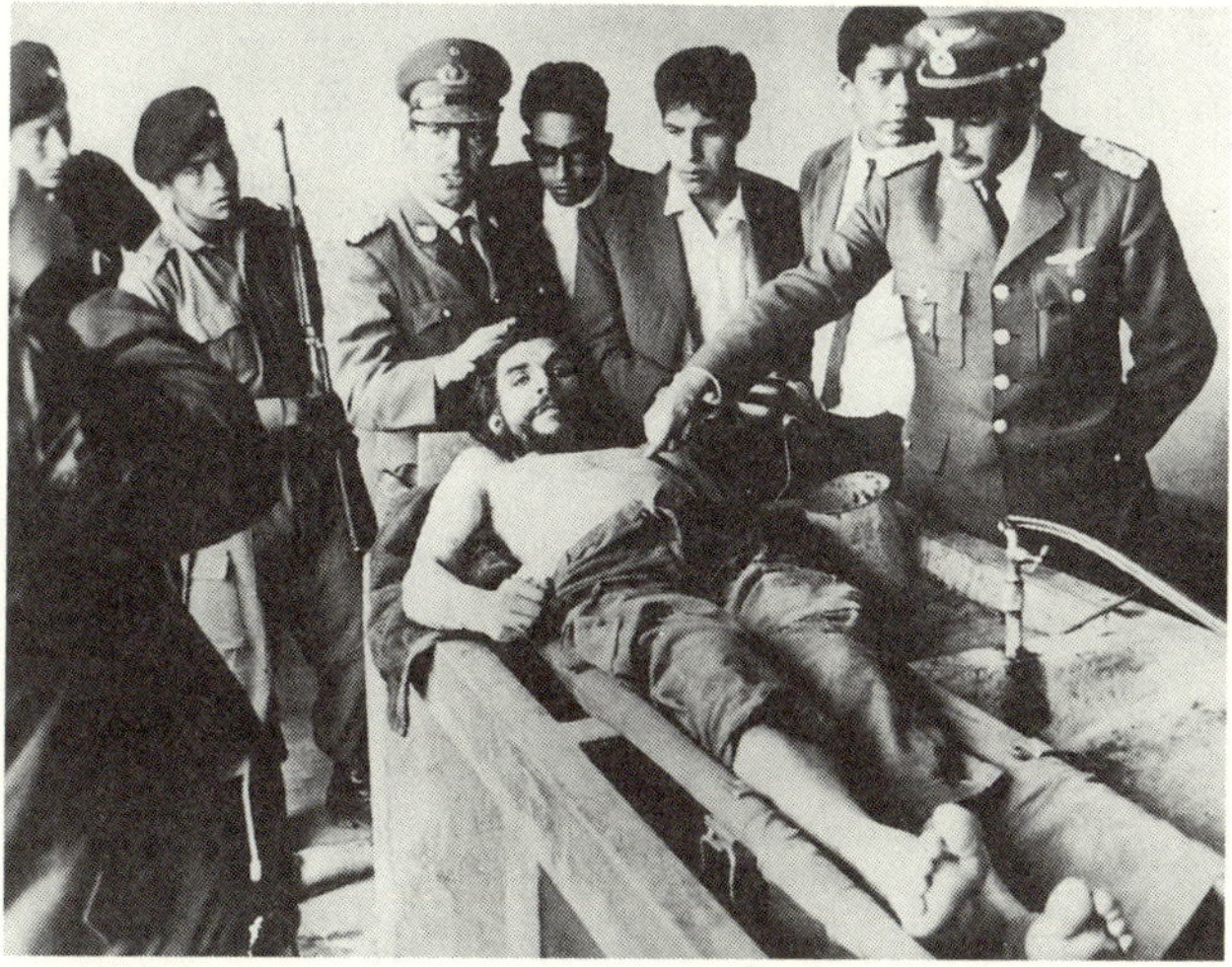

チェ・ゲバラの亡骸（1967年10月9日，アフロ）

「ボリビア日記」

エルネスト・チェ・ゲバラは一九六六年一一月三日、ボリビアの政治首都ラパス郊外に拡がる標高四〇〇〇メートルのアンデス大高原《アルティプラーノ》のエル・アルト空港に到着した。この空港の名称は文字通り「高地」を意味する。

「異教徒を改宗させるため未開の土地に分け入る伝道者のような激烈かつ深い使命感を覚えていた」

チェの心境を『ニューヨークタイムズ』紙のハーバート・マシューズはそう描いた。

チェは側近のポンボ（ハリー・ビジェガス）らに迎えられ、車でラパス盆地に下り、首都中心街から少し離れたコパカバーナホテルに投宿する。一三年ぶりのラパスだったが、旅情に浸る暇もなく、タニアら部下たちと行動計画について打ち合わせた。部下は、チェを「モンゴ」と呼んでいた。チェがコンゴ入国時に用いた「ラモーン」の愛称である。

チェら一行四人は五日、二台のジープに分乗してラパスを出発する。レアル山脈東南端に万年雪と氷河をたたえ白く巨大な壁となって聳《そび》え立つ標高六四六二メートルのイリマニ大山塊の麓を左手に見て大高原を南東に走り、鉱山都市オルーロの手前で左に折れ東北東に向かい、幾重にも連なるアンデス前衛山脈の尾根、峠、渓谷、盆地を繰り返し上り下りして走り、二四時間後にコチャバンバ市に到着した。さらに走って夜半、サンタクルース市に行く道との分岐点を南に折れ、カミーリ方面に向かう。

「ボリビアが南米のゲリラ戦基地として最適だから戦いに来た。勝利には時間がかかるだろう。ボリビア一国だけでの勝利を夢想してはならず、少なくとも海岸線をもつ一国での革命、さらにはラテンアメリカ全域での革命を目標にせねばならない。さもないとボリビアでの革命は潰されてしまう。この国から出国する際は遺体としてか、もしくは戦いながら国境を越えるか、どちらかになるだろう」

チェは休憩地でポンボらに言い渡した。南米中心部に位置するボリビアは、アルゼンチン、ブラジル、ペルー、チリ、パラグアイの五ヶ国に囲まれた内陸国だ。チェは、革命戦争は国境を越えて伝播《でんぱ》すると踏んでいた。一行は七日夜半、ニャンカウアスー渓谷の農場に到着した。チェの到着で、物資輸送、設営、偵察、行軍訓練が本格化してゆく。

一九六六年一一月七日、チェはボリビアでの日記を書き始めた。

「今日、新しい段階が始まる。夜間、農場に着いた。旅程はとてもよかった」

だが先遣隊が近隣の地主からコカイン密造業者と疑われていると聞き、その地主を警戒し始めたことを記している。チェはニャンカウアスーの農場に大規模な補給基地を築こうと考えていたが、周辺には疑い深い農民はいても、ゲリラに好意をもつ農民はいなかったのだ。不用意で性急な基地選定が早くも誤算を生んでいた。

日系戦士マエムラ

チェは一九六六年一一月二七日の日記に、「ここに留まるボリビア人医学生エルネスト」の到着を記している。日系二世のボリビア人フレディ・マエムラである。現在の鹿児島県南九州市頴娃町《えいちょう》出身の移住者前村純吉《じゅんきち》とボリビア人ロサ・ウルタード＝スアレスとの間にベニ州都トゥリニダーで四一年一〇月一八日生まれた。少年時代から正義感が強く、大学予科生時代にボリビア共産党青年部に入るが、このため医大入学を拒否される。そこで六二年キューバの国費留学生募集に応募し、同年四月ハバナに行き、前年一〇月に設立された「ヒロン浜勝利基礎・前臨床科学学校」に入学した。六二年一〇月の核ミサイル危機の際、この学校は地対空ミサイルの発射基地になった。フレディは志願し、その基地で防衛に参加した。全土に配置された民兵二〇万人の一人だった。

留学生仲間たちと六三年初めハバナでチェとともに過ごしたフレディはチェに心酔、ピナルデルリオ州内の基地で六五年ゲリラ戦の訓練を受け、ボリビア作戦部隊要員に選ばれた。六六年一〇月、祖国ボリビアにゲリラとして潜入した。暗号名「エルネスト」で呼ばれたが、「エル・メディコ」(医師)と呼ばれることもあった。

六六年一二月二日、華人の血をもつため「チノ《チノ》」と呼ばれるペルー人フアン＝パブロ・チャンが到着する。ペルーでのゲリラ組織再興を志していたチノは、将来的にペルー戦線の構築をチェが支援するのを条件に、五人のペルー人共々チェの部隊に参加することになる。チェは、打ち合わせのためチノをキューバに派遣した。チノはチェの手紙をアレイダに渡す。「ただ一人の人へ」の書き出しで、「懐郷《かいきょう》病に耐えられなくなることもある。空は、自分がいかに私人として生きてこなかったかを想起させる。体重が減りつつある。溜息《ためいき》と苦悩に満ちた接吻《せっぷん》を受け取ってほしい」と記し、「君の哀れな禿の夫より」で結んでいる。

ゲリラにはカトリック社会の習慣が身についていた。「革命家には休暇や休日はないが、瞬時の憩いはある」とするチェは、聖《クリスマスイヴ》夜に子豚の丸焼きと酒で盛大な宴を張った。みな、歌い踊り、チェは自作の詩を披露した。

モンへの主張

ボリビア共産党（ＰＣＢ）書記長マリオ・モンヘが大晦日にタニアに案内され、政治首都ラパスからニャンカウアスー渓谷の野営地に到着した。ＰＣＢは都市部、とくにラパスでの支援網構築に不可欠で、タニアもＰＣＢに依存していた。チェは支援網の重要性を認めていたが、マエストラ山脈時代と同様、ボリビアでも都市部を低く見る傾向があった。

モンへはまず、ゲリラ戦指導部から中国路線を排除したうえで自分が政治・軍事両面で指揮を執るという条件を提示した。これは最高司令になるのが自明の理だったチェへの挑戦だった。チェが断固拒否すると、話し合いはたちまち暗礁に乗り上げた。

チェは、作戦はラテンアメリカ大陸規模であり、大陸連帯主義はモンへの地元第一主義、国籍主義を超越すると強調した。モンへは、ボリビアが南米革命の起爆剤になるというチェの戦略を「ペルーが主戦場で、ボリビアが後方基地になる」と曲解して異議を唱え、ラパスで蜂起し次いで山岳地帯でゲリラ戦を展開するという非現実的な代案を出した。

モンへは、ボリビアでのゲリラ闘争は不可能かつ時期尚早で、勝利の可能性はないと結論づけていたのだ。仮に勝利したとしても内陸国ボリビアはすぐに周辺の軍政から攻め込まれると指摘した。チェは、この「内陸性」を認識していたからこそ周辺諸国での革命が不可欠と主張したのだが、モンへの「現実主義」は壮大な革命構想を許さなかった。

モンへは、米海兵隊が前年（六五年）四月ドミニカ共和国を侵攻した最新の実例を挙げて、「帝国主義の支援が得られる軍部相手の戦いには勝ち目がない。この点に配慮しないのは自らを欺くことになる」と厳しく警告した。米軍、とりわけＣＩＡと連携する陸軍特殊部隊《グリーンベレー》がチェのボリビア作戦の致命傷になるのだが、チェはこの点で甘かったと言わざるをえない。モンへの米軍に関する言い分には十分な理があった。

革命に命をかける「新しい人間」のゲリラ戦を讃える「革命の美学」にチェが酔い痴《し》れていたと言えば言い過ぎだろうが、チェの対米戦略が「反帝国主義」の激しい言説の域を越えて綿密な戦術に裏打ちされていたとは言いがたい。チェは米国が南米での反革命戦略でボリビアだけ手を抜いていたのを認識していたが、それが米軍出動の可能性に対し万全の準備を怠らせる要因になった可能性はないだろうか。米軍の支援を当てにできる重武装の強敵に軽武装の小勢力が対抗する「竹槍精神」にフィデルが懸念を抱かないわけはなく、フィデルが当初からチェのボリビアでの敗北を予期していたのは疑いない。

「南米解放軍」の夢

チェとモンへの話し合いのさなかに一九六七年「英雄的ヴェトナムの年」が明けた。フィデルは、連帯の証《あかし》として軍事顧問団と砂糖をヴェトナムに送っていた。チェは元日に迎えたキューバ革命勝利八周年記念日の意義を部下たちに語り、ボリビア独立の英雄ペドロ＝ドミンゴ・ムリージョに思いを馳せつつ乾杯し、「革命という偉業の前に我々の命など何の意味ももたない」と強調した。

チェは、ブエノスアイレスにタニアを派遣することにし、画家シロ・ブストス、詩人ファン・ヘルマンらと会うよう彼女に命じた。チェは六一年初めハバナでヘルマンに会っている。ヘルマンはアルゼンチン共産党青年部のゲリラ組織「革命軍」（FAR《ファル》）に通じていた。タニアはモンへとともにラパスに帰り、翌二日、アルゼンチンに向かった。チェは物別れに終わったモンへとの会合の内容を部下に伝え、「ボリビアでゲリラ戦の態勢が整ったら指揮権をボリビア人に渡し、我々はアルゼンチンに行く」と明言した。

一月も偵察や設営が続いた。登山訓練、塹壕《ざんごう》掘り、接近路整備、射撃演習、撤退演習、ケチュア語の学習が加わった。一九日、マエムラが警官五人を目撃したとチェに知らせた。

「コカイン密造工場」を捜査しに来たということだった。誤った噂が拡がり、警察のスパイも徘徊《はいかい》していた。チェは襲撃された場合に備え、迂回路を定めた。

チェは二六日到着した鉱山労働者組合幹部でボリビア共産党（PCB）分派のモイセース・ゲバラと話し合い、ゲリラ部隊ではキューバ人とボリビア人が平等・対等であることを確認した。モイセースはいったん野営地を離れ、仲間を連れて再びやって来ることになった。ラパスを中心とする都市部の連絡網も整備されつつあった。その最大の貢献者はPCB青年部の幹部ロヨーラ・グスマンだった。

チェは一月三一日、訓辞を垂れた。

「ゲリラは規律が重要であり、〈マニラ人〉はボリビア人らの模範にならねばならない。飢餓、渇き、睡眠不足、過酷な行軍など起伏に富んだ日常は革命戦士を育成する上で戦闘以上に重要だ。ゲリラ戦のさなかに怯《おび》えたことがないと言えば嘘になる。勇気を鍛えるには後衛でなく前衛で戦わねばならない。生死の境で戦い生き延びた者だけが真の戦士になれるのだ」。〈マニラ人〉はキューバ人の暗号名である。

「真正な共産主義者としての我々の倫理的責任は大きい。〈マニラ人〉はボリビア人育成を指導するが、いずれはボリビア人が戦闘の指揮を執る。この地でまず民族解放軍（ELN）を結成し、後に南米解放軍をつくる。反乱が終わるまで一〇年はかかるはずだ。だから戦いは急速には進まない。キューバへの経済封鎖でわかるように、ラテンアメリカ革命がなければ内陸国ボリビアの革命は早晩潰されてしまう。ゲリラ組織の中に共産党があり、軍事と政治はゲリラ幹部である党指導部が決定する。労働者階級の前衛組織とＰＣＢの全面的支援を期待したい。農村作戦拠点を設営する上で農民による支援基盤の構築が必要だ」

チェは「中核前衛主義《フォキズモ》」に立脚しながらも、ボリビア中央労連（ＣＯＢ）や鉱労組を意味する労働者前衛組織、そして共産党の協力確保への期待をあえて表明した。全国規模で展開する国軍が正面の敵であるため、広範な戦線形成が必要だと認識していたからだ。しかしモンへとの会談が決裂したいま、ＰＣＢの全面支援獲得は希望的観測に過ぎず、鉱労組とはモイセースと個別的に接触しただけだった。

最高司令の孤独

先住民語を話す軍政大統領レネー・バリエントスは勢力基盤として農村を重視し、アイマラ人、ケチュア人、グアラニー人ら先住民とその混血が主体の農民の忠誠を勝ち得ていた。一九五二年の革命で生まれた農地改革は継続されており、土地に飢えていない貧農は軍政に反抗しなかった。五二年革命を空軍将校として経験したバリエントスは農民を味方、鉱山労働者を敵と見なし鉱労組を監視、必要とあれば弾圧を厭《いと》わなかった。

また先住民や先住民系農民には、孤立した一個人としてではなく集団の一員として自身を捉え、集団的意思に従うことをよしとする生き方があり、その集団を部外者が短期間に説得するのは容易ではなかった。奇しくもチェがニャンカウアスー渓谷に到着した日の翌日（六六年一一月八日）、国軍と政府系農民組織は「農民・軍人協定」に調印した。バリエントスは、農民とのさらなる関係強化を図ったのだ。

農村での中核前衛拠点《フォコ》構築を必須とするチェにとって、ボリビアの農民は扱いにくいこと極まりなかった。仮に戦域を鉱山地帯に変更するにしても、鉱山の多くは酸素が薄く寒冷なアンデス大高原にあり、ゲリラ戦に不可欠な聖域がなかった。

チェは孤独だった。キューバ革命ではフィデルという並外れた総指揮者がいて、その掌《たなごころ》に載るチェは策士に徹することができた。作戦が失敗したコンゴでもカビラが遠隔命令を下していた。だがボリビアでは総指揮を執るのはチェのほかに誰もいない。六〇人の部下たちの命を預かる最高責任者として味わう初めての孤独だった。

モンヘに指揮を任せる臨機応変の選択肢はなきにしもあらずだった。二枚腰のフィデルだったら、モンヘに指導権を渡して実《じつ》をとることも可能だっただろう。そのような政治力はチェにはなかった。モンヘはラパスで党幹部会合を開き非武闘路線を確認、ゲリラ戦参加者を党から除名していた。チェは日記で一月を総括する。

「予期した通り、モンヘは裏切った。党は我々に戦いを挑んだが、それがどこまで進むかはわからない。タニアはアルゼンチン人から好ましい反応を得られなかった。いまやゲリラ段階が始まった。最も遅れているのはボリビア人戦士の部隊編入である」

農民ロハス

一九六七年二月初め、訓練を兼ねた行軍を開始、地域の大河グランデ川の岸に達し、筏をつくって渡河した。チェはニャンカウアスー渓谷一帯では戦わず、北にあるベニ州かコチャバンバ州を戦域として想定していたようだ。

ボリビア人ゲリラの指導者格インティ・ペレードら先遣隊は九日、オノラート・ロハスという農民に出会い、その家で歓待される。調子に乗ったインティは「私はゲリラ部隊の隊長だ」と口を滑らせた。実際には隊長ではなかったが、「ゲリラ部隊」の存在を迂闊《うかつ》にも口にしたのは取り返しのつかない重大な過ちだった。

チェは一〇日、インティの部下の振りをして自らロハスに会い、慧眼《けいがん》にも「この農夫は潜在的に危険だ」と感知する。だが観察するだけで、手は打たなかった。これがやがて命取りになる。チェは著書『ゲリラ戦争』で、「ある人物を危険と判断したら、ためらわず排除する。この点でゲリラは厳しくあらねばならない」と主張していた。結果的にチェはそのような厳しさが足りなかった。ロハスとの出会い、インティの不用意な発言は最初の赤信号だったが、その深刻さに誰も気づかなかった。

チェは二月一一日、訓練を兼ねた行軍を再開する。幾つもの急流、激しい雨、川の増水、断崖絶壁、密林に阻まれて難渋した。ボリビア人ゲリラ一人がグランデ川に落ちて死んだ。

戦う前に出た最初の犠牲者だった。食糧不足も深刻で、子鹿、猿、小鳥、果実を食べて凌《しの》いだ。ボリビア人の間では空腹による仲違《なかたが》いが顕著になっていた。

三月に入っても行軍は終わらなかった。チェは脚に浮腫ができ悪化して難渋していた。チェは体力回復のため連れていた馬を食べることにし、ゲリラは久々に馳走にありついた。あろうことかキューバ人マルコスが、出会った石油技師らに武器を見せびらかした。これは裏切り行為に等しかった。技師たちは軍に武装グループの存在を通報した。

ちょうどそのころフィデルはキューバで幹部たちの甘い生活を糾弾していた。これをハバナ放送で聴いたチェは、同じことを感じていた。革命勝利から丸八年経ち、安楽な生活に慣れ親しんで心身ともに緩んでいたのだ。渡河訓練中にまたボリビア人が一人水死した。

敗北の気配

チェは三月一九日の日記に、野営地にタニアとともに、キューバから戻ったチノ（ペルー人チャン）、レジス・ドブレ、シロ・ブストス、モイセース・ゲバラ（ボリビア鉱労組幹部）が到着したことを記す。それ以外は、モイセースが連れてきていた二人のボリビア人の脱走、警察による農場捜査、小型機の三日連続の上空飛来、陸軍部隊が展開し始めた可能性、兵士六人の農場侵入と、「よくない兆候」ばかりだった。脱走者二人は武器を売りさばこうとして警察に捕まり、「偉大な隊長（チェ）、フランス人ドブレ、タニア」ら外国人の存在を含め細かい情報を吐いてしまった。その結果、警察が農場を調べに来たのだ。

二〇日、チェの一行は行軍を終え、野営地に三七日ぶりに帰着した。六〇人の陸軍部隊が接近しているという情報が届いた。彼らはチェの伝令一人の身柄を拘束した模様であり、チェは野営地からの撤退を準備するよう部下に命じた。「敗北の気配が支配していた。ひどい混沌《こんとん》状態で、みな、どうしてよいかわからなかった」とチェが記したように、三月の時点で、敗北がゲリラの周辺に早くも忍び寄りつつあった。

チェは前日到着したタニアを叱責した。野営地に再び来てはならないと命じてあったからだ。だがタニアはラパスで窮地に陥っていた。モンヘがチェに協力しないと決めたため、タニアがボリビア共産党に頼ってラパスで構築していた人間関係や情報網が宙に浮いてしまい、チェに相談する必要が生じていたのだ。

チェはドブレと三月二一日に話し合った。ドブレは、「元気です。育児に専念しています」というアレイダの手書きのメモをチェに渡した。ドブレはメキシコの週刊誌『スセソス』とフランスの出版社に記事を送る契約の下にやって来ており、野営地でしばらく取材したいと希望していた。

だがチェはドブレに、フランスの哲学者サルトルと英国の哲学者バートランド・ラッセルに書簡を渡してほしいと求めた。仏英両国をはじめ欧州でボリビア解放運動支援のため募金運動を組織するよう依頼する手紙だったが、チェはとくに資金、医薬品、電子機器と専門技師を必要としていた。チェは何通かの手紙をドブレに渡すとともに、ブラジルでゲリラ指導者カルロス・マリゲーラに接触するよう頼んだ。連携したいと考えていたのだ。

チェは同胞の画家シロ・ブストスには、アルゼンチン人戦士を送り込んでもらうための手配を頼んだ。チェは詩人ファン・ヘルマンとの接触も求めた。ペロン派左翼から、ヘルマンのような共産党を離党した左翼までを結集させたいと望んでいたのだ。

ドブレは一月『革命の中の革命』を世に出していた。チェやフィデルの「中核前衛理論《フォキズモ》」は、この本によって広く知られるところとなる。

戦闘開始

三月二三日は転換点となる。ゲリラ部隊が待ち伏せ攻撃で陸軍の分遣隊を急襲し、兵士七人を殺し、負傷者四人を含む一四人を捕虜にしたのだ。うち二人は士官で、プラタ少佐とシルバ大尉だった。作戦に参加したマエムラは戦闘が終わると、負傷した敵の士官と兵士の手当てをした。迫撃砲、バズーカ砲、モーゼル銃、ウージ自動小銃、機関銃、それぞれの弾薬と、戦利品は豊かだった。捕虜全員を解放したが、シルバ大尉の報告を受けた政府軍は二四日、空爆を開始する。新聞とラジオはゲリラのニュースで持ちきりだった。

チェは二五日、「ボリビア民族解放軍」(ELN－B、略称ELN)を名乗ることを決めた。戦闘に踏み切ったからには名乗らねばならなかった。チェはこの日、マエムラに「完璧なゲリラ戦士になった」と伝えた。

「戦端は開かれた。労働者、農民、知識人に呼び掛ける。暴力に対し暴力で応えるべき時が来たと思うすべての者に訴える。米独占資本に売られた国を救い、人民の生活を向上させようではないか」——チェはインティとともにELNとしての最初の声明を書いた。問題は、この声明をボリビアの新聞やラジオにいかにして届けるかということだった。

ここで重大な事態が起きる。ラパス連絡網の要《かなめ》タニアが正体を暴かれてしまったのだ。彼女がカミーリの車庫に残していたジープとともに積んであった書類が二四日押収され、脱走者二人の情報提供もあって「タマーラ・ブンケ」（本名）の素顔が明るみに出されたのだ。ラパスのタニア宅からは、彼女がバリエントス、国軍参謀長オバンドと一緒に撮った写真も見つかった。タニアはボリビア国籍とパスポートまで取得していた。ラパスの連絡網は崩壊し、タニアはゲリラ部隊から離れるわけにはいかなくなった。

CIAはカミーリに要員を派遣し、本格的な情報収集を開始する。二六日、政府軍の対応は慌ただしくなった。陸軍部隊、降下部隊、ヘリコプター編隊を出動させた。バリエントスは記者会見でゲリラの存在を認めた。

ゲリラは三月二八日、政府軍兵士を満載したトラックを制圧したが、殺傷することなく、退去させた。かつてフィデルの「騎士道精神」を批判したチェだが、騎士道や「武士の情け」を思わせるロマン主義がチェにもあり、それが実戦における弱さにつながっていた。政府軍は半径一二〇キロメートルの範囲に兵士二〇〇〇人を展開させており、トラックの部隊はその一部だったのだ。二九日、上空を禿鷹《はげたか》の群が舞っていた。二三日の最初の戦闘で斃《たお》れた政府軍兵士の遺体が放置されたままであることを示していた。

チェは三月の状況を日記で分析する。「モイセースの連れてきた一団から口の軽い二人が脱走した。最初の戦闘は華々しい打撃を敵に与えたが、我々は予想以上に早く先へ進まなければならなくなった。状況はよくないが、この試練を克服すれば事態はずっとよくなる」

チェは、部隊を前衛隊、本隊、後衛隊の三隊に分けた。前衛隊はキューバ人ミゲルを隊長にキューバ人三人、ボリビア人八人の計一一人。本隊はチェを隊長に、ポンボ、トゥマらキューバ人九人、モイセース・ゲバラらボリビア人六人、チノらペルー人三人の計一九人。これにタニアが加わった。後衛隊はキューバ人ホアキンを隊長にキューバ人四人、マエムラらボリビア人六人の計一〇人だった。隊員の国籍は五ヶ国に及んでいた。

米軍顧問団

ジョンソン米政権は三月末、パナマ運河地帯の米軍基地からボリビア軍を支援することを決め、米軍顧問団を送り込んだ。戦争中の南ヴェトナム（当時）の戦場にいた陸軍特殊部隊の士官も含まれていた。チェはこの米軍顧問団を念頭に、「我々は〈新たなヴェトナム〉に立ち会うことになろう」と記した。

包囲網をかいくぐっての行軍ないし逃避行が始まろうとしていた。牛を殺して干し肉《チャルキ》をつくり、携帯食料とする。運べない物資は穴を掘って隠した。四月三日午前三時半、野営地を出発した。待ち伏せした地点を通過すると、兵士七人の遺体はきれいな白骨になっていた。米軍提供の糧食《レイション》の残飯や、農民に吐かせた情報から、政府軍部隊が通過していたことがわかった。政府軍はすでに野営地から書類やチェの写真を持ち去っていたのだ。五日、彼方に兵士の姿を目撃した。

六日午前四時、ニャンカウアスー川を渡河する。峡谷入り口で待ち伏せ攻撃を仕掛けるつもりだったが、一〇〇人もの政府軍部隊が待機していることがわかり、危ういところで回避する。農民たちから牛を調達し、一頭を食べ、他の牛を携行食にした。

四月一〇日、政府軍兵士一五人と後衛隊が遭遇し銃撃戦となる。政府軍の少尉ら三人が死亡、二人が負傷、六人が捕虜になり、残る四人は逃走した。三月以来二度目の戦闘だったが、ゲリラ側はキューバ人ルビオが死亡した。チェは埋葬に際し、最初の戦死者がキューバ人だった事実に触れ、キューバ人とボリビア人が一層連帯するよう訴えた。

捕虜を尋問したところ、彼らは一〇〇人編成の中隊の一部で、先に死んだ兵士七人の遺骨を収集し、ゲリラが放棄した野営地に報道陣とともに入っていたことがわかった。敵の部隊配置が把握できたため川沿いで奇襲を仕掛け、死者七人、負傷者五人、捕虜二二人、武器類奪取という戦果を挙げた。戦利品の多くは洞窟内に隠した。

捕虜の一人ルベーン・サンチェス少佐は、負傷兵を介護し捕虜に暴力を振るわないゲリラに感銘し、民族解放軍（ELN）の第一声明を報道機関に渡す役目を引き受けた。チェはラジオで、チリ人特派員が野営地で「パイプをくわえた髭のないチェの写真を見つけた」と報じたのを知った。

野営地に一三日戻ったチェは、四八個保存してあったミルク缶が二三個もなくなっているのを知り、「ミルクは堕落要因だ」と記す。作戦については「まだ明確ではないが、ムユパンパ地域で少し作戦行動をとってから北方に撤退するのがいいと思われる」と書く。ムユパンパはニャンカウアスー渓谷の真南、カミーリの北西にある。南下してから北に戻るとすれば、どこまで北方に進むのか。これも作戦上、問題だった。

チェはELNの第二声明を書き、米軍顧問団を招き入れたボリビア軍部を厳しく非難した。チェは一五日到着した後衛隊から、爆撃機と砲兵隊が森林地帯を攻撃しているとの報告を受けた。チェは戦士たちを集めミルク缶紛失事件を取り上げ、厳しく戒めた。

チェは暗号とあぶり出しインクを使ってフィデル宛の報告を書き、第二声明とともにドブレに託す。チェは、ドブレから贈られていた『革命の中の革命』に目を通す。フィデルとチェの革命理論をまとめたもので新味はなかったが、書き込みを入れながら読む。

「数多くのヴェトナムを」

四月一六日、アジア・アフリカ・アメリカラティーナ三大陸連帯機構（ＯＳＰＡＡＬ《オスパアアル》）の機関誌『トゥリコンティネンタル』特別号が、チェの論文「二つ、三つ、数多くのヴェトナムをつくること、これが合言葉だ」を掲載した。翌一七日、キューバ共産党機関紙『グランマ』がこれを転載し、大々的に報じた。チェが一九六六年、キューバ西部のピナルデルリオ州でゲリラ戦訓練の合間に書いた檄文《げきぶん》である。

「二つ、三つ、そして数多くのヴェトナムが出現し、帝国主義の軍事力を分散させるならば未来は明るい」と、全世界的な反帝国主義闘争を訴えている。チェは、世界を覆っていたヴェトナム戦争という切実な時代背景を前面に押し出しつつ、世界同時革命を呼び掛けたのだ。米ソ平和共存、中ソ対立、日本の米国支援などを厳しく批判し、併せてボリビアで展開中のゲリラ戦を強く示唆した。

「未解放の大地で血にまみれて息を引き取るかもしれない」と死の覚悟をも記しており、「別れの手紙」よりも明確な「遺書」となっていた。「我々はキューバ革命とその偉大な指導者から学んだことを誇りにしている」とも述べ、「別れの手紙」公表をめぐるフィデルとの間のわだかまりを超克しようとチェが努力していたことを示している。

フィデルがこの時期に論文を公開したのは、ボリビア作戦の先行きを展望してのことだったに違いない。この檄文によって、チェがボリビアにいることを疑う者はいなくなった。フィデルは、チェの事実上の「遺書」を早々と公表したわけである。チェがコンゴにいたときに「別れの手紙」を公表したのと状況が似ていた。

ドブレの逮捕

そのころ本隊にいたタニアが行軍のお荷物になっていた。タニアは四月一六日、やはり体調を崩した本隊のキューバ人アレハンドロ、ボリビア人モイセース・ゲバラとともに後衛隊に委ねられた。チェは前衛隊と本隊を率いてムユパンパに向かった。このときから、後衛隊とは離れ離れになり、再会することはなかった。この「分離」はチェが犯した重大な過ちであり、致命傷となる。チェは合流する地点さえも決めていなかったのだ。

一九日、米誌『ライフ』と契約して取材していたジョージ・ロスという英国系チリ人のフォトジャーナリストがやって来た。ロスの話から、地元の農民らが賞金目当てにゲリラの動きを軍に通報しているのがわかった。チェはドブレに乞われ、ドブレとブストスの脱出を支援するようロスに持ち掛け、ロスは承諾する。ドブレら三人は出発した。

二〇日昼過ぎ、ムユパンパの副市長、医師、ドイツ人司祭が白旗を掲げてやって来て、和平の仲介をしたいと申し出るとともに、前日脱出したドブレら三人が逮捕されたことを伝えた。副市長らが去った後、一帯が空爆された。彼らが政府軍に通報したのは疑いない。

本隊は二二日、出発した。上空には偵察機が舞っていた。チェの側近ポンボが鞄《かばん》にしまってあった米ドルの札束を紛失した。このような粗忽《そこつ》や規律の乱れが目立ってきた。

二五日、軍用犬を連れた政府軍部隊と銃撃戦を展開する。マエストラ山脈時代からのかけがえのない部下ロランドが死亡した。チェは、ネルーダの詩を亡骸《なきがら》に捧げた。敵は兵士二人と犬一匹が死んだだけだった。チェは「作戦の決算は赤字に大きく傾いた」と書く。本隊は、生後間もない愛らしい子鹿ロロを連れていた。チェは「生き延びるかどうか」と記す。

二七日、ドブレらがカミーリで拘置されているのが確認された。二九日ハバナからの伝達に、バートランド・ラッセルが呼び掛けたヴェトナム支援の訴えにチェの署名を求める依頼文が含まれていた。三〇日、子鹿ロロが死んだ。キューバ人ウルバーノが短気を起こして頭部を撃ったのだ。

軍政大統領バリエントスはメキシコの週刊誌『シエンプレ』とのインタビューで、米軍顧問団がいることと、ゲリラがボリビアの社会状況から生まれたことを認めた。

四月の総括は芳しくなかった。後衛隊との連絡は途絶えたままであり、農民の支援基盤は依然形をとっていなかった。米軍のヘリコプターが飛来しており、陸軍特殊部隊が送り込まれているのは疑いなかった。

ドブレ逮捕でキューバとの連絡は途絶え、ブストス逮捕でアルゼンチンのゲリラ計画は挫折した。ペルー人チノ（チャン）は当初、ペルーでゲリラ組織を再興するためペルーに戻ることになっていたが、チェの下に留まることになった。これによりチェの「アンデス計画」は事実上、ボリビアだけに限られてしまった。ドブレは後に明らかにする。

「一九六七年四月当時のチェは放心したかに見え、自分の殻に閉じこもっていた。チェは私に〈アルゼンチン人の私は熱帯では迷子同然だ。私は打ち解けにくく、フィデルにあるような意思伝達の能力に欠けている。私はつい黙してしまうのだ〉と言った」

彷徨の五月

五月になった。ハバナの革命広場で「国際労働者の日」（メイデー）の演説をするフィデルは、自分とドルティコース大統領の間に六歳になったチェの娘アリューシャ（アレイダ）を立たせた。その様子をチェはハバナ放送で聴いた。この日、コチャバンバの『プレンサリブレ』紙がサンチェス少佐の届けた民族解放軍（ＥＬＮ）第一声明を掲載する。同紙の編集局長はたちまち逮捕された。

二日、部隊はニャンカウアスー渓谷の野営地に戻ることを決め行軍する。四日には、脚を負傷し逮捕された前衛隊のボリビア人ロロが自白する模様がラジオで伝えられた。ロロは拷問で両腕を折られ、ヘリコプターから生きたまま投下されたことが後に明らかになる。ラジオは五日、ドブレがカミーリで軍事裁判にかけられると伝えた。

チェがニャンカウアスー渓谷に到着し日記を書き始めてから半年経った五月七日、部隊は元の野営地に戻った。隠してあったミルク缶を朝食とする。八日、待ち伏せ攻撃で兵士三人を撃ち倒し、一〇人を捕虜にした。ＥＬＮは第三声明を出し、交戦結果を偽って発表する政府軍を糾弾した。

チェは九日、捕虜に訓話を垂れ、彼らの戦闘服とゲリラのぼろ服を交換してから解放した。チェは睡眠不足で眩暈《めまい》がし仮眠をとる。部下たちも体力が落ち、むくんでいた。豚脂《とんし》をスープにして飲む。食糧の欠乏は、ゲリラの体調の衰えとともに一層ひどく感じられるようになっていた。食べ物をめぐって規律が頻繁に乱れていた。

毎日の食事が闘いだった。一〇日、物資の隠し場所に行き、豚脂と腐った干し肉を取り出して食べる。一一日は猪《いのしし》を食べ、一二日は出くわしたとうもろこし畑で実を食べ、農家から豚を調達して食べた。豚をさばいた作男二人に労賃を一〇ドルずつ払う。豚料理を食べ過ぎて、みながげっぷ、放屁、嘔吐《おうと》、下痢に苛まれた。チェは「本物のオルガノの演奏だ」と書く。「オルガノ」には「臓器」と「オルガン」の意味があり、二つの意味をかけたのだ。

五月一四日、住人が放棄した農家で鶏の炊き込みご飯をたらふく食べた。チェは一六日、行軍中に激しい腹痛に見舞われ、ハンモックで運ばれている間に意識を失った。気がつくと下痢でズボンを汚していた。ズボンを履き替えたが、水がなく汚れたズボンを洗えないため、水場まで進む間中、悪臭に悩まされた。

チェは水が確保できたため、膝《ひざ》に大きな腫《は》れ物ができて歩けなくなっていた仲間に切開手術を施し、五〇ｃｃもの膿《うみ》を出してやった。歯の痛みに苦しんでいた戦士には麻酔なしで抜いてやった。

二八日、走行中のジープを奪う。三〇日、待ち伏せで兵士三人を殺し、一人を負傷させた。ジープは冷却水切れで動かなくなり、チェ以下全員がタンク内に小便し、水筒の水も加えて何とか走らせた。夜半、七面鳥と豚肉の豪華な食事をする。三一日、遭遇した軍用トラックを急襲し、少尉と兵士の計二人を斃《たお》した。

チェは五月を総括した。「後衛隊、キューバ、ラパスとの連絡が完全に途絶えた。その結果、部隊は二五人に減った。作戦行動が適切に維持されれば成功は保証される。農民を依然隊列に加えていないが、農民の敬意を勝ち得つつある」

依然楽観的だが、カミーリでは、シロ・ブストスとドブレがすべてを白状していた。画家ブストスは、チェをはじめゲリラの人相書を描くのに協力した。ドブレはチェに三月インタビューしたことも明かした。ボリビア軍も米軍もチェがボリビアにいることを確信していた。ブストスは、チェの友人で、かつてマセッティが率いた「人民ゲリラ軍」の生存者を弁護したことのあるリカルド・ロホを弁護士に選んだ。英国系チリ人のフォトジャーナリスト、ジョージ・ロスは保釈金を払って消え去った。

サンフアンの虐殺

六月に入った。ゲリラ部隊は絶え間ない移動と食糧確保の毎日で、消耗していた。鉱労組は六日、人民解放軍（ELN）への連帯を決議し、八日、政府が決めた賃金半減に抗議してストライキに入った。バリエントス軍政は戒厳令を発動、ポトシー州ジャジャグアのシグロベインテ錫《すず》鉱山とカタビ錫鉱山をもつ鉱山街に緊張が走る。

一〇日、小さな交戦があり、政府軍に死傷者二人が出た。チェは一四日、「三九歳になった。無情にもゲリラとしての将来を考えなければならない年に近づいた。今のところは完全だ」と日記に書く。一六日、鉱労組は「非常事態態勢」をとる。ELNは一六日、第四声明を発表、ボリビア解放の大義に賛同する者は隊列に参加できる、と呼び掛けた。

二〇日、警察の情報員三人を捕らえたが、尋問し説教して帰らせた。チェは徒歩で行軍していたが二一日、初めて騾馬《らば》で移動した。喘息の薬はなくなっていた。

二三日、鉱労組は鉱山地帯を解放区と宣言する。彼らは少ない賃金の一部を出し合ってゲリラに贈るため募金した。翌二四日はサンファン（聖ヨハネ）祭だったが、事態は急変する。バリエントスは密かに政府軍を派遣し、前日夜から宴を楽しみ眠りについていたシグロベインテ、カタビ両錫鉱山の労働者居住地を襲撃させた。一帯は虐殺の巷と化し、ゲリラ志望者二〇人を含む八七人が殺された。死者四〇〇人強、負傷者一〇〇〇人以上との説もある。

チェは虐殺事件を受けてELN第五声明をしたためた。一九五二年四月のボリビア革命の立役者が鉱山労働者だったことを指摘しながら、戦術の誤りで血を流してはならないと説得したうえで、「鉱山労働者同志よ、ELNは諸君が隊列に加わるのを歓迎する。労農同盟を再建しよう。敗北を勝利に替え、未亡人の涙を勝利の讃歌に替えよう」と呼び掛けた。

二六日の戦闘でチェの腹心トゥマが腹部に銃弾を受けて死亡した。チェは「息子が死んだかのように」悼み、トゥマの時計を腕にはめた。一行は標高一八〇〇メートルの山上の民家に匿《かくま》ってもらう。その日、警察のスパイ二人を捕らえたが説教し、パンツだけの姿で帰らせた。政府軍は三〇日、チェがボリビアにいることを公式に発表した。チェは六月を振り返る。「後衛隊と連絡がとれないこと、および戦士を失いつつあることは重大な敗北だ。農民を補充兵として取り込みたいが、取り込めない。農民が政府軍の情報提供者として侮《あなど》りがたくなっている。喫緊の課題は、ラパスとの連絡を復活させ、軍事、医療両面の物資補給を再開させること。都市部から五〇人ないし一〇〇人を戦士要員として補充したい」

サマイパータ攻略

七月に入った。喘息の発作がチェを苦しめていたが、薬がなかった。チェはこのころ、「ボリビアの山岳地帯はマエストラ山脈を想起させ好きになっている。だが死ぬときはアルゼンチンで死にたい」と側近に語っている。

チェは、サンタクルースとコチャバンバの両都市を結ぶ国道沿いの町サマイパータの攻略計画を暖めていた。この町の近くにはインカ文明圏の最東端に位置するサマイパータ遺跡がある。六日、チェの放った突撃隊《コマンド》がトラックを奪ってサマイパータに行き道路を封鎖、陸軍駐屯地を攻略した。戦利品はあったが、チェが必要としていた喘息の薬を含む物資の調達には失敗した。しかし宣伝効果は絶大だった。住民全員がゲリラの活動を目撃し、口から口へと尾鰭《おひれ》をつけながら伝えていった。

チェはそのころ、サマイパータの北西の彼方にあるチャパーレで国内第二戦線を開く構想を描いていた。ドブレも後年、チェはサマイパータ作戦の後、チャパーレに近いサンタクルース州中東部に第二の拠点を設営するつもりだったと語った。惜しむらくは、サマイパータ攻略時にペレード兄弟ら手だれのボリビア人戦士をサンタクルース市やコチャバンバ市など都市部に送り損なったことだろう。だが、サマイパータのはるか彼方で展開する能力はチェの部隊にすでに残っていなかった。

米ソの圧力

七月九日、鉱労組は全面敗北と言うべき国営鉱山会社《コミボール》との協定に調印させられた。背景にはサンファン虐殺事件の重圧があった。チェらは一〇日、標高一九〇〇メートルの地点を通過する。喘息発作が止まらない。食糧は、たやすく手に入る牛を食うことができた。埋葬したはずのトゥマの遺体が動物に食い荒らされたとの情報を二〇日得る。

二四日、ハバナでラウール・カストロ革命軍相が演説し、チェコスロヴァキア共産党が「たくさんのヴェトナムをつくろう」と唱えたチェを「新しいバクーニン」と呼び、ヴェトナムが増えれば血がさらに流れると批判したことに対し反駁《はんばく》した。チェはラジオで聴いて日記に書き込んだ。ミハイル・バクーニン（一八一四〜七六）はロシアの無政府主義者である。チェは、「無政府主義者」と決め付けたチェコ党の背後にソ連共産党の姿を見た。

二五日、交戦し大佐以下一六人の捕虜をとったが、いつものように解放した。モンカーダ兵営襲撃一四周年記念日の二六日、フィデルはキューバでチェの大きな写真に囲まれて演説、ボリビア作戦に触れた。チェは部下たちに、「社会主義共同体の創造を目指すキューバ革命は、ラテンアメリカ人民にとって決定的に重要な最初の革命だ」と説いた。ペルー独立記念日の二八日、チェはチノに話す機会を与えた。

三〇日、政府軍の奇襲に遭い、前衛隊のボリビア人ラウールと本隊のリカルドが死んだ。リカルド（ホセ＝マリーア・マルティネス＝タマヨ）もチェの大切な側近だった、戦闘のさなか、医薬品、双眼鏡、キューバからの伝達を記録する録音機、リカルドの日記、チェが書き込みを加えたドブレの著作『革命の中の革命』、トロツキーの著書などの入った一一個の背嚢を失った。録音機を失ったことでハバナからの暗号放送の解読が困難になった。

ハバナで三一日、ラテンアメリカ連帯機構（OLAS《オラス》）の第一回会議が開会した。フィデルとチェの「キューバ革命路線」を確乎《かっこ》たる独自の理論として認識させ定着させるための会合である。

七月の決算。「前衛隊と本隊の戦士は計二二人に減った。後衛隊とは連絡がとれない。サマイパータ攻略を含む三度の交戦で政府軍の死者は七人、負傷者は一〇人。民族解放軍の存在は大陸規模の伝説になっている。アルゼンチンのオンガニーア軍政は国境を閉鎖した。ペルー政府も警戒を強めている。連絡網再建、戦士補充、医薬品確保が急務だ」

この月、ジョンソン米大統領はソ連のコスイギン首相に対し、チェ・ゲバラがボリビアで活動していることに抗議した。コスイギンは援助削減の可能性をちらつかせてフィデルにボリビアから手を引くよう圧力をかけたが、フィデルは拒否した。ソ連はその年、キューバへの石油供給を削減した。

最悪の月

八月は断崖絶壁、密林、水不足、蚊の襲来に往生し、体調を壊す隊員が続出、脱出路探しの行軍は困難を極めた。連れていた馬を次々に殺して食べ、残りを保存食にした。子鹿、貘《ばく》、猿、山猫、コンドル、小鳥、七面鳥、川魚と、捕らえた獲物は何でも腹に詰め込んだ。

チェは踵《かかと》の腫瘍を切開したが疼痛《とうつう》で歩けず、喘息発作に連日見舞われて、馬や騾馬の背に揺られて前進する。雌馬も疲労の極限に達し、歩みがのろかった。チェは癇癪《かんしゃく》を起こして馬の首に切りつけ、深い傷を負わせてしまった。自制心を失ったのだ。チェは薬をとりに野営地に部下を派遣した。

チェは部下たちに難局を迎えつつあることを伝え、「それは人間の最高の姿である革命家に到達し、人間として熟達するための試練なのだ」と強調、これに耐えられない者は離脱して構わないと言い渡した。キューバ人全員がチェと行動をともにすると誓った。

だがボリビア人の何人かは離脱したい思いに駆られており、そのうちのカンバはゲリラ戦に展望が開けないことを理由に離脱を希望した。チェは、後衛隊と出会うための道案内のできる唯一の人材としてカンバの離脱を許さなかった。チェは、泥土にはまり込み動きがとれなくなった馬を置き去りにした。

六日はボリビアの独立記念日。チェはボリビア人のインティ・ペレードにその意義と歴史を語らせた。大統領バリエントスは「ゲリラは落日を迎えつつある」とラジオで語っていた。薬をとりに野営地に派遣された部下が戻ってきて、野営地が以前に増して荒らされ、隠匿物資や書類はほとんどがなくなっていたと報告する。

ドブレの裁判は延期に延期を重ねていた。チェは知らなかったが、ドゴール大統領のフランス政府が、自国の若き英才ドブレを死刑にしないようボリビア軍政に圧力をかけていた。チェの「ボリビア日記」には、ドブレ裁判の経過が何度も触れられている。チェは生きて捕らえられ、軍事裁判にかけられる可能性を想定していたのではないだろうか。

脱出路と後衛隊を探す当てのない行軍が続く。誰もが脱水症状となり、気を失う寸前で歩行していた。危険な川岸から離れて高度をとれば水場は失われ、水分を含んだ植物で辛くも喉《のど》を潤すのだった。それもなくなり渇きに我慢できなくなった戦士は自分の小便を飲んだ。すると、たちまち下痢と胃の激痛に見舞われた。

ハバナでのOLAS会議は八月一〇日閉会を迎え、最終宣言に「キューバ革命は、ラテンアメリカにおける反帝国主義運動の前衛だ」と謳われた。

チェは八月のまとめの冒頭に、「戦いが始まって以来最悪の月。穴蔵が荒らされ書類や薬品を失ったのは痛撃だった」と書く。「馬肉を食い飲み水の欠乏する行軍は隊員の志気をくじく。後衛隊とは今月も連絡がとれなかった。農民を戦士として補充することも叶わず、農民との接触も激減した。闘争意欲は減退している」

チェは「最悪の月」と記したが、この時点でチェが知り得なかった悲劇が後衛隊を襲っていたのである。

後衛隊全滅

キューバ人隊長ホアキン以下一七人の後衛隊は遡ること四ヶ月半の四月一六日、ムユパンパに向かった本隊および前衛隊から分離された。後衛隊はニャンカウアスー野営地の近郊で野営し、五月半ばごろまで同地に留まることができ、体調が弱っていたタニアも回復していた。だが政府軍が接近してきたため、行軍開始を余儀なくされた。

離れ離れになった場合に落ち合う場所は決められていなかった。後衛隊は、捜索隊を組んで本隊を探しに行くことにした。後衛隊には脱走する可能性のあるボリビア人が四人いたが、その一人が五月末、脱走し投降、後衛隊は移動を絶えず迫られるようになった。

六月一日、食糧調達に出掛けた要員二人が政府軍に斃された。七月九日には捜索隊の先鋒《せんぽう》を務めていた一六歳のボリビア人の少年が敵部隊に遭遇、声を出すなと脅されながらも大声で後続のゲリラに危険を伝え、たちまち銃弾を浴びせられ息絶えた。命拾いした後衛隊長ホアキンは捜索隊を後衛隊に戻した。政府軍の戦果発表をラジオで聴いていたチェは、戦死者が後衛隊員かどうか判断に迷った。

後衛隊はムユパンパの東北東で七月二五日、後衛隊としての最初の戦闘を経験する。味方に死傷者はなかったが、三人になっていたボリビア人の脱走可能者のうち二人が戦闘のさなかに脱走し、政府軍を野営地の物資隠匿地点に案内した。これにより物資、食糧、薬品、書類が失われた。隊内の「弱い輪」だったボリビア人四人を早い段階で処罰しなかった優柔不断、ないし「人道主義」が取り返しのつかない禍《わざわい》を招いていた。

そして運命の八月が来た。後衛隊は九日政府軍に包囲され、ボリビア人ペドロが銃撃され絶命する。新聞がペドロの死を報じると、その出身地でペドロを支持する運動が起き、政府に弾圧された。このような民衆のエネルギーをゲリラは利用できなかったのだ。

後衛隊はついに一〇人に減った。タニアは三ヶ月に及ぶ行軍で体調を再び壊し、歩けなくなっていた。部隊はニャンカウアスー渓谷の野営地をかすめて、ニャンカウアスー川とグランデ川の合流地点に進んだ。後衛隊は前衛六人と後衛四人に分かれ、縦隊となって前進した。前衛には副隊長のキューバ人ブラウリオ、マエムラ、モイセースがいた。一人になった潜在的脱走可能者のボリビア人パコも付き従っていた。パコは脱走した仲間と謀って「残地諜《ざんちちょう》者《しゃ》」として部隊に残っていたのかもしれない。

隊長ホアキンはタニアら三人と後に続いた。前進するにはグランデ川を渡らなければならなかった。八月三〇日、一行はグランデ川付近で、彼《か》の農民オノラート・ロハスの家を見つけた。タニアらを休息させ食糧や物資を入手する必要に迫られていた後衛隊をロハスは物腰柔らかく迎え、言葉巧みに翌三一日夕刻の渡河を勧めた。その言葉に従い一〇人のゲリラはロハスの家の近くで野営した。

後衛隊にとってロハスに遭遇したのが運の尽きだった。ロハスは二月チェらに会って以来、政府軍の通報者となっていた。実は後衛隊がロハスの家を訪ねた際、屋内には兵士二人が潜んでいた。ゲリラは番犬がいたため屋内に入らず、兵士たちは察知されなかった。通報を受けた政府軍は待ち伏せ態勢を敷く。

三一日夕刻、後衛隊はロハスの言葉を信じ、俗称プエルト・マウリシオの浅瀬でブラウリオを先頭に渡河を開始した。全員が川に入ったところで政府軍が一斉射撃を開始する。ただ一人反撃したブラウリオは兵士一人を斃し死んでいった。ホアキン、アレハンドロ、モイセースも即死し、川に倒れ込んだ。タニアは負傷し、流されながら絶命した。

日系二世の医師フレディ・マエムラは負傷し川に流されたが、兵士に引っ張り上げられ拘禁された。マエムラは同志たちの遺体の特定を強いられたが、拷問されても口を開かなかった。兵士の一人ティト軍曹はベニ州都トゥリニダーで同郷のマエムラと少年時代から顔見知りだった。軍曹は「トゥリニダーの華人成金の息子だ」とマエムラを罵《ののし》り激しい暴力を加え、その夜、彼を射殺した。二六年に満たないマエムラの生涯は終わった。

案の定、ただ一人負傷せず投降したパコはCIAの尋問を受けたが、後に釈放される。タニアに付き添っていたペルー人医師ネグロは流されて行方不明になった。タニアとネグロを除く七人の遺体はバジェグランデ市に運ばれ、密かに葬られた。

半年ぶりの水浴

九月一日、チェの部隊は密告者ロハスの家を占拠した。無人だった。後衛隊が前々日そこを訪れ、ロハスの通報で後衛隊が前日全滅した事実を知る由もなかった。ラジオが後衛隊壊滅のニュースを流すが、チェは信じない。三日、政府軍部隊四〇人と鉢合わせし銃撃戦を展開、窮地を脱する。米政府の宣伝放送「VOA」(ヴォイス・オブ・アメリカ)が、後衛隊で唯一生き残ったパコの存在を伝える。地元ラジオは四日、行方不明になっていたペルー人医師ネグロの死を伝えた。

通報者が急増した農民とチェの部隊の間で危険な駆け引きが続いていた。チェは六日、久々に砂糖入りのマテ茶を飲む。前衛隊と政府軍が交戦する。部隊は食糧の家畜を連れて渡河を繰り返すが七日、行く手に絶壁が立ちはだかった。ラジオがタニアの遺体発見を伝え、チェの絶望感は深まる。ラジオは八日、タニアの葬儀が挙行され、大統領バリエントスも参列したと報じる。

チェは「女ゲリラ、タニア《タニア・ラ・ゲリジェーラ》」の遺体が見つかったと日記に書いた。これにより彼女は「女ゲリラ、タニア」として知られるようになるが、やむをえぬ事情から戦士の姿で五ヶ月半彷《ほう》徨《こう》を強いられ、一度も戦わずに死んだのだった。

ハンガリーの新聞から「感傷的で無責任な人物」と非難されたのをラジオで聴き知ったチェは怒り、「卑怯《ひきょう》者。従僕どもの仮面を剝《は》ぎ、その顔に彼ら自身の排泄物を塗りたくってやるため、いかに権力が欲しいことか」と記す。九日携行していた牛の肉を食べ尽くし、スープ用の蹄《ひづめ》四個が残った。一〇日、川の水量が増し、家畜を連れた渡河に難渋する。チェは騾馬を引きながら泳いで渡河したが、迂闊にも片方の長靴が脱げて流されてしまった。サンダルで補ったが、歩行が難しくなった。頭上に偵察機が飛来する。「特筆すべき出来事を書き忘れるところだった。私は半年ぶりで水浴した。新記録だが、同志たちがそれに近づきつつある」。この日の結びの一言だった。

バリエントスは、生死のいかんにかかわらずチェの身柄確保に通じる情報を提供した者に五万ペソ（四二〇〇米ドル）を与えると一一日発表し、ビラが空から撒かれた。一二日チェは、隊員の間に幻覚、自己喪失の兆しが出ているのを懸念する。

一四日、渡河のため筏を組んだ。チェは喘息の発作により騾馬での前進が無理だと判断し、騾馬を下りる。部隊は川の両岸に分かれて眠る。腐りかけていた牛肉を食べた。一五日、民族解放軍の都市部工作責任者のボリビア人女性ロヨーラ・グスマンが逮捕されたとラジオが伝える。これで都市部最後の頼みの綱も断ち切られてしまった。牛を一頭また殺す。

一六日、筏で全員が渡河を終えた。一七日チェは隊員二人の歯を抜く。一八日、急峻な崖道で騾馬一頭が脚を滑らせ五〇メートル落下する。一九日、ロヨーラ逮捕に抗議するデモが起き弾圧される。二〇日、標高一八〇〇メートル地点、二一日には二〇四〇メートルの高地を越えた。これまでの最高地点だ。

絶体絶命

九月二二日、標高一九〇〇メートルの集落に着く。インティ・ペレードは小学校に農民を集め革命について講演した。ラパスでは大統領バリエントスと国軍参謀長オバンドが記者会見し、後衛隊壊滅を確認した。この日ワシントンで開かれた米州諸国機構（OEA）外相会議でディーン・ラスク米国務長官は、チェがボリビアでゲリラ部隊を率いている事実を公式に認めた。これは、チェと民族解放軍の制圧が時間の問題となったことを意味していた。

二三日、オレンジ畑で休息し、未明に行軍する。二四日、チェは肝臓が痛み嘔吐した。みな無益な行軍に疲弊していた。部隊は二五日、サンタクルース、コチャバンバ、チュキサカ三州が接する州境に差しかかった。

サンタクルース州の僻地ラ・イゲーラ村に接近する。標高一八〇〇メートル。チェとインティは、近隣のプカラー集落を経てバジェグランデ市に脱出するため抜け道を探るようカンバと話し合った。二六日、部隊は標高二二八〇メートルの新たな最高地点の集落で受け入れられたが、ラ・イゲーラ村に着くと男たちの姿は消えていた。残っていたのは女数人だけだった。電信官の家には、バジェグランデの副市長がラ・イゲーラ村長宛に二二日付で、ゲリラが現れたらバジェグランデに急報するよう命じる電文が残されていた。電信官は逃げ去っていたが、その妻は、村人たちは近隣の集落の祭に出掛けていると言った。

コカインの密売商人がやって来た。政府軍のスパイで、バジェグランデからプカラーを経て到着したが、途中に異変はなかったと話した。午後一時半ごろチェが付近の丘の頂を目指して登っていたとき、峠の方から銃撃音が聞こえてきた。ゲリラが待ち伏せに遭ったのだ。チェはラ・イゲーラ村で反撃態勢をとり、グランデ川に向かう道を脱出経路と決めた。

この待ち伏せで前衛隊の隊長だったキューバ人ミゲル（マヌエル・エルナンデス）と、ボリビア人ココ・ペレード、同じくフリオが死んだ。ベニグノ、アニセート、パブリートが負傷した。カンバとレオンは行方不明になった。

政府軍の包囲網は狭まってきた。ゲリラは二七日、兵士三人を撃ち倒した。チェは二八日、「苦悶《くもん》の一日だ。最期かと思った瞬間もあった」と書き込む。渓谷から尾根に登って脱出する作戦だったが、日中は偵察機に発見されれば逃げ場はない。二九日も緊迫した逃避行が続く。三〇日も同じだった。

チェは九月を「我々は窮地に陥った」と総括した。「騾馬を手放したが、喘息が悪化しない限り、あのような動物を必要とすることはあるまい」と記す。「後衛隊全滅」についても「信憑性《しんぴょうせい》のある報道もある」としながらも、隊員の一部が逃げ延びた可能性に一縷《いちる》の望みを託していた。だが政府軍が戦果を挙げつつあることを認め、農民が通報者に堕した、と指摘した。「最重要課題は脱出し有利な地域を探すこと。次いで連絡網の再建。生存者の意気は依然軒昂《けんこう》だ」。チェはそうまとめた。

最後の日記

一〇月一日明け方、小さな森で野営した。向かおうとしていた渓谷には、兵士四〇人の政府軍部隊が入っていた。二日、牧羊犬が吠《ほ》え立てたため移動したが、道に迷い、高地での野営を余儀なくされた。三日、敵軍の展開を俯瞰《ふかん》できる尾根道に登る。夜はコーヒー、とうもろこし粥《がゆ》を食べ、貘の肉入りご飯をつくって携行食とした。

ラジオは、ボリビア人のカンバとレオンが逮捕され、自供したことを伝えた。チェは、「かくして二人の英雄的ゲリラの話は終わった」と記す。ゲリラは一七人に減っていた。一行は四日午前三時に出発、渓谷に下り、再び上る。標高は一六五〇メートル。ラジオが陸軍の師団規模の展開を伝えた。

五日未明も行軍、飲み水がなく渇きが極限まで達する。六日未明、奥まった峡谷の小川で渇きを癒やし、屋根の代わりになる大きな岩の下で料理する。チリのラジオが、ゲリラ捜索のため兵士一八〇〇人が投入されていると伝えた。標高一七五〇メートル。「明日未明出発し、一帯を徹底的に偵察し、進路を決める」。チェは記す。このころペルー人チノは眼鏡を失い、戦闘と行軍が困難になっていた。

一〇月七日、チェはいつものように日記を書いた。

「我々のゲリラ作戦は複雑な問題もなく牧歌的に一一ヶ月を経た。午後零時半ごろ我々が野営していた谷間に、一人の老婆が山羊《やぎ》に草を食べさせながら入ってきた。拘束せざるをえなかった。彼女は、政府軍の展開について情報を何らもたらさなかった。その辺りには久しく行っていないから何も知らないと言い張った。道についてだけは情報をくれた。彼女の情報から推量すれば、我々はラ・イゲーラ村まで五、六キロメートルの地点におり、同村からハグエイまではさらに五、六キロメートル、プカラーまでは一一キロメートル程度ということになる。午後五時半、インティ、アニセート、パブリートが老婆の家に行った。そこには病弱の娘と、もう一人矮軀《わいく》の娘がいた。沈黙の約束と引き換えに五〇ペソを与えたが、彼女らが約束を守るかどうかは心許《こころもと》なかった。我々一七人は淡い月光の下、出発した。とても骨の折れる行軍だった。野営した谷間に痕跡をたくさん残してしまった。近くに民家はなかったが、馬鈴薯《ばれいしょ》の畑はあり、あの小川から用水を引いていた。（八日）午前二時、もはや前進しても無益で、休息することにした。チノは夜間の行軍では大変なお荷物になっている。陸軍は〈包囲されたゲリラ三七人の通過を阻止するため二五〇人の部隊を配置した〉と奇妙な情報を流した。〈我々が潜んでいるのはアセロ川とオロ川の間だ〉とも言っている。この発表は軍による牽制策のようだ。標高二〇〇〇メートル」

チェは八日午前二時過ぎまで日記を書いていたのだ。チェの長男カミーロ・ゲバラ＝マルチは、この最後の日の記述について後年、「事の始まりを予感させ、序曲のように響いていた」と語る。

身柄確保

一九六七年一〇月八日午前五時半、民族解放軍（ELN）部隊はユーロ渓谷に達した。南西にラ・イゲーラ、西にプカラー、北にバジェグランデがほぼ等距離にあり、これら三つの村と町は悪道だが道路でつながっている。チェは脱出路を定めるため方々に偵察を出した。だが一行は夜明けの光の下で農民に姿を見られ、ラ・イゲーラ村の村長に通報されてしまう。特殊部隊を率いるガリー・プラード大尉は要所に部隊を配置した。

一一時半ごろ、銃撃戦が始まった。最初にボリビア人アニセートが頭を撃たれて絶命した。二人のキューバ人、アントニオとアルトゥーロも死んだ。チェはウィリー（ボリビア人シモン・クーバ）と撤退を開始したが見つかって追跡された。ポンボ、ウルバーノ、ニャトは別途、撤退する。インティ、ダリーオ、ベニグノも身を隠した。この六人は午後八時、決めてあった集合場所に行ったがチェの姿はなく、異変が起きたのは明らかだった。

チェは尾根に登る途中、狙撃され、右脚ふくらはぎに被弾した。携行していたM2ライフル銃は弾が当たって破壊され使用不能になり、拳銃の弾倉はなくなっていた。この事実を後に知ったフィデルは、「信じがたい出来事が重なったためチェは戦えなくなり、生きて捕えられたのだろう」と推測した。

チェは、ウィリーに支えられて上方に少しずつ移動していた午後二時半過ぎ、特殊部隊の三人に発見され銃口を突き付けられた。チェは黒のベレーを被り、頭巾のついた青いジャンパーを纏《まと》っていた。戦闘服は汚くぼろ切れのようで、シャツにはボタンがなく胸がはだけて見えた。現場に駆けつけた大尉プラードは、そのときの様子を後年語る。

「チェは私を見据え低い声で〈私はチェ・ゲバラだ。私を殺しはしないだろう。生け捕りにした方が価値がある。どう思う大尉〉と言った。我々は彼を小さな木に縛り付けていた。彼は私にふくらはぎを見せた。銃弾が入っているのがわかった。私は部下に彼の手を自由にしてやれと命じた。水を乞われた際、毒薬を飲んで自殺する可能性を考え、私の水筒を渡した。たばこを一本吸わせると〈軽いな。強いのはないか〉と部下たちに訊ねた」

プラードは間もなく無線で、バジェグランデの陸軍前線司令部にいた上官ホアキン・センテーノ大佐に連絡し、「〈パパー〉とウィリーの身柄を確保しました。〈パパー〉は軽傷です」と報告した。「パパー」（お父さん）はチェを指す暗号だった。大佐は、チェを約三キロメートル離れたラ・イゲーラ村に連行するよう命令する。

チェとウィリーは尾根に引き上げられ、上り坂の続く道をゆっくり歩いて午後七時半ごろ村に着いた。五〇〇人の村人が総出で見物した。チェとウィリーは小部屋二つだけの小学校の小さな校舎に監禁された。チノも制圧され連行されていた。センテーノ大佐はヘリコプターでラ・イゲーラ村に飛来した。

処刑の決定

チェは、各国政府や国際世論の圧力で早い機会に解放されるのを期待していたかもしれない。だが一〇月八日、ラパスの軍政は「チェは戦闘中に死んだ」と偽りの情報を流すとともに、大統領バリエントス、国軍参謀長オバンド、陸軍司令官フアン＝ホセ・トーレスらが国軍最高会議を開き、チェの反逆罪による処刑を正式に決めた。だが裁判抜きの処刑は殺害であり暗殺である。「戦死」の偽情報は、後ろめたさを覆い隠すためだった。

CIAボリビア支局長グスタボ・ビジョルドとバリエントスとの間で、チェを逮捕したら殺害するとの諒解《りょうかい》に達していたとの見方もある。ボリビア軍政には、長引いて軍政の国際的評判を貶めたドブレ裁判の教訓から、チェを生きて被告にすべきではないとの判断もあったはずだ。

軍政・ＣＩＡ諒解説に立てば、ＣＩＡとしては「戦時捕虜殺害」が犯罪であるため、バリエントス軍政に「殺害命令を出した」とあらためて発表してもらう必要があったはずだ。軍政は処刑を認めることになる。

しかしボリビア軍政にとってチェの殺害は理に適《かな》っていた。ボリビア軍はスペインからの独立後、対チリ太平洋戦争敗戦、ブラジルによる領土奪取、対パラグアイ・チャコ戦争敗戦、一九五二年革命での人民軍への敗北と、一三〇年にわたって負け戦《いくさ》を重ねていた。軍部は民族解放軍（ＥＬＮ）を「外国人が指揮する侵略軍」と見なしていた。その討伐は史上稀な勝利だった。戦勝を決定づけるには、敵将チェ・ゲバラの首級《しるし》をとる必要があった。国軍首脳は、これにこだわっていた。

ボリビアに派遣されていたキューバ系ＣＩＡ要員フェリックス・ロドリゲスは一〇月八日、チェ逮捕の一報をバジェグランデで受けた。ロドリゲスは著書に、「翌九日、バジェグランデからヘリコプターでラ・イゲーラに飛ぶと、チェを処刑せよとのボリビア軍最高会議の決定をバジェグランデ経由、無線で受けた。その命令をセンテーノ大佐に伝えてから、チェを尋問した」と記している。

チェは、ロドリゲスが反革命派亡命者だと知るや、蛆虫《グサーノ》と罵った。ロドリゲスもＣＩＡ支局長ビジョルドも、ヒロン浜侵攻作戦に荷担した反革命のキューバ系米国人だった。

革命家の最期

軍政からチェの殺害を命じられたセンテーノ大佐は午前一〇時ごろ、手を下す希望者を募った。大佐は六人の志願者の中から二五歳の軍曹マリオ・テラーン＝サラサールを選んだ。間もなく別の志願兵が午後一時ごろチノとウィリーを射殺した。チェはその銃声を聞いた。テラーンはM2自動小銃を手にしたテラーンが入室する。チェは部屋の片隅に座していた。テラーンはたじろぎ、うつむいて、撃てなかった。チェには威圧感があり、目が合うと頭がぼーっとし、魂を抜き取られるのではないかと思ったという。「落ち着け。人一人を殺すだけのことだろ」。チェは言った。

テラーンは一歩退くと、チェの腰から下に銃口を向けて目を閉じ、最初の連射をかけた。チェは自らの血の中に崩れ落ちた。テラーンは勇気を取り戻し、二度目の連射をかけた。チェの腕、肩、心臓に当たり、チェは絶命した。一九六七年一〇月九日午後一時一〇分ごろのことだった。武力を過信したチェは、武力によって滅びた。その瞬間、ボリビア軍は「栄光の勝利」を確かなものにし、フィデルとチェのラテンアメリカ革命路線は挫折した。

遺体はヘリコプターの脚部に縛り付けられて同日バジェグランデのサンホセデマルタ病院に運ばれ、洗濯室の水槽の上に置かれた。上を向いて寝かされたチェの遺体の目は開いたままで、その表情は見る者にキリストの受難像を思わせた。傍らにはCIA支局長ビジョルドの姿があった。遺体は記者団、住民に公開された。国際報道陣の中で真っ先に遺体を取材したのは、ポーランド通信（PAP《パップ》）の特派員リシャルト・カプチンスキだった。

遺体は一〇日、デスマスクをとられ、指紋照合のため両手を切断され、一一日未明、市内の滑走路下の地中に極秘裡に埋められた。同志六人の遺体と一緒だった。CIA広報官はワシントンで一〇日、「彼は地下六フィート（約一・八メートル）のところにいる」と言及した。チェは長らく「生」の中の「死」を生きていた。これからは永遠に変わらない三九歳の若い革命家として生き続けることになる。

後日談

フィデル・カストロは一九六七年一〇月一五日、チェの死を確認し、妻アレイダ・マルチら遺族を慰め、一八日、革命広場で追悼演説をした。ボリビア軍政の謎めいた内相アントニオ・アルゲダスは一二月、チェの日記の写しを密かにキューバ政府に渡した。フィデルは難解な筆致をアレイダの協力で判読し、生還したポンボの日記と照合して真正な写しだと確認し、六八年六月一四日、長文の「なくてはならない序文」を添え、同月二六日に出版した。

フィデルはその序文で、チェが肉体酷使の極限で日記を綴ったこと、バリエントス軍政が公表を許さなかったことから出版する必要があったこと、チェが国際社会で闘争の象徴となっているのは国家を超えた精神を最も純粋な形で体現するからであること、過ちを犯した冒険家とチェを見なす者は戦わない無能力者であること、チェは革命の一兵卒であると自覚し生き残ることに関心がなかったこと、マリオ・モンヘがチェへの復讐《ふくしゅう》心からラパスで準備していた戦士のゲリラ部隊参加を阻止したこと、などに触れている。フィデルは一九六八年の革命年を「英雄的ゲリラの年」と命名した。

ボリビア内相アルゲダスはその後、チェのデスマスクとホルマリン漬けにされた両手をキューバ政府に渡した。二〇〇〇年二月アルゲダスはラパスで爆死した。携行していた爆弾が爆発したためと発表されたが、遺族は爆殺されたと信じている。

キューバ人のポンボ（ハリー・ビジェガス）、ベニグノ（ダリエル・アラルコン）、ウルバーノ（レオナルド・タマヨ）、ボリビア人のインティ（ギド＝アルバロ・ペレード）、ダリーオ（ダビー・アドリアソラ）は窮地を脱し生き延びた。キューバ人三人は三ヶ月の際どい潜伏と逃避行を経て六八年二月一七日、チリ北部に逃げ込み、イキーケ市に身柄を移された。なんと、ドブレらとともに六七年四月逮捕され独り釈放されたあの英国系チリ人のフォトジャーナリスト、ジョージ・ロスが待ち構えていて、再会と相成った。

当時チリ国会上院議長だった社会党指導者サルバドール・アジェンデ（後の大統領）による強い働きかけで、時のフレイ政権は一時的滞在を許可する。三人はアントファガスタに移動し、国家警備隊《カラビネロス》の輸送機で首都サンティアゴへ移送され、病院で健康診断を受けた。米政府は三人の身柄をボリビアに引き渡すようチリ政府に圧力をかけた。チリ政府は米軍機による緊急発進などを避けるため、国営航空特別機で二月二五日、南太平洋のチリ領イースター島（ラパヌイ、パスクア島）に三人を運んだ。一週間後アジェンデが来島し、一緒にフランス領タヒチのパペーテに飛ぶ。アジェンデは「平和裡の権力到達という別の道」を三人に語って聴かせた。三人は待ち構えていたキューバの駐仏大使に守られてヌーメア（仏領ヌーヴェルカレドニー首都）、コロンボ（セイロン＝現スリランカ＝の旧首都）、アディスアベバ、パリ、モスクワを経由し、三月六日ハバナに帰還した。フィデルは空港で熱い抱擁で迎えた後、五時間にわたってチェの最期に至る戦闘や行軍の模様を訊き質した。

インティ・ペレードは民族解放軍（ELN）の再興に努めた。六九年七月一四日、サンタクルース近郊の農場の持ち主となっていた密告者オノラート・ロハスを殺害したが、同年九月九日ラパスの隠れ家を警官隊に包囲され銃撃戦の末、負傷し逮捕され、同日、拘置所で残虐な拷問を受けた後、医師の注射で殺された。三二年五ヶ月の人生だった。死後の一九七〇年に刊行された『チェと共に戦って』（ボリビア闘争日誌）の中で、「チェへの過剰な期待があった。米国仕込みのボリビア軍特殊部隊の戦闘能力を過小評価していた」と述懐している。

マリオ・モンへは六七年一二月九日のボリビア共産党中央委員会でELNの敗因を分析し、「ボリビアの状況に沿って計画されるべきだった。大陸的規模をもつ革命構想だったが、実際に作戦が遂行されようとしていたのはボリビアであり、ボリビアの歴史的条件や愛国主義を踏まえるべきだった。ゲリラ戦は唯一の武闘ではない。内戦や蜂起も武闘なのだ」と総括した。モンへは翌六八年ソ連に亡命し、ルムンバ大学の教授になる。あるメディアに対し、

「フィデルがチェのボリビア日記に書いた序文によって疎ましくされた」と嘆き、「ボリビアはアルゼンチンかペルーで起こされる革命の準備基地として利用されていた。キューバに騙されていた」と語った。ゲリラ戦の指揮権をチェに要求した理由を「チェが白人だからだ」と言い、自分の赤銅《しゃくどう》色の腕を見せた。

軍政大統領レネー・バリエントスは六九年四月二九日、ヘリコプター事故で死亡した。軍事裁判にかけられていたレジス・ドブレとシロ・ブストスは六七年一一月一四日、「ELNへの協力」を理由に禁錮三〇年の実刑判決を受けカミーリの刑務所で服役した。だが、バリエントス軍政下で陸軍司令官を務めながら政変で軍政首班となり変革政策を遂行したファン＝ホセ・トーレス大統領による恩赦で、七〇年一二月釈放された。ドブレら二人には長く「裏切り者」の汚名がつきまとった。マリオ・テラーンにチェの処刑を命じた大佐ホアキン・センテーノはその後、将軍に昇格し駐仏大使になったが、七六年五月パリで暗殺された。

フィデルは、チェの死から二八年経った九五年、チェをはじめELNゲリラ全員の遺体（遺骨）探しに着手した。東西冷戦は終わりソ連も消滅し、見果てぬ夢に終わったラテンアメリカ同時革命の「遺骨」を拾い、歴史にしまい込むことにしたのだ。チェが率いたELNの武闘は、革命キューバが国際共産主義運動に与えた最大の貢献だった。キューバ、アルゼンチン、ボリビアの合同調査隊は九七年六月二八日、チェら七人の遺骨を発見した。チェのそれは両手の骨がないことからすぐにわかり、DNA鑑定で確認された。遺骨は七月一四日ハバナに帰還し、国葬の後、一〇月一七日、サンタクラーラの霊廟《れいびょう》に納められた。廟には、九九年六月発見されたマエムラの遺骨を含め多くの戦士の遺骨も収納されている。

チェを処刑したマリオ・テラーンは准尉として退役し、サンタクルースに住んでいる。七三歳になる。上官プラード大尉（現退役将軍）から「報復されるから、自分がチェを処刑したことを口外しないように」と釘を刺されていた。いまでも「自分が処刑した」とは言わない。二〇一四年一一月、スペイン紙に対しテラーンは語った。「彼は侵略者だった。ゲリラ活動でボリビア人を説き伏せようとした。あんなに大勢の人が死んだのに、なぜ彼はこれほどまでに崇拝されるのだろう」。プラードも、「チェの部隊はボリビアで事実上放置され、勝利か死かは運命次第だった。そして勝利しなかった」と語る。

二〇〇六年一月就任したボリビア初の先住民大統領エボ・モラレス（現大統領）は、チェを礼讃し、コカの葉で飾ったチェの肖像画を政庁内に掲げている。ラ・イゲーラ村の中心部にはチェの大きな頭部像が設置され、台座には「あなたの模範は新たな黎明《れいめい》を照らす」の文字が刻まれている。

チェやELNやフィデルの意思を超えて「チェの聖地」となったラ・イゲーラ村への若者、左翼らの「巡礼」や、観光客の訪問が絶えない。二〇一七年一〇月九日のチェ没後五〇周年に向けて、チェに当てられる光は強さを増している。挫折した悲劇の革命家は、処刑され滅びたことにより、求道者の悲壮な宿命と「見果てぬ夢」の象徴として繰り返し甦るのだ。

あとがき

私は一九六七年一〇月、ラテンアメリカ（ラ米）情勢を取材し報道する駆け出し記者として滞在していたメキシコ市で、革命家チェ・ゲバラのボリビアにおける死の報に接した。それを伝える新聞と雑誌を買えるだけ買って読んだのを昨日のことのように鮮明に記憶している。私がラ米の地でチェと同時代を共にしたのはわずか七ヶ月余りだったが、チェの死から今日まで私はたくさんのチェに関する文章を書いてきた。私にとってチェは、前キューバ国家評議会議長フィデル・カストロ、アルゼンチンの現職大統領として死んだフアン＝ドミンゴ・ペロン、ペルー軍政大統領だった故フアン・ベラスコ＝アルバラード、チリの現職大統領として死んだサルバドール・アジェンデ、ベネズエラの現職大統領として死んだウーゴ・チャベスらとともに現代ラ米政治史上、最も興味深い人物の一人だった。

チェは、人の命を救う医師の資格を得ながらも人を殺す武器を手にし、キューバで武力革命に成功すると自信過剰気味となって、平時よりも戦時に魅惑され、死を覚悟しつつ絶えず戦場を求め、最後には敵の武器によって命を絶たれてしまう。ツルゲーネフは、代表的な英語文学シェークスピアのハムレットを「懐疑的で優柔不断」、代表的なスペイン語文学セルバンテスのドン・キホーテを「現実を無視し、独りよがりな正義感に駆られて向こう見ずな行動に出る」として、二つの人物像を対比させた。ニューヨーク在住の亡命キューバ人作家エドゥムンド・デスノエスは、「チェはドン・キホーテ型の典型」と指摘する。しかしチェは、キューバの工業化政策で挫折し、コンゴとボリビアでの戦闘中、勝利への確信が抱けず敗北への疑念に取り付かれ、とりわけボリビアでは勝利への自信を喪失、懐疑の念に苛まれるハムレット型のようになって出口のない迷路に陥り、最期を迎えた。

私はチェを「キューバ革命の偉大な副産物」と位置づけている。しかし本人は、それに留まらず、運命に後押しされ、時には運命に引きずられて生き急ぎ、死地に赴いた。だがチェの死は、ボリビア軍部やCIAの思惑を大きく裏切ってチェに永遠の生命を与え、チェを無限大に膨らませた。その結果、数多くの伝記がラ米、欧米、日本などで書かれてきた。本書は実物大に近いチェを描こうとする新たな試みの一書だが、チェの歿後半世紀となる二〇一七年にかけて、さらにさまざまな伝記が書かれることだろう。

フロリダ海峡を挟み半世紀余り敵対的に対峙《たいじ》していたキューバと米国は二〇一四年一二月、国交正常化で合意し、五四年半ぶりに大使級外交関係を復活させることになった。私は、革命後のキューバ史が一つの円環となって閉じてしまうような錯覚に陥っている。チェが生きた時代には考えられなかった歴史の展開だ。

付記すれば、本書にも登場するレジス・ドブレは東京で二〇一〇年に会った私に、「チャベスのベネズエラのような改革政権がラ米に幾つも登場した事実はチェの革命行動が無駄ではなかったことを示す」と言っていた。このドブレを釈放したトーレス大統領は、チェの処刑を決めた軍高官の一人だったが、一九七一年に政権を追われ、ブエノスアイレスに亡命した。私は彼の隠れ家でインタビューしたが、トーレスは七六年六月、アルゼンチン軍政に暗殺された。この事件の真相を暴きつつあったジャーナリスト（プレンサ・ラティーナ創設期参加者）、ロドルフォ・ワルシュも翌年暗殺された。そして私がチェの最期の地を訪れたのは九四年六月のことだった。ラ米を取材してきた歳月を振り返ると、チェに纏《まつ》わるさまざまな出来事や、不慮の死を遂げた人々の思い出が脳裏を去来する。

本書の執筆を中央公論新社新書編集部の田中正敏さんから打診されたのは二〇一〇年のことだった。それから丸五年、資料を読み、取材に基づく考察を加え、チェの波瀾《はらん》に富んだ壮絶な生涯を大まかながら再現した。それが本書である。田中さんに衷心より感謝したい。この本が多くの若い世代にも読まれることを期待しつつ。

二〇一五年六月一四日、チェの公式な生誕八七周年記念日に東京にて

伊高浩昭

Maria del Carmen Ariet Gacia, *El Pensamiento Politico de Ernesto Che Guevara*, Ocean Press, 2005.
Editado por Maria del Carmen Ariet Garcia y David Deutschumann, *Che Guevara Presente*, Ocean Press, 2005.
Che Guevara, *El Gran Debate sobre la economia en Cuba*, Ocean Press, 2006.
Che Guevara, *Apuntes criticos a la Economia Politica*, Ocean Press, 2006.
Raúl Castro y Che Guevara, *Diarios de Guerra*, La Fabrica, 2006.
Che Guevara, *Reminiscences of the Cuban Revolutionary War*, Ocean Press, 2006.
Simone de Beauvoir con Jean Paul Sartre, *En la Habana*, Mercedes Santosu=Moray, 2007.
I.F.Stone, *The Spirit of Che Guevara*, NewStatesman, 2007.
Ernesto Guevara Lynch, *The Young Che*, Vintage, 2007.
Adys Cupull and Froilan Gonzales, *the CIA against Che*, Editorial Capitan San Luis, 2009.
Lucia Alvarez de Toledo, *The Story of Che Guevara*, Quercus, 2010.
Gabriel Rot, *Los Origenes perdidos de la guerrilla en la Argentina*, Waldhuter Edirores, 2010.
Fidel Castro, *La Victoria Estrategica por todos los caminos de la sierra*, Oficina de Publicaciones del Consejo de Estado de la República de Cuba, 2010.
Fidel Castro, *La Contraofensiva Estrategica de la Sierra Maestra a Santiago de Cuba*, Oficina de Publicaciones del Consejo de Estado de la República de Cuba, 2010.
Michael Ratner and Michael S.Smith, *Who killed Che?*, Guernica, 2011.
Jorge Ricardo Masetti, *Los que luchan, los que lloran*, Nuestra America Editorial, 2012.
"El hombre que mató al Che," *El Mundo* 2014/11/23.
Darío Arizmendi, *Gabo no Contado*, Agilar, 2014.
William LeoGrande and Peter Kornbluh, *Back Channel to Cuba-The Hidden History of Negotiations between Washington and Havana*, UNC Press, 2014.
Mertin Guevara, *A la Sombra de un Mito*, Alexandria Library, 2014.

ハーバート・クライン著、星野靖子訳『ボリビアの歴史』（改訂版）創土社、2011年
レヒナルド・ウスタリス＝アルセ著、服部綾乃ほか訳『チェ・ゲバラ　最後の真実』武田ランダムハウスジャパン、2011年
語り手・アレイダ・ゲバラ＝マルチ　聞き手・伊高浩昭「ラテンアメリカの団結で衰退する米国の影響力」『世界』2011年11月号、岩波書店
フアーナ・カストロ著、伊高浩昭訳『カストロ家の真実』中央公論新社、2012年
チェ・ゲバラ著、柳原孝敦訳『チェ・ゲバラ革命日記』原書房、2012年
アーチー・ブラウン著、下斗米伸夫監訳『共産主義の興亡』中央公論新社、2012年
語り手・エドゥムンド・デスノエス　聞き手・伊高浩昭「革命体制はキューバ史の一局面に過ぎない」『世界』2013年３月号、岩波書店
エリック・ウィリアムズ著、川北稔訳『コロンブスからカストロまで——カリブ海域史、1492-1969』（Ⅱ）岩波書店、2014年
ロバート・ケネディ著、毎日新聞社外信部訳『13日間——キューバ危機回顧録』（改版）中央公論新社、2014年
ジェイムズ・W・ダグラス著、寺地五一・寺地正子訳『ジョン・F・ケネディはなぜ死んだのか——語り得ないものとの闘い』同時代社、2014年

外国語文献

Che Guevara, *El Diario del Che*, Siglo Veintiuno Editores, 1968.
Ernesto Guevara Lynch, *Mi Hijo el Che*, Editorial Arte y Literatura, 1988.
Manual de la Hisoria de Bolivia, Editorial Gisbert y Cia, 1988.
Felix Rodriguez, *Shadow Warrior*, Simon and Schuster, 1989.
Jean Cormier, *Che Guevara*, Editorial du Rocher, 1995.
Ricardo Rojo, *Mi Amigo el Che*, Debolsillo, 1996.
Jon Lee Anderson, *Che Guevara-Una Vida Revolucionaria*, Cronicas Anagrama, 1997.
Harry Villegas, *Pombo-un Hombre de la Guerrilla del Che*, Editora Politica, 1999.
Che Guevara, *Otra Vez*, Editoral Che Guevara, 2000.
Huber Matos, *Como llegó la Noche*, Tusquets Editores, 2002.
Julia E.Swig, *Inside the Cuban Revoluton*, Harvard University Press, 2002.
Pacho O'Donnell, *Che-El Argentino que quiso cambiar el mundo*, Random House Mondadori, 2003.
Che Guevara, *America Latina*, Ocean Press, 2003.
Che Guevara, *Che Guevara Presente-una Antologia Minima*, Ocean Press, 2005.
Celia Hart, *Haydée del Moncada a Casa*, Editora Capiro, 2005.
Luis Baez, *El Merito es Estar Vivo*, Prensa Latina, 2005.

参考文献

伊高浩昭「チェ・ゲバラ断章」『現代思想』2004年10月臨時増刊号所収、青土社
チェ・ゲバラ著、棚橋加奈江訳『チェ・ゲバラ　ふたたび旅へ』現代企画室、2004年
アルベルト・グラナード著、池谷律代訳『トラベリング・ウィズ・ゲバラ』学習研究社、2004年
レイセスター・コルトマン著、岡部広治監訳『カストロ』大月書店、2005年
横堀洋一編『ゲバラ　青春と革命』作品社、2005年
ウーゴ・チャベス、アレイダ・ゲバラ著、伊高浩昭訳『チャベス　ラテンアメリカは世界を変える』作品社、2006年
ブライアン・ラテル著、伊高浩昭訳『フィデル・カストロ後のキューバ』作品社、2006年
チェ・ゲバラ著、平岡緑訳『ゲバラ日記』中央公論新社、2007年
伊高浩昭「冷徹な、ときには冷酷な現実主義者」『現代思想』2008年5月臨時増刊号所収、青土社
チェ・ゲバラ著、甲斐美都里訳『ゲリラ戦争』中央公論新社、2008年
チェ・ゲバラ著、甲斐美都里訳『ゲバラ　世界を語る』中央公論新社、2008年
チェ・ゲバラ著、平岡緑訳『革命戦争回顧録』中央公論新社、2008年
伊高浩昭「永遠の正義派チェ・ゲバラ」同上書解説として所収
ロバート・パスター著、鈴木康久訳『アメリカの中南米政策』明石書店、2008年
小松右京著『砂糖を売りにきたチェ・ゲバラ』文芸社、2008年
アレイダ・マルチ著、後藤政子訳『わが夫、チェ・ゲバラ』朝日新聞出版、2008年
フィデル・カストロ著、柳原孝敦監訳『チェ・ゲバラの記憶』トランスワールドジャパン、2008年
マリー前村ほか著、伊高浩昭監修、松枝愛訳『革命の侍』長崎出版、2009年
星野弥生編著・訳『父ゲバラとともに、勝利の日まで——アレイダ・ゲバラの2週間』同時代社、2009年
伊高浩昭著『ラ米取材帖』ラティーナ、2010年
チェ・ゲバラ著、太田昌国訳『マルクス＝エンゲルス素描』現代企画室、2010年
イグナシオ・ラモネ著、伊高浩昭訳『フィデル・カストロ——みずから語る革命家人生』（上下）岩波書店、2011年
イルダ・ガデア著、松枝愛訳『チェ・ゲバラと歩んだ人生』中央公論新社、2011年
チェ・ゲバラ著、西尾幸治訳「原爆の悲劇から立ち直る日本」『ベルデオリーボ』誌1959年10月19日号所収、2011年

マルタ・ロハス、ミルタ・ロドリゲス＝カルデロン著、栗原人雄ほか訳『タニア——あるゲリラ戦士の生涯』太平出版社、1971年
キューバ国立出版協会編、桃井健司訳『タニア——若き女性ゲリラの闘いと死』サイマル出版会、1971年
K. S. カロル著、弥永康夫訳『カストロの道——ゲリラから権力へ』読売新聞社、1972年
レジス・ドブレ著、代久二訳『銃なき革命——チリの道』風媒社、1973年
ホルヘ・イカサ著、伊藤武好訳『ワシプンゴ』朝日新聞社、1974年
パブロ・ネルーダ著、本川誠二訳『ネルーダ回想録——わが生涯の告白』三笠書房、1976年
ジャン・ダニエル著、塙嘉彦訳『ジャーナリストの誕生』サイマル出版会、1976年
グレアム・アリソン著、宮里政玄訳『決定の本質——キューバ・ミサイル危機の分析』中央公論社、1977年
レジス・ドブレ著、安部住雄訳『ゲバラ最後の闘い——ボリビア革命の日々』新泉社、1977年
ホルヘ・サンヒネス著、太田昌国訳『革命映画の創造』三一書房、1981年
バニア・バンビーラ著、神代修訳『キューバ革命の再解釈』大月書店、1981年
ジョージ・オーウェル著、土屋宏之訳『ウィガン波止場への道』ありえす書房、1982年
エドゥアルド・ガレアーノ著、大久保光夫訳『収奪された大地——ラテンアメリカ五百年』新評論、1986年
マリーアデルカルメン・アリエー著、丸山永恵訳『チェ・ゲバラの政治思想』IFCC 出版会、1992年
伊高浩昭著『Cuba——砂糖キビのカーテン』リブロポート、1992年
マリータ・ローレンツ、テッド・シュワルツ共著、北澤和彦訳『諜報員マリータ』新潮社、1997年
チェ・ゲバラ著、棚橋加奈江訳『チェ・ゲバラ　モーターサイクル南米旅行日記』現代企画室、1997年、増補新版、2004年
伊高浩昭著『キューバ変貌』三省堂、1999年
パコ＝イグナシオ・タイボほか著、神崎牧子、太田昌国共訳『ゲバラ　コンゴ戦記　1965』現代企画室、1999年
太田昌国著『ゲバラを脱神話化する』現代企画室、2000年
パコ＝イグナシオ・タイボ２世著、後藤政子訳『エルネスト・チェ・ゲバラ伝』（上下）海風書房、2001年
エルネスト・ゲバラ＝リンチ編、棚橋加奈江訳『チェ・ゲバラ　AMERICA放浪書簡集』現代企画室、2001年
ヴォー・グエン・ザップ著、眞保潤一郎ほか訳『人民の戦争・人民の軍隊』（復刻版）中央公論新社、2002年
チェ・ゲバラ著、三好徹訳『チェ・ゲバラの声』原書房、2002年

参考文献

刊行順に並べた

日本語文献

L・ヒューバーマン、P・スウィージー共著、池上幹徳訳『キューバ――一つの革命の解剖』岩波書店、1960年

ライト・ミルズ著、鶴見俊輔訳『キューバの声』みすず書房、1961年

フィデル・カストロ著、池上幹徳訳『わがキューバ革命』理論社（新しい人間双書）、1961年

アルマンド・ヒメネス著、逢坂八郎訳『キューバ革命への道』三一書房、1961年

イヴ・ギルベール著、井上勇訳『火薬庫・キューバ』時事通信社、1962年

ダニエル・ジェームズ著、清水良三訳『キューバ』日本外政学会、1963年

セオドー・ドレーパー著、中侯富三郎訳『キューバ革命――分析と批判』論争社、1963年

アニア・フランコ著、大久保和郎訳『キューバの祭り』筑摩書房、1963年

亀山旭著『キューバ革命――中南米の昨日と今日』新潮社、1964年

ジェームス・モナハン、ケネス・ギルモア著、直井武夫訳『カリブ海の悲劇』自由アジア社、1964年

アドルフォ・ヒーリー著、富岡倍雄著『キューバ革命』みすず書房、1966年

マリ・エレーヌ・カミュ著、真木嘉徳訳『革命下のハバナ』筑摩書房（現代世界ノンフィクション全集第13）、1967年

チェ・ゲバラ著、真木嘉徳訳『革命の回想』筑摩書房、1967年

レジス・ドブレ著、谷口侑訳『革命の中の革命』晶文社、1967年

ジャン・ラルテギー著、岩瀬孝ほか訳『ゲバラを追って』冬樹社、1968年

エルネスト・チェ・ゲバラ著、世界革命運動情報編集部訳『国境を越える革命』レボルト社、1968年

リカルド・ローホ著、伊東守男訳『わが友ゲバラ』早川書房、1968年

選集刊行会編訳『ゲバラ選集　1～4』青木書店、1968～69年

フランツ・ファノン著、鈴木道彦、浦野衣子訳『地に呪われたる者』みすず書房、1969年

L・ヒューバーマン、P・スウィージー共著、柴田徳衛訳『キューバの社会主義』（上下）岩波書店、1969年

カルロス・マリゲーラ著、日本・キューバ文化交流研究所編訳『都市ゲリラ教程――ブラジル革命の軍事論』三一書房、1970年

ハンス・エンツェンスベルガー著、野村修訳『ハバナの審問』晶文社、1971年

ハーバート・マシューズ著、加茂雄三訳『フィデル・カストロ――反乱と革命の創造力』紀伊國屋書店、1971年

	11月14日　ドブレら２人が禁錮30年の判決を受け服役
1968	１月１日　チェを讃える「英雄的ゲリラの年」
	２月17日　チェのキューバ人の部下３人がチリに逃れ、３月６日帰還
	６月26日　キューバ政府がチェの『ボリビア日記』を刊行
	８月18日　先妻イルダ・ガデアが再婚
1970	12月　ドブレら２人が恩赦で釈放される
1972	イルダ・ガデアが『チェ・ゲバラ、決定的な歳月』（邦訳『チェ・ゲバラと歩んだ人生』）刊行
1974	２月11日　イルダ・ガデア死去
1976	２月24日　キューバ社会主義憲法制定、新制度で国家評議会議長が元首
1979	７月19日　ニカラグアでサンディニスタ革命勝利
1987	４月１日　父エルネストがハバナで死去
1989	11月９日　ベルリンの壁崩壊、12月３日東西冷戦終結
1991	12月25日　ソ連消滅
1995	８月21日　イルディータ死去
1997	１月１日　「チェ・ゲバラと同志たちの戦死30周年の年」
	６月28日　チェの遺骨がバジェグランデの地中から見つかる
	７月14日　遺骨がハバナに帰還、国葬
	10月17日　サンタクラーラのチェ・ゲバラ広場霊廟に遺骨収納
2006	７月26日　フィデルが腸内出血で倒れ、ラウールが議長代行
2008	２月19日　ラウールが正式に国家評議会議長に就任
	アレイダ・マルチが『思い出』（邦訳『わが夫、チェ・ゲバラ』）刊行
2009	６月３日　OEA外相会議が1962年のキューバ追放決議を廃棄
2010	５月13日　キューバがボリビア政府に、チェの部下のうちただ一人遺体が見つかっていないヘスース・スアレス＝ガヨルの遺体捜索を依頼
2011	４月19日　第６回PCC大会が市場原理導入を正式に決定
2014	12月17日　キューバと米国が国交正常化で合意
2015	１月20日　イルディータの長男（チェの孫）カネク死去
	４月11日　第７回米州首脳会議を機にパナマ市でラウール議長とオバマ米大統領が会談
	７月１日　キューバと米国が大使級外交関係再開を発表、同月20日大使館開設へ

	2月24日	アルジェでの演説でソ連を厳しく批判。二男エルネスト誕生
	3月12日	ウルグアイの『マルチャ』誌が「新しい人間」論を打ち出したチェの論文「キューバにおける社会主義と人間」掲載
	3月14日	帰国、フィデルと長時間会談
	3月31日	キューバ国籍、すべての職位を返上
	4月1日	フィデルに「別れの手紙」を手渡す。2日ハバナを出発
	4月19日	タンザニアの首都ダルエスサラーム到着
	4月24日	チェ一行がコンゴ・カタンガ州に潜入
	4月28日	米海兵隊がドミニカ共和国を侵略し民主政権復活阻止
	5月18日	母セリアがブエノスアイレスの病院で病死
	6月19日	チェを支援していたベンベラ・アルジェリア大統領が失脚
	10月3日	PURSを基にキューバ共産党（PCC）発足。フィデルがチェの「別れの手紙」を公表
	11月21日	チェの部隊がコンゴから撤退、タンザニアに22日戻る
1966	1月1日	「連帯の年」
	1月3日	ハバナで3大陸人民連帯会議（OSPAAAL）開催
	3月	チェコスロヴァキアの首都プラハに移動
	7月21日	キューバに極秘裡に帰国。フィデルによると、帰国に先立ちコロンビアで軍事訓練
	9月11日	ボリビアのニャンカウアスー渓谷で補給基地となる農場購入
	10月23日	ハバナを出発、欧州経由でボリビアに向かう
	11月3日	ボリビアの政治首都ラパスに到着
	11月7日	ニャンカウアスーの農場に到着、「ボリビア日記」を書き始める
	12月31日	ボリビア共産党のモンヘ書記長と会談
1967	1月1日	「英雄的ヴェトナムの年」
	3月19日	レジス・ドブレ、シロ・ブストスが農場到着
	3月23日	チェの部隊が初の戦闘
	3月25日	「民族解放軍」（ELN）の名乗りを上げる
	4月16日	前衛隊と本隊が行軍に出発、以後、後衛隊と離れ離れになる。チェの論文「二つ、三つ、数多くのヴェトナムを」掲載される
	4月20日	ドブレとブストスが政府軍に逮捕される
	6月24日	政府軍がポトシー州内の鉱山労働者らを虐殺
	8月31日	後衛隊が罠にはめられ全滅
	10月8日	ユーロ渓谷で負傷し捕虜になる
	10月9日	処刑、遺体はバジェグランデに運ばれ公開される
	10月18日	フィデルが革命広場で追悼演説

	11月24日	後妻アレイダとの長女アレイダ（アリューシャ）誕生
1961	1月1日	「教育の年」
	1月3日	アイゼンハワー米政権がキューバと断交
	1月20日	ケネディ米政権発足
	2月23日	初代工業相に就任、工業化4ヶ年計画策定へ
	4月15日	米国発進の反革命派がキューバを空爆
	4月16日	フィデルが「社会主義革命」を宣言
	4月17日	米傭兵部隊がヒロン浜に侵攻、19日撃破される
	4月	アルゼンチン北部でのゲリラ戦計画練り始める
	5月30日	CIAがドミニカ共和国の独裁者トゥルヒーヨを暗殺
	7月26日	革命統一機構（ORI）発足、チェは序列第3位
	8月2日	ウルグアイでのOEA経済社会理事会閣僚会議に出席
	8月19日	ブエノスアイレスでフロンディシー大統領と極秘会談
	8月20日	ブラジリアでジャニオ・クアドロス大統領と極秘会談
1962	1月1日	「計画の年」、工業化4ヶ年計画始まる（～1965年）
	1月31日	OEAがキューバ締め出しと全面禁輸に踏み切る
	2月4日	第2次ハバナ宣言
	2月14日	キューバがOEAを脱退
	5月20日	長男カミーロ誕生
	8月27日	訪ソ（～9月2日）、核ミサイル配備に関しフルシチョフ首相と会談
	10月14日	キューバ核ミサイル危機始まる（～28日）
1963	1月1日	「組織の年」
	2月	ORIが社会主義革命統一党（PURS）に改組
	4月	ソ連を長期訪問したフィデルが農業重視策に回帰
	6月	アルジェリアに滞在（～7月）、マセッティはアルゼンチンに潜入
	6月14日	アレイダとの二女セリア誕生
	11月22日	ケネディ大統領がダラスで暗殺される
1964	1月1日	「経済の年」
	3月	タマーラ・ブンケ（タニア）に指示、4月ボリビアに派遣
	3月19日	婚外子オマール誕生
	4月18日	マセッティの「人民ゲリラ軍」（EGP）が全滅
	6月19日	カストロ兄弟の実妹フアーナが出国、反革命運動展開
	10月14日	ソ連政変でフルシチョフ更迭、ブレジネフ政権発足
	11月3日	バリエントス空将がクーデターによりボリビア政権掌握
	11月	ソ連に2週間滞在、ブレジネフ書記長と会談
	12月11日	国連演説でアフリカ問題を取り上げる
	12月17日	アルジェリアを皮切りに3月半ばまでアフリカ諸国と中国を歴訪
1965	1月1日	「農業の年」

	12月2日　キューバ島東部の海岸に上陸、革命戦争始まる
	12月12日　フィデルがマエストラ山脈に入り、陣地構築開始
1957	2月17日　H・マシューズ記者がフィデルに会見、チェをも取材
1958	3月　ホルヘ＝リカルド・マセッティのインタビューを受ける
	4月9日　都市部でのゼネスト失敗、フィデルが主導権確立へ
	5月25日　政府軍が反乱軍への大攻勢をかける
	8月　大攻勢をかけた政府軍を反乱軍が撃破、平地戦に移る
	12月　エスカンブライ山脈でアレイダ・マルチに会う
	12月25日　サンタクララーラ攻略戦開始
1959	1月1日　バティスタの国外逃亡で反乱軍が革命戦争に勝利、「解放の年」
	1月2日　ハバナのラ・カバーニャ要塞に入る
	1月8日　フィデルがハバナ入城
	1月18日　ブエノスアイレスから飛来した家族と再会
	1月21日　イルダおよび娘と再会
	2月7日　暫定憲法公布、チェがキューバ国籍を与えられる
	2月26日　フィデルが首相就任
	5月17日　第1次農地改革実施、対米関係先鋭化へ
	5月22日　イルダとの離婚成立、アレイダと6月2日再婚
	6月12日　外交特使として長期外遊に出発、その間7月後半に来日
	7月18日　フィデル派のドルティコースが大統領就任
	10月7日　農地改革庁（INRA）工業局長に就任
	10月16日　革命軍が発足、ラウールが革命軍相に就任
	10月21日　ウベール・マトス逮捕、12月禁錮20年の実刑判決
	10月28日　革命軍参謀長カミーロ・シエンフエゴスが飛行中、行方不明に
	11月22日　「自主労働」運動開始
	11月26日　国立銀行総裁に就任
1960	1月1日　「農地改革の年」
	2月4日　ソ連のミコヤン副首相がキューバ訪問
	2月　小型機の操縦を開始
	3月4日　ハバナ港でクーブル号爆発、5日の葬儀でアルベルト・コルダがチェを撮影
	4月　最初の著書『ゲリラ戦争』を革命軍省が刊行
	5月8日　対ソ国交再開
	7月　中ソ論争開始、対決に発展へ
	8月　米州諸国機構（OEA）がキューバ孤立化謳うサンホセ宣言採択
	9月2日　第1次ハバナ宣言
	9月28日　中国と国交樹立
	10月21日　2度目の長期外遊に出発、ソ連・東欧、中朝を歴訪

チェ・ゲバラ関連年表

年	出来事
1927	12月　両親が結婚
1928	5月14日　アルゼンチン・サンタフェ州ロサリオ市の病院で生まれる（届け出上の誕生日は6月14日）
1929	世界経済恐慌始まる
1930	5月　喘息の兆候が現れる
1933	コルドバ州アルタグラシアに転地
1935	小学校入学
1936	7月　スペイン内戦勃発（～1939年）
1939	9月　第2次世界大戦勃発（～1945年）
1942	州都コルドバ市で中等学校入学
1943	コルドバ市に引っ越す
1946	ペロン政権発足
1947	国立ブエノスアイレス大学医学部入学
1950	国内中部から北部にかけ旅行
1951	国営石油会社タンカーに看護師として乗船
1952	1月4日　首都を出発、アルベルト・グラナードと南米旅行開始
	3月10日　キューバでF・バティスタがクーデターで政権掌握、その後、対ソ断交
	4月9日　ボリビア鉱山労働者革命
	7月26日　カラカスからマイアミに到着。エバ・ペロン死去
1953	6月　大学を卒業し医師免許を取得、兵役検査で落ちる
	7月7日　首都を出発、カルロス・フェレールと南米旅行を開始
	7月26日　キューバでモンカーダ兵営襲撃事件
	10月29日　グアヤキルから海路パナマ市到着
	12月24日　グアテマラ市に到着、イルダ・ガデアと会う
1954	6月26日　米傭兵部隊侵攻でアルベンス・グアテマラ政権崩壊
	9月21日　メキシコ入国、イルダと10月メキシコ市で再会
1955	5月15日　カストロ兄弟らキューバの刑務所を恩赦で出る
	5～6月　ハバナで「7月26日運動」結成
	6月　メキシコ市でラウール・カストロに会う
	7月8日　フィデル・カストロがメキシコ市到着、数日後チェと会う
	8月18日　イルダと結婚
1956	2月15日　長女イルディータ誕生
	3月　メキシコ市郊外でのゲリラ戦訓練に参加
	6月　逮捕され、メキシコ市内の拘置所で拘禁される（～8月）
	11月25日　メキシコ湾岸のトゥースパン港をグランマ号で出航

伊高浩昭（いだか・ひろあき）

1943年東京生まれ．早稲田大学政治経済学部新聞学科卒業．ジャーナリスト．元共同通信編集委員．1967年からラテンアメリカ（ラ米）全域をはじめ，世界百数十ヶ国・地域を取材．2005～14年，立教大学ラテンアメリカ研究所「現代ラ米情勢」担当講師．14年より同研究所学外所員．
著書『ボスニアからスペインへ――戦の傷跡をたどる』（論創社，2004年）
『ラ米取材帖』（ラティーナ，2010年）
『われらのアメリカ万華鏡』（立教大学ラテンアメリカ研究所，2015年近刊）
など多数
訳書 イグナシオ・ラモネ著『フィデル・カストロ――みずから語る革命家人生』上下（岩波書店，2011年）
フアーナ・カストロ著『カストロ家の真実』（中央公論新社，2012年）
ローリー・キャロル著『ウーゴ・チャベス――ベネズエラ革命の内幕』（岩波書店，2014年）
など多数

チェ・ゲバラ
中公新書 2330

2015年7月25日発行

著　者　伊高浩昭
発行者　大橋善光

本文印刷　三晃印刷
カバー印刷　大熊整美堂
製　　本　小泉製本

発行所　中央公論新社
〒100-8152
東京都千代田区大手町 1-7-1
電話　販売 03-5299-1730
　　　編集 03-5299-1830
URL http://www.chuko.co.jp/

Published by CHUOKORON-SHINSHA, INC.
Printed in Japan　ISBN978-4-12-102330-8 C1223

中公新書

現代史